中学语文教学内容的整合运用研究

孙　凯　王树军　叶雨萍◎著

吉林文史出版社

图书在版编目(CIP)数据

中学语文教学内容的整合运用研究 / 孙凯，王树军，叶雨萍著. — 长春 : 吉林文史出版社，2023.1
　　ISBN 978-7-5472-9220-4

　　Ⅰ．①中… Ⅱ．①孙… ②王… ③叶… Ⅲ．①中学语文课—教学研究 Ⅳ．①G633.302

中国国家版本馆CIP数据核字(2023)第008762号

ZHONGXUE YUWEN JIAOXUE NEIRONG DE ZHENGHE YUNYONG YANJIU

书　　名　中学语文教学内容的整合运用研究
著　　者　孙　凯　王树军　叶雨萍
责任编辑　陈　昊
出版发行　吉林文史出版社有限责任公司
地　　址　长春市福祉大路 5788号
印　　刷　北京四海锦诚印刷技术有限公司
开　　本　787mm×1092mm 1/16
印　　张　11.75
字　　数　265 千字
版次印次　2024年4月第1版　　2024年4月第1次印刷
定　　价　52.00 元
书　　号　ISBN 978-7-5472-9220-4

前　言

随着我国教育改革不断深入，中学语文教学改革进程也在不断加速。语文教学作为我国中学教学中的重要组成部分，是我国教学的重点科目，在我国人才培养中发挥着重要的作用。教学内容的整合主要是在中学教学中，根据主题需要，将相近主题的教材资料内容进行有关的穿插和融合，使得教学内容呈现出综合化、立体化的形式，从而达到实际的教学目的。此外，在整合过程中，应该将语文的工具性和人文性相融合，让教学内容形成序列和系统，做到听、说、读、写相结合，并适当补充教学内容，这样才能提高教学效率。

鉴于此，笔者撰写了《中学语文教学内容的整合运用研究》一书，在内容编排上共设置六章：第一章作为本书论述的基础和前提，主要阐释中学语文教学及其核心素养、中学语文教学内容确定的依据、中学语文教学内容与课程体系改革；第二章是中学语文主题单元教学研究，内容涵盖中学语文主题单元教学系统分析、中学语文主题单元教学的方法实施、中学语文主题单元教学的内容构建；第三章分析中学语文阅读教学设计、中学语文写作教学设计、中学语文口语交际教学设计；第四章论述中学语文教学中的比较法、中学语文教学的合作学习法、中学语文教学的自主学习法、中学语文教学的情境式学习法；第五章基于中学语文教学内容的多元化整合，对中学语文教学与人文精神的整合、中学语文教学与心理教学的整合、中学语文教学与媒体语言的整合、中学语文教学与现代教育技术的整合进行探究；第六章突出实践性，围绕中学语文教学与信息技术的整合、多媒体与中学语文古诗词教学的整合、中学语文教学中分层模式的整合运用、中学语文教学中影视资源的整合与运用进行研究。

全书结构科学、论述清晰，在撰写过程中结合中学语文教学的特点，并根据课程内容进行探究，让读者在学习基本方法和理论的同时，注重对教学内容进行整合运用，以达到提高能力、提升素质的目的。

在撰写本书的过程中，笔者得到了许多学者的尽心指导与鼎力支持，在此表示最诚挚的谢意。由于篇幅有限、时间仓促以及笔者的视野局限性，尽管主观上尽了最大努力，但书中所涉及的内容难免有疏漏之处，希望各位读者多提出宝贵意见，以便笔者进行修改，从而使本书更加完善。

///目 录\\\

第一章 中学语文教学概述

第一节 中学语文教学及其核心素养

一、中学语文教学的课程分析

（一）中学语文教学的课程目标

1. 课程目标的内容

课程目标①是一个相对宏观的概念，是课程本身要实现的制度化的具体要求。课程目标对课程编制、教学目标的制定有重要的指导价值，是课程内容设计、课程实施、课程评价的重要依据。

语文课程目标是课程目标在语文课程中的具体体现，换言之，是语文课程的具体要求；我们也可以认为语文课程目标就是语文教学中学习主体的学习需要的体现。对应于目前的课程三级体系，语文课程目标也存在着国家语文课程目标、地方语文课程目标及学校语文课程目标三级。国家语文课程目标体现在《普通高中语文课程标准》中，而地方语文课程目标与学校语文课程目标则是由地方和学校根据各地的具体情况来制定的。

《普通高中语文课程标准》从"积累·整合""感受·鉴赏""思考·领悟""应用·拓展""发现·创新"五个方面提出了课程目标。

（1）积累·整合。积累是围绕所选择的目标加强语文积累，在积累过程中注重梳理。整合体现在通过对语文知识、能力、学习方法和情感、价值观等方面要素的融会整合，切

---

① 课程目标是指课程本身要实现的具体目标和意图。它规定了某一教育阶段的学生通过课程学习以后，在发展品德、智力、体质等方面期望实现的程度，它是确定课程内容、教学目标和教学方法的基础。

实提高语文能力。课程标准将"积累·整合"放在第一位，一则强调其基础性；二则强调其重要性。

积累的对象包括语文知识、能力、学习方法和情感、态度、价值观等方面的要素。积累语文知识、能力、学习方法等要素，侧重于逐步形成富有个性的语文学习方式；个性化的语文学习方式还包括学习方法的多样性，教师要注重对学生学习方法的引导。而情感、态度、价值观等方面要素的积累，侧重于形成良好的思想道德素质和科学文化素质。从文学教育的角度看，学生学习使用语言文字这一工具，应该在人文精神熏陶的过程中进行，当学生较好地掌握了语言文字这个工具时，人文精神的教育也自然更能落到实处。语文课的思想教育不同于政治道德课之处，是因为它是渗透于文学的审美过程之中，以潜移默化的方式进行的，而不是将语文教材仅仅作为思想教育的材料。

在整个语文学习过程中，语文知识、能力、方法和情感、态度、价值观等方方面面需要融会整合的要素非常多，而最需要获取、积累的，应当是能够为学生终身学习和个性发展奠定坚实基础的那些要素。这个获取的过程，也就是整合筛选的过程，要对所有的积累对象进行分类，取其精华，并聚集起来为我所用。到这个时候，积累的过程才算完成，积累的方法才算掌握，长此以往，积累的能力才能形成。

通过积累和整合，学生形成了较丰富的语言积累及文字、文学等方面的基本知识，掌握了恰当的学习方法，良好的学习习惯不断养成，从而切实提高了语文素养，真正达到了新课标所提出的目标：培养学生热爱祖国语言文字的感情，正确理解和运用祖国语文的意识。

（2）感受·鉴赏。传统的阅读教学往往把文本作为传授知识的载体，而忽视了学生学习的主动权。新课标则相当强调学生独立阅读文本的能力，提倡让学生在阅读文本中获得自己的体验，获得认识的再创造，从而在阅读中真正发挥学生的主体作用。

感受和鉴赏重在作品阅读过程当中，品味语言，感受其思想、艺术魅力，发展想象力和审美力。具有良好的现代汉语语感，努力提高对古诗文语言的感受力。体味大自然和人生的多姿多彩，激发珍爱自然、热爱生活的感情；感受艺术和科学中的美，提升审美境界。

文学艺术是语言的艺术，要进行文学作品的感受和鉴赏，首先，应了解诗歌、散文、小说、戏剧等文学体裁的基本特征及主要表现手法，了解作品所涉的有关背景材料，以助于阅读和理解作品；其次，从感受形象、品味语言入手，领悟作品的丰富内涵，体会其艺术表现力，进而根据自己的生活、情感体验做出自己对作品的评价，去伪存真、去劣存优，然后对自己认定的优秀篇章更进一步地去欣赏、去领略，获得美好的艺术享受，形成良好的语感和思维品质，培养较好的阅读理解能力和表达交流能力，使自己具备高尚的审美情趣和一定的审美能力。终极目的是努力探索作品中蕴涵的民族心理和时代精神，了解人类丰富的社会生活和情感世界，陶冶性情、涵养心灵，并且能够从历史发展的角度理解古代作品的内容价值，从中汲取民族智慧；能用现代观念审视作品，评价其积极意义与历史局限。

个性化阅读是新课标着力提倡的一种阅读方式，它是指阅读主体在一种自由放松的心理状态下的自主、探究、发现的阅读，是一种走进作品、与作者直面对话的阅读，也是一种自由抒发自己的感受、大胆发表自己的见解的阅读。学生可以通过充分调动自己的生活经验和知识积累，在主动积极的思维和情感活动中，获得独特的感受和体验。

（3）思考·领悟。阅读是学生的个性化行为，不应以教师的分析来代替学生的阅读实践，要珍视学生独特的感受、体验和理解。我们要引导学生根据自己的学习目标，在读经典名著与其他优秀读物时，深入文本进行思考与领悟。

"感受·鉴赏"的对象是优秀作品，方法是通过阅读、品味语言来感受作品的思想和艺术魅力，目的是培养学生良好的现代汉语语感，提高对古诗文语言的感受力，激发珍爱自然、热爱生活、热爱祖国语文的感情，提升审美境界和道德修养。"思考·领悟"的对象依然是经典名著和其他优秀读物，这是一样的，但在具体要求上，则更深入了一步。

"思考·领悟"的方法是通过阅读和思考来领悟作品的丰富内涵，"内涵"当然是作品的思想和艺术魅力。由思考到领悟这一过程，更主要的还是在"感受·鉴赏"的基础上进一步提高学生独立阅读的能力，引导学生根据语境揣摩语句含义，体会精彩语句的表现力，从整体上把握文本内容，理清思路，对文本能够做出自己的分析判断，并从不同的角度和层面进行阐发、评价和质疑，探讨人生价值和时代精神，以逐步形成自己的思想行为准则，树立积极向上的人生理想，增强责任感，养成独立思考、质疑探究的习惯，发展思维的严密性、深刻性和批判性。为此教师还须引导学生深入文本，与文本进行有效的对话，并在此基础上展开师生对话，充分关注学生阅读心理，尊重学生独立的阅读见解，鼓励学生批判质疑，发表个人意见。积极倡导探究式阅读及创造性阅读，给学生足够的思考与领悟的阅读实践机会。

（4）应用·拓展。《普通高中语文课程标准》提出：能在生活和其他学习领域中，正确、熟练、有效地运用祖国语言文字。而语言文字运用能力的提高重在实践，教师要引导学生在生活和跨学科的学习中学语文、用语文，能综合运用在语文与其他学科中获得的知识、能力与方法，并在实践活动中努力提高口语应用的能力。

新课标顺应社会发展的需要以及语文学习的规律，鲜明地提出了教师应当引导学生拓展语文学习的范围和实践方式，如通过研究性学习与个性化写作来提高语文综合应用能力。"研究性学习"是实践性很强的学习方式，在内容上具有开放性、实践性、研究性，因而能够为学生最大限度地应用和拓展语文学习空间提供充分的条件。它要求学生必须亲自去做，在实践中去体会、领悟，把教育活动中以"教师、课堂、书本"为中心转移到以"学生发展为本"上来。通过提供尽可能多的活动，给不同的学生以不同的激励。学生在学习、研究的过程中始终处于主动地位，虽然会遇到各种困难，但创造性思维能力却得到了充分的调动。研究的成果又可以激发起他们的自信，从而进一步激励他们进行新的探索。

个性化写作就是为了表情达意并与人交流而进行的写作，就是写作者对自然世界、社会生活和人生旅程的真体验、真思考和真感受的表达。学生自主地写出真实、健康、充分展示个性的文章，就能够使写作真正成为他们审视生活、思考人生的重要方式之一，在个性得到最大保护的基础上，学生的创造潜能得到了最大发展。

（5）发现·创新。发现、创新旨在注意观察语言、文学和中外文化现象，学习从习以为常的事实和过程中发现问题，培养探究意识和发现问题的敏感性，并敢于走进新的学习领域，尝试新的方法，追求思维的创新、表达的创新。只有善于思考、敢于发问，才会有学业的进步、事业的成功、发明创造的出现。

在当前的语文教学中，"问"大多只停留在教师提问、学生回答的浅层次上。教师考虑的恐怕多是怎样问更巧妙、怎样问有利于课堂气氛的活跃，课堂教学便成了以教师为中心的模式。新课标主张，要培养学生的发现能力和创新精神，必须从引导学生的多思多问入手，创造一个"以问题为中心""以学生的发现、质疑、思索、研究为主要形式"的课堂氛围。引导学生多疑多问的方式也非常丰富，它涵盖文章中字、词、句、篇的任何一方面。这样，学生通过质疑、思索、研究，无形中提高了实践能力，由"发现"到"创新"这一环节就得到了最大的充实。

总而言之，新课标在"课程目标"方面的理念可以概括为：回归语文教学的原始本位，着力倡导生活化的语文学习，执着追求个性化的阅读写作。

2. 中学语文课程目标的特性

（1）语文课程目标的长效性。语文课程目标从宏观上为语文教学确立了大的方向，统率语文学科教学的整体，其效用需要通过较长的时间或很长的时间来体现。

（2）强调课程的整合，注重整体性和综合性。语文课程目标体现在知识和能力、过程和方法、情感态度和价值观三个维度，这种课程目标比较注重学生语文学习的过程与方法，并通过综合表述"打通"了知识与能力、过程与方法、情感态度与价值观之间的界限。在突出整体性的同时又有所侧重，体现一定的层次性和过程性。

（3）体现学生学习的主体性、自主性。学生是学习的主人，一切为了学生的发展。这就要求教师对课堂上的角色转变要有充分的准备，并在教学过程中，真正由传授者转变为共同学习者、共同参与者。学生也由被动转为主动，积极思考，学会学习，并反过来促进老师共同进步。

（二）中学语文教学的课程价值

1. 语文课程价值的形式

（1）语文课程的个体价值。

第一，学生人文素质的提升。人文指的是社会人伦，具体表现是尊重、关心和爱护他人。学校的教育目标不应该局限于培养各个专业的精英，而应该是将学校的学生培养成高水准、高素质的和谐型人才。语文课程对学生人文素质的提升具有深远的影响，因为语文本身具有丰富的文化底蕴和人文内涵，学生人文素养的培育正需要这种正能量的浇灌。

首先，学生道德水平的提升。学校教育的初衷是弘扬高尚的品德，不断创新。学校设立的课程都是有专业性的，但共性是为了对学生进行道德素质教育。语文课程在道德教育中具有独特的先天条件，具有教学形式多样化、教学内容丰富的特点。教育过程中对教材的选取是经过深思熟虑的，所有选定的作品都蕴含着文学大家的正确的观念。无论是先秦的诸子散文、明清小说，还是现代时期新创作的作品，都是中华民族的美好道德和民族精神凝聚成的无形财富。通过对语文课程的系统化学习，学生的精神世界被净化，道德素养被提升，并在长期潜移默化的指引和激励的作用下最终实现了道德品质更高层次的升华。

其次，学生审美水准的提升。文学作品自身具有美学价值，而学生在学习过程中除了学习科学文化知识，还应该具备各种各样的能力，其中包括鉴别美好事物的能力，所以要开设语文课程。语文课程对学生的审美教育，主要是借助学习欣赏文学作品的形式来培养的。文学欣赏是指阅读文学作品时的审美享受，这个过程经历了认知、感受、想象和回味等一系列心理活动。在文学欣赏的过程中，学生不仅可以开阔视野，更深刻地了解世界上人们生活的世界，还可以享受美丽，从而放空心灵、陶冶情操。散文、诗词、戏剧和小说等文学体裁都是由美丽的语言串联起来的。这些美丽的语言刻画了美好的人物形象，塑造出了美好的景象，为人们呈现出一个美丽缤纷的世界。

最后，学生心理素质的增强。无论是学习、生活还是工作，学生在各方面都承受着巨大的压力。学校教育之所以坚持开设语文课程，是因为语文课程不但给学生传递知识，而且影响学生精神和品格的形成。语文教材收录的是古今中外的文学著作，其中蕴含的哲理内涵是值得细细推敲、认真学习的，能够入情入理地对学生的心理素质产生积极的影响。

第二，学生思维能力的培养。首先，培养学生的批判性思维能力。每部文学作品的问世都是经历了作者上百次斟酌修改的，在不同程度上反映了当时的社会背景和作者的思想境界，甚至其中有一部分蕴含比较犀利的批判性的观点。其次，培养学生的创新思维的能力。目前是经济文化快速发展的时代，文学作品的背后是创作者的头脑风暴，文学创作需要有创新意识，创新意识是创新能力产生的前提和基础。学生是祖国的新生力量，他们的思维活跃，对世界保持好奇心，接受新鲜事物的能力比较强。少年强则国强，学生有创造力，则国家有创造力，创新意识、创新能力的高低直接或间接地影响着祖国的未来。学生在阅读过程中应该插上想象的翅膀，发挥自己丰富的想象力，把文学作品中描绘的内容和现实相结合，转化成学生自己需要的知识储备。这个过程除了有利于收获知识，还有利于培养和提高学生的创新意识和创造力。

（2）语文课程的社会价值。

第一，语文课程的文化价值。中国传统文化博大精深、兼容并蓄，流传至今，其中大部分的优秀传统文化保留下来。语文的教学内容以历代名篇佳作为主，是从传统文化宝库中挑选的精品。总而言之，通过语文课程的学习，学生可以了解传统文化知识，接受传统美德的精神洗礼。最重要的是思想境界被打开，可以用发展的、辩证统一的眼光看历史和世界，在学习中将优秀传统传承下去。

第二，语文课程的经济价值。语文课程的经济价值主要指的是语文课程对人和社会发展具有的经济意义，社会经济的发展受到语文课程的促进作用。但是语文课程需要劳动者作为媒介载体来实现对社会经济的间接作用，经济发展的主体是人，开设语文课程也是为了谋求人的发展，人在取得一定发展后可以通过经济活动创造出经济价值。

（3）语文课程的生态价值。语文课程是专门提高人们文化素质教育的课程，课程的教育理念和生态文明建设的理念相统一，可以教导学生从现实生活做起，爱护环境。语文课程可以帮助学生认识到自然的神秘力量，认识到保护生态的重要性，激发学生正确的生态意识，激发学生对自然界的热爱，使学生加入保护生态环境的行动中。语文课程能通过其独特的教学方法和教学内容，引导学生把对大自然的尊重和热爱间接转化为自己的生态观

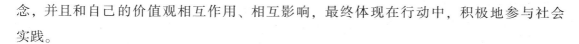

念，并且和自己的价值观相互作用、相互影响，最终体现在行动中，积极地参与社会实践。

2. 语文课程价值的实现路径

（1）基础教育是首要基础。

第一，学习语文兴趣的培养。基础教育是学生接触学习的首要阶段，这个时期应该为学生的兴趣、爱好和个性趋于稳定奠定坚实的基础。兴趣是最好的老师，因此，基础教育阶段应该想方设法引导学生对学习产生兴趣，积极热爱学习。首先，可以引导学生认识学习语文的重要性。学习语文不但可以提高语文成绩，而且有利于学生形成正确的人生观，开阔眼界。由此可见，语文对于学生的成长和发展有着至关重要的作用。其次，学校可以跟随时代潮流的发展，将先进的教学理念贯彻到语文教学活动中。作为学校，要敢于创新，敢于尝试。最后，教师为学生的学习保驾护航。如果自身实力薄弱，是无法把学生培育成和谐型人才的，所以应该在工作中不断摸索，早日形成独特的教学风格，用人格魅力去感染学生，吸引他们对语文学习产生浓厚的兴趣。通过基础教育阶段的良好培养，为学生学习将来的语文课程奠定基础。

第二，工具性与人文性兼具的语文教育。在高中教育阶段，语文课程要求教师不局限于课堂教学中，要施展语文的独特魅力。学生之所以要认真学习语文，除了完成教学目标，取得不错的学习成绩外，还应该更加注重能力的培养。学生在正确理解和运用语言文字的基础上深入学习，从而实现阅读能力、写作水平的大幅度提升。尤其是在实际生活中，一个人的文化素养越高，行为举止和言语谈吐越是优雅。教师在语文教学过程中，不能局限于书本知识的讲解，应该通过语文教学活动激发学生的学习热情，让学生积极投身于文学作品的学习中，受到文学作品的启迪和鼓舞，从而形成乐观的精神，为社会发展做出自己的贡献。

（2）改善语文课程的发展环境。

第一，明确语文课程的定位。明确语文课程的定位，才能充分实现语文课程的价值。语文课程在学生和社会的发展中起着重要而不可替代的作用。语文课程占据着教育的重要地位，它的出现适应时代的潮流，与生活实践息息相关。语文课程的存在是有价值的，在学生经历了基础的语文课程教育后，知识系统虽然初步完善，但是需要进一步改革和发展，语文教育就担此重任，不只是语文课程的简单延续，更是从更深层次作用于学生精神思想、审美情趣和人生价值观等的过程。语文课程可以让学生发展更好、走得更远。

第二，强化师资力量。语文课程的发展需要建设一支强大、稳定、高质量的师资队伍，确保语文课程的教学质量。需要注意的是要加强教学人员的稳定性。学生对教师的更换是有一个接受和适应的心理变化过程的。如果授课学习过程中，更换老师较为频繁，学生的正常学习将会受到影响，甚至对课程产生强烈抵触情绪，不再积极主动学习。学校应该重视语文教师的生存环境，要采取一系列强有力的措施提高教师的福利待遇与教学资源和平台，提高教师队伍的综合素质。

语文内容涉及的方向很广、内容很多，这对任课教师而言是一项挑战。不但需要语文教师对自己授课的专业文化知识精通，而且对哲学、历史学等冷门知识也需要有所涉猎。这样在授课过程中，既可以将课堂气氛调动起来，又可以给学生补充书本以外的知识，拓宽他们的视野。此外，语文课程因为其特殊性还要求任课教师在思想和道德素养方面严格要求自己。因为语文课程虽然是一门基础课程，但是旨在培养高素质人才，学生很容易受到教师的三观影响。

语文教师队伍想要发展得更好，学校可以从两方面着手改进：首先，拟聘部分专业素养高、层次水平高的专业人士来校任教；其次，在学校任教的教师应该严格要求自己，把教书育人作为己任，不断提高自身专业文化素质和道德品行修养，身体力行地去影响学生，促进学生更好地发展。

（3）语文课程要进行内部改革。

第一，语文课程教材的规范。首先，语文课程教材的全面性与启发性。中国文学历史悠久，要有选择地编入。在编写教材的时候应该考虑各方面的问题，从宏观角度进行把控，从时代的角度划分。在选取教材内容的时候应该选择最能代表某一时代的优秀作品，让学生对于中国文学的发展历史有更广泛深刻的了解。进行课程教材编排时，要以中国的文学作品作为主角，加入其他国家的优秀作品。另外，在进行语文教材的编写时，可以选择比较有争议性和讨论性的作品作为教学内容；可以让学生在学习的过程中积极地讨论，发挥自己的看法，从而突破传统的思维局限；可以让学生从不同的思想、不同的角度去思考问题，这种方法不仅可以让学生在进行教材学习的时候获取文学知识，还锻炼了沟通能力和思考能力。其次，语文课程教材的归类性与大容量。语文教材的编写应该在文学时代先后的基础上，根据题材及主旨将文学作品进行分单元归类编写。这样分类的方便之处在于教师和学生能够对教材的整体内容有更明确的梳理，能对于后期教师开展教学工作和学生进行知识学习有很大的帮助。学生可以根据自己的学习水平在单元学习的过程当中体会到不一样的情感，这种情感会对学生的阅读能力和写作能力有非常大的影响。

第二，语文课程教材的教学改进方法。首先，师生互动模式，发挥学生的主体性。对于教师而言，想要最大限度地展现出学生的主体性，就应在进行语文教学的时候，使用自由讨论的教学模式。其次，课内学习为主，课内、课外学习相结合。将课内教学和课外活动实践建立起联系，将多种形式的课外活动变成课内教学任务的另一种形式。学生可以通过课下接触到更多方面的文学形式增加对文学的了解，了解自身的文学鉴赏能力，增强美学体验。例如，可以通过参加如社团活动、学校讲座、创办文学刊物等非常好的语文课外活动，拓宽自己的文学知识面，丰富自己的学习，累积不同活动的实践经验。最后，利用现代化的科学技术完善教学的方法。多媒体技术能够将文学全面地展现在学生的面前，丰富文学的立体形象，让学生对于文学更感兴趣。通过刺激学生的感官，使学生对于文学产生联想，打破传统的教学方式，使学生置身于文学的情景当中。这样的先进教学方式不仅可以更好地激发学生的自主学习性，还能激发学生的创造能力和想象能力，最终达到对文学产生深刻认识的目的。

第三，更新语文课程考核的方式。语文课程的考核内容主要是检查学生的学习能力。完善合理的考核标准由两个部分组成：一是学生的学习过程表现。对于学生在学习过程中的表现和作业的完成度进行打分，最后算在总成绩当中，这种方法可以督促学生平时认真地学习，也会使考核的标准更具有公平性；二是平时知识的总结能力。这一种考试可以分为开卷和闭卷两种形式，通过闭卷的考试可以对于学生的学习状态和记忆能力有一定的掌握，开卷考试可以了解学生对于知识点的总结、表达能力，如可以让学生针对某一主题写论文，论述自己的观点与看法。

（三）中学语文课程教学过程

教学目的需要经过一定的教学过程来实现，教学规律必然在教学过程中发挥其客观影响，教学原则也需要在一定的教学过程中去贯彻，教学内容必负载于教学过程，教学过程必伴随某种教学方法。教学过程是教学论中一个绕不过、避不开的论题，探究语文教学过程的"生成"，有必要先厘清楚教学过程及其本质。

1. 中学语文课程教学过程的特性

中学语文课程教学过程主要有以下特性：

（1）教学过程是双边互动的过程。教学过程强调师生双方的共同参与，"教"与"学"处于同一教育活动中。教学过程是师生教学活动和有目的地连续展开的过程，而不是教师或学生单方面的和随意的行为动作，更不是某种一成不变的形式或状态。教师和学生，他们当中任何一方的能动性都不能够被抹杀。学生的学习的确离不开教师的指引，但同时，"学"也必须通过学生自己的认识、实践活动才能把人类宝贵的知识和经验内化。这种内化不是教师或任何一个旁人所能替代完成的。双方在这一过程中相互依存、相互影响，从而使得教学活动的状态不断交替变化，形成现实的、具体的教学过程。

（2）教学过程是流动变化的过程。我们在承认师生共同参与教学过程的基础之上，在肯定教学过程存在着师生之间的交流和沟通并碰撞出思维火花的前提之下，不得不注重教学过程的"流动"。众所周知，教学过程主要是通过师生的语言活动得以展开的。所谓教学过程的流动性，指的是一堂课的教学过程中所包含的各种基本信息和定义都伴随教学语言有秩序、递进地变化，并最终引向或指向教师的目标。

2. 语文教学过程的认识与交往实践

语文教学过程是一个认识和交往实践相统一的过程。语文教学过程又不完全等同于一般的教学过程，它具有自己的特殊性，这种特殊性同样表现在认识和交往实践两个方面。

（1）语文教学过程是特殊的认识过程。

第一，学生认识对象的特殊性。人们认识世界的过程是探索尚未发现的客观真理的过程。语文教学过程不是直接去发现人类未知的东西，而是接受前人已经总结出来的语言文字知识，以学习间接经验为主。这样，学生才有可能在最短的时间内获得前辈们长时间才能获得的知识。

第二，学生认识任务的特殊性。语文是一门人文学科，是工具性与人文性的统一。与其他学科相比，语文教学过程是学生的认识活动。要求学生不仅要掌握语言文字知识，使听、说、读、写能力获得和谐发展，同时还要对学生进行情感的培养、人格的塑造，形成正确的世界观、人生观和高尚的思想品德。

（2）语文教学过程是特殊的实践过程。

第一，交往实践目的的特殊性。语文教学过程要引导学生掌握书本上的阅读、写作、口语交际、综合性学习等方面的理论知识，同时要将其掌握的理论知识用于实践，从而能够正确地运用祖国的语言文字。

第二，交往实践环境的特殊性。语文教学必须联系实际、联系现实，但是教学的特殊性决定了师生交往实践活动多限于学校这个特定的教学环境之中。是教师根据教学任务，事先进行规划设计，对学生进行引导、调节，达到预期目的的活动。

3. 语文教学过程是师生共同发展的过程

语文教学过程是师生双方共同参与的特殊的认识和交往实践的过程。在这个过程中教师和学生都会发生改变，获得发展。所谓"学然后知不足，教然后知困。知不足然后能自反也，知困然后能自强也，故曰教学相长也"，意为教和学两方面互相影响和促进，都得到提高。

语文教学过程也是教师获得发展的过程。教师是教学过程的主导，通过自己的言谈、举止、情感等个人特征对学生施加影响，对学生的学习产生作用。同时，学生在教学活动中的行为特点以及需要、兴趣、态度等也在对教师产生反作用力，影响教师的教学行为。学生总是期望自己的教师学识渊博、待人和蔼、对工作热情负责、对学生关怀爱护、能理解学生，同时也希望教师的讲课准确、清晰、流畅、逻辑性强。这些期望和学生的其他一些需要会对教师产生积极的作用，成为推动教师前进的动力。

4. 语文教学过程是多向对话的过程

教学原本就是形形色色的对话，具有对话的性质。语文教学过程是一个复杂的对话过程，包含多组对话关系：教师与学生的对话、学生与学生的对话、师生与文本的对话。

课程教学对话是基于文本和问题展开的。阅读是读者与文本相互对话并构建意义的生成过程。首先，教学是教师与文本的对话。教师在其设计和规划整个教学活动之前，要与文本进行对话，将其内化为自己的东西；其次，在教学过程中，根据文本的内容和特点，制定相应的教学策略，引导学生激活原有的知识，与文本进行对话，去自行发现、自行建构文本的意义。

教学过程的对话还包括师生与教学环境的对话。课程教学是一个动态生成的过程，有一定的不可预测性。因此，教师必须打破课前预设性教学设计的局面，坚持将计划性与生成性课程资源有机结合起来。高明的教师总是善于捕捉和利用那些稍纵即逝的生成性教学资源，让学生在课堂中充满灵性和激情。

（四）中学语文教学的课程设计

1. 课程设计的流程

（1）分析处理教材。教材是教学的凭借和依据，所以语文教学设计的第一步是从教学的角度分析处理教材。

第一，熟悉教材体系。语文教材的体系是深寓于表面上互不联系的单篇文章或单元组合之中的，认识和掌握有一定难度。因此，能否准确把握教材体系是决定教学成败的关键。无论使用哪种版本的语文教材，在进行一篇课文的教学设计时，首先要熟悉它的教材体系，即了解整个教材的基本内容、知识体系、结构特点以及各部分知识之间的内在联系和逻辑关系，搞清楚教材内容是怎样循序渐进地加以组织的。只有全面熟悉教材，教学设计时才能够整合内容、目标明确、前后照应。

第二，掌握单元信息。语文教材的基本结构形式是单元组合。因此，要在熟悉教材体系的基础上，对这篇课文所处的单元进行深入研究。

第三，解读文本，确定教学内容。"文本"就是指包含丰富教学信息的，可供学生、教师与之对话的阅读材料的总和。教学中的"文本"呈现形式，可以是语言文字，如一篇课文、一段文字或一句话，也可以是课文中的有关插图。教师首先要对文本有自己的感悟、体验，才能引领学生去感悟、体验，才能与学生展开平等的对话。文本解读是否精准直接决定教学的成败。教师要踏踏实实地细读文本，并对文本进行加工，将文本内容转化为教学内容。

（2）准确分析学情。准确的学情分析可以增强教学设计的针对性，有利于教师选择合适的教学内容和教学方式，有利于节约课堂中教学的时间以及提高单位时间的教学效率。由此可见，分析学情是教学设计的起点和落脚点。

（3）设定教学目标。"教学目标"是指教学活动实施的方向和预期达到的结果，是一切教学活动的出发点和最终归宿。课程教学目标是课堂教学的核心，高效的课堂教学从目标设计开始。课程教学目标的科学确定，可以为执教者选择教材内容、教学方法、教学手段及科学评价教学效果提供基本依据，也可以为学习者提供明确的学习方向。

（4）教学实施过程。课程教学过程指的是语文课堂教学实施过程，即通过教师的引导和学生的学习，共同努力以达到教学目标的过程。

第一，教学过程的基本要素。教学过程是一个科学的系统，而系统是由要素构成的，要素间的相互联系会产生系统的整体功能。

第二，教学过程设计的要求。①教学思路清晰简明。教学思路就是教学过程的思维走向，是隐性的，它表现出来就是教学的步骤、层次。教学思路首先要清晰，清晰的教学思路能够表现出教学过程中步与步、层与层之间关系的合理性，并且符合学生学习语文的规律；教学思路还要简明，简单明晰的教学思路既便于操作，又显现出教学的层次之美。但越是比较简明的思路越是难以设计，这是因为教师常常在众多的教学内容面前无所适从，所以应该避免教学步骤过于细碎。②教学重点、教学难点突出。教学重点是依据教学目标，在对教材进行科学分析的基础上确定的最基本、最核心的教学内容。教学难点是指学生不易理解的知识或不易掌握的技能技巧。另外，教学重点和教学难点都是依据课程标准、教材内容、学情等确定的。教学重点、难点的突破是一节课必须达到的目标，也是教学设计的重要内容。③教学环节安排合理。教学环节就是教学过程中具体的步骤，语文课的教学环节一般可分为导入新课—讲授新课—强化巩固—总结拓展几个部分。教学环节的设置要求内容充实精要，适合学生的理解水平；层次与结构合理，过渡自然，步骤清晰，便于操作；能够理论联系实际，注重教学互动，启发学生思考，培养学生分析问题、解决问题的能力。④教学方法与教学手段选用恰当。在每个具体的教学环节设计中要考虑教学方法和教学手段的选用，即明确：选用哪些教学方法和教学手段，何时用、怎样用。教学方法和教学手段繁多，并无定法，贵在得法。

（5）教学实施评价。教学评价就是对照原先确定的教学目标，测量、诊断与评价每一位学生是否达到既定的教学目标，并以此作为修改教学设计的依据。

综上所述，是语文教学设计的基本流程，其中有些步骤可以同步完成，如分析教学内容时也可以分析学情，设定教学目标时也可以理出大致的教学思路。所以在实践中可以灵活处理，并不一定要严格按照上述顺序操作。

2. 课程教学环节的设计

语文课程教学环节是教学过程中的具体步骤，它是教材分析、学情分析、教学目标设定等前期准备在教学过程的具体体现。因此，教学环节的设计十分重要。以下探讨教学环节中关键因素的设计要求。

（1）导入环节。导入是指上课开始时教师为了进入本堂课学习内容而采取的教学行为，因以话语讲述的形式为主，所以又被称为导语。导入通常是一个独立的教学环节，并且是课堂教学中的第一环节。

（2）结束环节。结束，顾名思义就是课堂教学将要结束时，教师引导学生对所学知识与技能进行及时的总结、巩固、扩展、延伸与迁移的教学活动。结束一般情况下也是一个独立的环节，并且是课堂教学中的最后一个环节。

第一，结束的作用。语文课堂教学中，绝大部分教师很重视课堂教学的导入设计，而对课堂的结束设计则不够重视。其实，如果把语文课堂教学过程比作一出戏剧，那么导入就是这出戏的序幕，结束则是这一出戏的压轴部分，虽然时间不长，却是语文课堂教学环节中的重要组成部分。不同的结束方式有不同的作用：通过总结梳理，帮助学生当堂消化、理解、巩固强化所学的内容；通过比较联系，引导学生温故而知新；通过拓展延伸，引导学生将目光延伸到课外，主动学习；等等。

第二，结束的要求。①联系内容。结束是教学过程的一部分，所以结束的设计要从属于课堂内容的安排，要与课堂内容相关联。②尊重主体。学生是学习的主体，结束的设计要与学生的认知背景有某种程度的契合，以学生的欣赏口味为标准，让学生受到启发、有所共鸣。③新颖有趣。在与课堂内容相关的前提下，尽可能做到形式新颖、方法独到，使每节课的结束语呈现不同的特点，让学生在课堂教学结束后仍兴趣不减，有依依不舍之感。

第三，结束的原则。

首先，体现教学目的。结束技能的应用，需要贯彻落实到教学起始环节、中间环节和结束环节，以提出教学目的、推进教学目的和深化教学目的。教学目的的体现，还需要在操作环节由教师或学生进行互动讲述或品读，还借助小组讨论、作业布置及其常规测验测评等方式来实现。追根究底，任何教学策略的选择，都必须立足校本教学的目的化教学。

其次，突出教学重点。结束技能的应用，需要教师在课堂教学实践中着重关注重难点，并将其视为教学的神助攻，在教学中重拳出击。故此，结束环节的技能应用十分有必要。常规而言，课堂教学涉及面极广，且落实到每堂课中，使得学生的学习效果事倍功半。教师据此选择结束技能，就需要审时度势地选对方法，并在教学实践改进中，选用合适的教学方法、强化教学重难点区分、加深学生对知识的理解程度，以便最大限度地完成基本的课堂教学任务，确保课堂教学效果最大化。

最后，强化素养教育。教师在结束环节的相关教学活动，需要以语文课程的基本特点为基础，尤为重要的是在具体的素质教育层面下，探讨如何培养学生德智体美劳等思想品德的整体素养。究其原因在于结束环节作为语文课堂教学的内容体现，集中再现和完美阐释了其作为教学目标环节的重要性。结束技能的应用作为课堂教学环节的基础必备条件和划定规则，以强化和重视教学目标来催生学生素养教育。结束环节的诸多活动价值并不单一存在，而是相互联系、彼此促进的综合性成果，并具体表现在知识总结、相关活动能力培养、智力发展、审美教育及其思想政治文化教育活动等内容上。除此之外，语文课堂教学结束技能将首尾相连、脉络清晰、通俗易懂等标准作为原则性指标。

第四，结束的方式（表1-1）。

表1-1　结束的方式

方式	内容
归纳式	归纳式结束是在语文课堂教学的结尾，教师引导学生对课堂教学内容进行小结，做到纲举目张，完成读书由厚到薄的学习过程。有时，也可以先启发学生小结，然后教师加以补充和订正。归纳式结束技能，不是面面俱到、巨细无遗，而是要求学生对掌握的知识点、教学重点、学习难点进行归纳，使其显豁突出，让学生在原有的学习基础上再理解、再提高，进而完全掌握。

续表

方式	内容
点睛式	语文的课堂教学以教师点睛式结尾来对课程重难点进行阐述，能对课堂教学效果起到积极的辅助作用，该方法主要蕴含节点部分、关键位置的沟通，用于学生查漏补缺，全神贯注于课堂，还对学生理解知识、吸收知识、掌握知识提供了从现象到本质的飞跃。
畅想式	语文的课堂教学中，以学生为主体来结尾课堂，是学生各抒己见现象的显示。教师不做具体动作，学生在其间依据课文讲解的中心内涵，从本质上自我发现问题、解决问题，并以悬念式方法，活化学生思维，启迪学生智慧，迸发无穷活力。
撞钟式	语文的课堂教学中，以撞钟式技能的应用，来引导学生进入课本的意趣世界，并对课文内容进行深层次理解，进而余音绕梁、回味无穷。在内容上，以强调式方法，对教学核心环节进行重难点渗透和教材全局设想，进而以名言警句等独特写法，与学生相得益彰。
开拓式	以语文课堂教学为例，要想学生获得某种知识，势必需要开阔学生视野，以自主性冲动获得知识。该技能应用于课堂实践，是教师结合教学内容进行常规教学的显示，也是激发学生自我学习、主动探究、学以致用的体现，更是在现实实践层面，获得"问渠那得清如许，为有源头活水来"效应的体现。引导学生阅读课外书籍或迁延至同类书籍，加之课内节选文字和课外阅读指导的双向引导，更能让学生体味原著书籍的魅力。
链索式	语文课堂教学的链索式技能需要科学教学、系列教学和阶段教学来层层递进。尤其在单元教学中，结尾式教学作为衔接旧课、起点新课、终结知识的理论核心，势必对知识具有先知探索价值。该技能的应用，是以承上启下、起承转合、凹凸有致的新旧知识串联，用以架构知识的基础框架。
反馈式	随着语文新课改步伐的加快，教科研领域为提升教学质量，势必需要以新的教学方法来改进。而以公开课、临摹课及实验课和研究课的应用最为普及。在结尾技巧的改进上，部分教师偏重应用听评课来进行瞬时反馈，进而在利弊取舍中有所得。

另外，在反馈式技法中，结束技能对联系、凝聚、激发学生叙述效果等极为有效。上述诸多技能作为语文课堂教学的核心和有机整体，需要着重关注。结尾技巧作为语文课堂教学的必然选择和最终归宿，是教师课堂教学匠心独运的反映，更是课堂教学完美艺术的展示。

（3）问题环节。在语文课堂教学过程中，提问往往并不是一个独立的教学环节，但是几乎每个教学环节都会包含一个或若干个提问，可见提问贯穿于整个语文课堂教学过程，所以问题设计也是语文教学环节设计中的关键性因素。

第一，问题的表现作用。①培养学生的思维能力。思维活动从问题开始，并在寻求问题的解答中深入和发展。教师提问一次，就给学生提供一次思考的机会。提问可以引导学生的思考方向，扩大思考角度，提高思考层次。②培养学生的语言表达能力。语文课堂提问，为学生提供了一个发表自己意见的机会。学生在答问过程中，既展示、阐述了观点，又锻炼了语言表达能力。③给学生提供互动、参与的机会。提问是课堂上的一种召唤、动员行为，是集体学习中引起互动的聚合力量。每个学生身处同一个课堂，就是一个集体，是集体学习。提问可以使学生有机会表达观点、流露情感、锻炼表述；另外，能够促进人际活动，加强学生与班级其他成员的沟通。

第二，问题的设计要求。①目标明确。课堂提问都是有内在意图的，或引起学生注意，或强调文章重点，或激发学生思考。但须注意的是，提问必须符合教学目标，设计时要清楚目标，不能为了提问而提问。②难易适度。课堂提问要适合于学生的认识水平，把握问题的难易程度。过于容易的问题，学生不用动脑思考就能轻易答出，无法提高学生的思维能力；问题过难，学生望而生畏，会挫伤他们思考的积极性。如果有些难度较大的问题必须让学生掌握，可以用"总分式"或"阶梯式"提问的方法，形成难度坡度，循序渐进，逐步解决问题。③问题清晰。部分教师提出的问题较为空泛，使学生无法回答。所以提问时不要盲目地开放提问范围，范围一定要明确清晰。④精心设立提问点。语文教学中不是所有的问题都需要用提问来进行教学的，课堂教学过程中如果过于依赖提问就会造成满堂问，不利于突出重点。把握好提问点是决定该问题质量的关键所在。

（4）板书环节。板书是一种很重要的教学辅助手段，是教师为配合教学简明扼要地在黑板上写出的文字或画出的图表。严格而言，板书也并不是一个独立的教学环节。但板书却贯穿于整个教学过程，所以板书设计也是语文教学环节设计中的关键性因素。

第一，板书的作用。①显示教学内容，体现教学思路。板书是随着教学过程的发展而逐步完成的，所以它所显示的内容就是教学的内容，并且从整体上应该体现教师的教学思路和教学步骤，这样才能够对学生学习的思路进行指引。②厘清文章脉络，突出重难点。如果是阅读教学，板书能够将作者的行文思路、文章的发展脉络等提纲挈领地展示给学生，并且能特别突出教学中的重点和难点，这有利于学生知识结构的定型。③直观形象，便于理解记忆。板书是语文教学中最主要、最基本的直观教学手段，除了文字以外，线条、图形、表格等都能够加深印象，便于学生理解记忆。④体现教师素质，培养良好书写习惯。漂亮的粉笔字、设计精巧的板书是教师创造性劳动和科学思维的结晶，它渗透着教师的知识、智力和教学艺术，融合着教师的教学理论和审美素养，它反映了教师备课组织教材和运用教材的能力，也体现了教师的素质。并且板书对于培养学生热爱祖国的语言文字和良好的书写习惯也能起到潜移默化的作用。

第二，板书的设计要求。①精选板书内容。板书能够体现教学内容，但是并不是所有的教学内容都要板书，板书的内容应是教学内容的精华部分、重难点部分，主要包括：能够表现主题思想的词句；能够反映作品结构或作者思路的词句；能够表明事物和现象特征的词句；能够表达事物本质和规律的词句；新出现的字、词、句；有价值的新知识；正音、正词。②目的明确，重点突出。教学中，教师在黑板上写的每一个字或者符号都会给学生传递一定的信息。所以，板书必须具有明确的目的性，要从课文内容出发，根据教学目的和教学要点而板书，能够反映教学的重点或难点。③条理清晰，布局合理。条理清晰是指设计板书要有一定的内在逻辑，既要符合课文中作者思路发展的内在逻辑，又要符合课堂上教学进程发展的内在逻辑，还要符合学生理解课文内容的思维发展的内在逻辑。为了达到这一点，教师的教学思路一定要清晰，这样书写出来的板书才能脉络清楚、一目了然。

第三，常见板书设计方式。语文板书的类型很多，常用的主要以下三种：①提纲式板书。提纲式板书是指通过对文章内容经过分析和综合，用精要的语词形成能反映知识结构、重点和关键的提纲。其特点是高度概括地揭示文章内容、结构，给人以强烈的整体印象。②词语式板书。词语式板书是以课文中关键性词语为主组成的板书。这种板书有助于学生抓住课文的重要词语来理解课文，对增加学生的词汇量、提高其表达能力很有帮助。③流程式板书。流程式板书是以教材提供的线索（时间、地点、事物、情感）为主，反映教学的主要内容，把教材的梗概一目了然地展现在学生面前，使学生对它的全貌有所了解。这种板书指导性强，对于复杂的过程能起到化繁为简的作用，便于记忆和回忆。

二、中学语文教学的类型、作用与原则

语文教学是由教师和学生共同参与的教学过程，语文教学是有目的的、有教学计划的，而且会从多个角度展开教学，教学涉及多种因素。在具体的实践教学中，师生要通过合作形成教学合力，利用一切教学资源为教学活动的开展提供有益的教学环境，为教学的开展营造更加活跃和谐的氛围，为课堂教学价值的实现奠定良好的基础。

（一）中学语文教学的类型

长期以来人们进行了多种多样的语文教学的实践，总结了丰富多样的课堂管理经验。下面分析在中学语文教学中较为典型的类型。

第一，教导型。教导型的课堂模式指出，在课堂教学中认真地设计、仔细地实施教学步骤能够解决很多课堂中出现的问题。对课堂进行有效的管理必然能够带来教学效果的提高，所以教师要认真教学，教学内容要与学生的需求相吻合，让每一个学生都能够获得他需要的知识，培养学生的学习兴趣，保护学生的学习积极性。教导型的课堂模式认为，教师的指导是非常重要的，如果教师能够对教学过程、学生发展做出积极而正确的指导，那么将非常有利于学生的成长。

第二，兴趣型。兴趣型课堂指的是教师能够在教学过程中加入艺术化的教学方法，能激发学生的兴趣，并且能陶冶学生的情操。艺术性的教学方法主要指的是教师在上课过程中使用生动的语言、展现形象的姿态、书写优美整齐的板书、掌控灵活变化的教学节奏，让学生在欢乐的过程中学习知识。可见，这种教学模式让教学富有美感，让学生可以体会到教学的美。在这种教学模式中，教师可以通过故事、视频或者有趣的例子引出教学内容，吸引学生的兴趣，然后在后续的教学中使用非常灵活的教学方法启发学生，把学生吸引到教学过程中来，进而实现语文教学的目的。

第三，民主型。在民主型教学模式中，教师能够用积极的教学态度认真严谨地对待教学活动，与此同时，教师还能对学生的学习进行适当的引导。这种教学模式下的语文教师既让人感到亲近又让人由衷地尊敬，而且学生也能够更加主动、更加愉快地学习，整体的教学效率有显著的提高。

第三，情感型。对学生进行爱的关怀、爱的教育可以实现教学的不管而管。如果语文教师在走进课堂的时候就满怀着对学生的喜爱、对学生的关怀，表情中自然地流露出亲切的爱意，教学中使用的语言和动作都是亲和的，并且经常表扬学生的进步，发自内心地对学生的优点进行赞扬，那么学生将会受到特别大的情感激发，学习的积极性将会得到前所未有的提高。

第五，群体型。这种教学模式建立的基础是社会心理学、社会群体动力学，并且依靠这两种学科理论展开管理和教学。这种理论认为学校教育是一种特殊的群体教学，环境也是特殊的，教师要和学生之间建立有效的、积极的关系。这种理论认为课堂群体属于社会系统的一种，并且具备社会系统的特征，课堂群体的建设和管理应该符合社会群体的一些特定条件，教师要做的就是建立和维持社会群体运行需要的条件。

（二）中学语文教学的作用

1. 语文是提升教学质量的保证

课堂教学一定要有计划、有规律地开展，所以课堂活动需要遵守秩序和规定，但是课堂并不是一成不变的，经常会有各种突发的问题，也可能会产生矛盾或冲突，有可能会有外来事件的干扰，所以为了保持正常的课堂秩序，教师要及时排除可能干扰教学活动的因素，保证教学活动能够正常有序地开展。规定和秩序对于教学活动来讲是至关重要的，有经验的教师非常注重教学过程的管理，只有做好教学管理才能实现语文教学效果的提升，而且教学管理能够保证教学氛围的和谐融洽，也能够让师生处于和谐的氛围中，进而保证了教学任务的有效完成。

2. 语文能够促进教学持续性生长

课堂教学活动的最终目的是促进师生共同发展。"教学相长"在今天看来，其含义就是指教师与学生的相互影响和相互作用会促进彼此的进步。二者的进步当然离不开良好的课堂教学环境，只有课堂在生长，课堂中的人才能得到生长。课堂的生长是课堂中人的生长的前提，同时，课堂的生长又为人的生长创造了条件。促进课堂的生长，增强语文教学管理的指向性功能，也是语文教学管理的基本目标。语文教学管理就是要调动各种可能的因素，开掘课堂的活力，发挥其生长功能。

（三）中学语文教学的原则

课堂教学管理有其内在的机制与规律，要有效实现语文教学管理的目标，就必须遵循课堂教学管理的原则。中学语文教学原则不仅与课堂教学管理目标有关，而且与课堂系统的特征直接相关。

1. 系统性原则

课堂系统是由内在联系的特定要素构成的有机统一的整体。把课堂视为一个系统，其构成因素是较为复杂的，既有物质的，也有非物质的，即精神或是心理上的；既有有形的，也有无形的。这样一个多因素构成的系统，只有在各因素协调一致时，课堂才会产生根本作用。因此，教师作为一个课堂教学的管理者，应具备全局的观念，从系统整体对课堂系统的各个方面进行规划与调整，以便把各种因素有机地协调为一个整体，发挥更有效的功能。出现课堂问题时，要从课堂的整体来分析与把握，从问题与环境，时间、空间与场合，得与失，利与害，个人与集体，社会、历史、现实与未来，自我与非我等多方面的关系中形成一个全面而正确的认识。

2. 自组织原则

自组织现象，是指自然或客观事物本身自主地组织化、有序化的过程。对于组织的认识需要我们一开始就假定教师、学生、课程和原料一道进入的是一个全新的场景。对教师而言，语文教学管理的目标是通过怎样的方法使学生能养成自我管理的好习惯，教师并不是在"转让"知识或技巧给学生，而是努力地想让学生进入自己的世界，或让自己进入学生的世界，因而和学生共享一个世界。

课堂的进展过程实际上就是在寻求新的信息，不断从事与创造有意义的对话，不断实现新的连接的过程。这种过程本身是自然发展着的。但在传统的语文教学管理中，教师常常根据自己的判断试图给课堂加上一些人为的框架，于是课堂并不能很好地与之对应，而必须经常加以限制直至它能管理这些框架，因而在课堂教学管理中容易出现单向的专断性控制。在这种情况下，教师实际上是很难对课堂本身进行管理的。课堂作为一个开放的系统将由于对组织的充分重视或自组织作用的充分发挥而趋向自我完善。

3. 激励性原则

激励性原则就是在中学语文教学时，通过各种有效手段，最大限度地激发起学生内在的学习积极性和求知热情。贯彻激励原则，首先要求教师在课堂上努力创造和谐的教学气氛，创造有利于学生思维、有利于教学顺利进行的民主氛围，而不是把学生课堂上的紧张与畏缩看作是教师管理能力强的表现。

语文教学的任务之一是培养良好的课堂集体和学生课堂行为，但这并不是一蹴而就的事情，需要长期培育，而最好的方法就是通过不断的鼓励和强化手段，激励学生的进步，满足学生的心理需求，营造积极向上的课堂气氛。为此，在语文教学管理中，需要做到以下方面：

（1）教师要鼓励和提倡积极的个人行为，如刻苦学习、遵守课堂纪律、尊敬师长、互帮互助等，对在这些方面有突出表现的学生应及时给予表扬，因为教师的表扬是对学生行为的肯定，这样，学生就会受到鼓舞，增强信心。

（2）教师要用发展的眼光对待每一位学生。现代心理学告诉我们，学生是发展中的人，其生理、心理、知识、能力、自律等都处在发展之中，处于不成熟、不完善的状态，每个学生不论其目前的状况如何，都存在着发展的潜能。教育的责任就在于使学生的潜在可能性向现实可能性发展。因此，教师应该时刻用发展的眼光期待学生，尤其是曾有课堂不良行为的学生，要充分相信他们经过教育培养都能成人成才。

（3）教师要随时关注学生积极的变化，细心发现学生在原有基础上的每一点滴进步，不失时机地给予赞赏，让每个学生都有成功的喜悦，都有管理其能力的成功体验。

（4）对学生的不良课堂行为要宽容，并且进行正确引导，促使其自我净化、自我完善、自我革新、自我提高。现代课堂管理理论研究表明，教师对课堂的最大影响就是对学生发展的激励。激励是有效语文课堂教学的核心。

三、中学语文教学的核心素养

（一）中学语文教学中核心素养理论观点

1. 中学语文教学的核心素养理论观点

（1）知识论。一个人的核心素养①有着较大的发展空间，其中，教育以及自身的努力是最主要的，也是最基本的发展途径。对于核心素养的培养，通常以学科内容知识为基础和载体的。是在对知识的学习过程中，加强培养学科核心素养的意识，促进对学科核心概念、规律、原理的理解，并形成态度与能力，从而达到对学科核心素养的理解与构建。任何教学活动，都是以一定的知识的传授与学习为基础的，这也是学校教学模式的基本形式。

随着教育理念的不断完善以及教育改革的逐步推进，我国学科知识教学内容也发生了相应的变化，其内涵也更加丰富与多样化。而从学科本位到素养本位的转变，是当前素养教育的本质特征。尽管素养教育被提升到了一定的高度，但这并不代表对知识地位的忽略。

以学科知识为基础的核心素养的培养要注意两点：首先，通过课程化的知识教学过程，将以认知价值为核心取向的知识学习与智力发展相统一；其次，注重学生学科思维能力的培养。与此同时，还需要加强学生对学科特征的理解。在此基础上，促进学生学科核心知识、核心观念、方法等多方面的建构与发展。

核心素养与学科知识相互促进、互为统一。核心素养的培养以学科知识为基础，主要是对学科知识中核心知识的学习。同时，进行学科观念、思维、态度培养。从教学的任务来看，教学的一般任务是引导学生能动地学习，掌握基本的知识与技能，同时具备灵活运

---

① 核心素养指的是学生应具备的、能适应终身发展的和社会发展需要必备的品格和关键能力。

用的能力，这也是其他任务得以完成的基础和前提。因此，核心素养的形成过程是学科知识教育价值实现的过程。

（2）认识论。知识建构理论成为核心素养培养的理论基础。生活在社会中的人或多或少都会有一定的生活经验以及所学知识的积累，并自觉或不自觉地将其运用于新知识的学习及能力方法的获取。对于核心素养培养而言，核心素养形成的过程可认为是意义建构的过程。其中，已有经验或观念是基础。教师的作用不是忽略学生已有经验或知识，对学生进行新知识的传授，而是应该充分考虑学生对已有知识的掌握，并基于此，找到新旧知识间的连接点，建构新的知识。由此可见，新知识的形成，对于原有知识结构的改进与发展，同样有着积极的促进作用。建构主义指导下的核实素养的培养，可从以下方面实现。

第一，以学科问题情境为教学活动方式。核心素养是知识与能力的统一，而以学科教学为基础的核心素养的培养，重在以学科问题情境为背景，引导学生形成在具体情境中解决具体问题的能力，而非依靠传统的教师传授。而这一观点恰好符合建构主义者所秉持的情境性认知观点（强调学习、知识、智慧的情境性，认为知识是不可能脱离活动情境而抽象地存在的，学习应该与社会化的情境活动结合起来）。传统的学校教育奠定了知识传授的基础，而能力的获取以及思维能力的提升，仅凭教师的传授无法真正实现。通过参与性实践所获取的某种能力、方法等，远大于从书本或演示中所获。思维能力的培养与提高，取决于学生解决具体问题时方法策略的选择、应用以及对行为过程、行为结果的反思。无论是知识的获取，抑或是知识的运用，既来源于实践，也离不开实践过程的体验，是在具体情境中的反复尝试、小组协作以及不断思考。同样，掌握科学的学习方法也与实践关系紧密，也是在具体情境中面对所解决具体问题时不断反思的结果。建构主义主张"抛锚式教学"，即在教学过程中，教师应善于创造与现实相似的情境，引导学生对相应的问题情境进行探讨，培养学生对问题情境的建构，促进思维能力的发展。

第二，以探究式学习为教学活动方式。在我国当前的学校教育中，课堂教学是学生学习知识内容最主要也是最基本的形式。课堂能够为学生提供系统学习学科知识的机会，使学生掌握系统的科学知识。但是与此同时，我国课堂教学也存在以教师讲授为主，忽略学生在学习中的主体性，忽略对学生探究性思维能力的培养。教学过程应该以学生对知识的理解、吸收乃至掌握程度为主，这一教学目标的实现，离不开探究式教学过程。建构主义指出探究式学习过程是以问题为导向，通过发现问题和解决问题而建构知识的过程。由此可见，探究式学习的开展离不开问题情境的创建，而所创建的问题情境必须是与所学内容相关的、有意义的。

另外，创建有意义的问题情境，与教师的探究意识及能力有着直接的关系。需要教师强化探究学习的意识，合理设计探究过程。既要结合学生的实际状况以及知识水平，又要与生活实际密切相关。同时将探究活动的难度控制在合理的范围内，既要避免问题超出学生的能力，让学生望而生畏，挫伤学生学习的积极性，也要避免问题设置过于简单，达不到提升学生探究思维能力的效果。在这个过程中，教师要设置一系列的合理问题，并以问题链的形式将这些问题串起来，用于指导学生的探究，促进学生核心素养的构建。

综上所述，探究式学习的过程离不开与他人的互动与沟通。因而，探究的过程是合作交流的过程；是一种对话式的实践过程；是参与探究活动的学生，针对探究的主题或是某一问题，与同伴、老师展开合理的对话，促进问题解决的思维过程。对话的过程同样需要教师运用教学的智慧，进行科学合理的引导。在学校教育教学过程中，教师需要在程序性学习的基础上，对探究式学习方式给予适时引导，通过探究性学习，培养学生的问题思维能力及解决问题能力，从而增强学生的学科核心素养。

2. 中学语文教学的核心素养教学观

（1）树立"立德树人""以生为本"的教学观。"立德树人"已成为现代教育理念及基本要求。立德树人，就是要求教师在面对作为教育对象的学生时，要明确教学的关键在于人的培养，教学活动应围绕学生的个性自由而有序开展，教学服务于学生的成长成才。对于学生而言，其个性自由和健康发展应该以良好的道德品质为前提。而这正是核心素养导向下教学的重点。所以，重建核心素养导向的教学，必须坚持"立德树人"的教学观。

"以生为本"也是现代教育理念，即以学生为中心。"以生为本"是指在教学活动中，教师应关注学生，尊重学生的个体差异；要根据学生兴趣特长、能力水平等特点，制定不同的教学内容；要鼓励学生进行自主学习，充分挖掘学生潜能，以促进学生全面、均衡地发展。具体可从以下方面探讨。

第一，教师需要在观念上进行转变。对于教学而言，知识的传授和能力的培养对于成绩的提升固然重要，但是这些必须服从于学生的健康和幸福。健康，不仅仅是狭隘层面的身体健康，健康应该包含更为广泛的意义，即心理健康以及良好的品质。因此，教师在教学活动中，要以学生的健康为前提，注重将学生良好道德品质的形成与知识的传授相结合，这就要求教师以学生为中心，全面了解学生的实际情况与需求，尊重学生的个体差异性，对不同学生采取不同的教学方法。作为教师既要鼓励及要求学生学好知识，还应该尊重并爱护学生，善于发现学生的优点和长处，尤其应注重对学生潜能的挖掘。

第二，理解学生发展的顶层设计就是核心素养，它是实现"立德树人"根本任务的价值所在。教师的任务不仅是教书，更为重要的是育人。教师要关注学生，全面了解学生，发现学生的优点和长处，弥补学生的缺点与不足。教师应该明白，教学的真正目的是育人。不同学科的性质及内容，所含知识虽有所差异，但是育人的使命和任务是一致的。教师应该明确这一点，牢固树立育人的理念。教师应该明确核心素养的要素和内涵，在教学中形成自己独特的教学风格，并将核心素养融入教学特色。

第三，对于学科核心素养，要有正确清晰的认识，尤其要认识到实施核心素养教育的本质意义。在此基础上，教师才能更好、更自觉地将学科核心素养融入教学，了解学生的真实状况及学习情况，尊重并宽容学生，形成自己的教学智慧与教学风格。只有这样，才能真正落实基于核心素养的新课标精神，也才能提高教师基于核心素养培养的教学能力。

第四，基于学情分析，这是开展有效教学的前提。只有真实准确地分析学情，才能保证教学活动的开展更有针对性。学情分析的对象主要是学生。因此，对学情的分析主要包括对学生学习起点状态、潜在状态的分析。对学生起点状态的分析可以从三个维度展开：即知识维度，主要是学生对基础知识的掌握与认知；技能维度，主要是指学生已具备的学习能力；素质维度，指学生的学习习惯。

而对学生潜在潜能的分析，也可以从三个维度来理解。首先，知识维度，即学生知识潜能，主要根据学生已有的知识基础、原认知结构，学生的情感和发展需要来分析；其次，技能维度，即对学生知识技能、过程与方法、情感态度与价值观方面所具备的能力分析，包括能力层次及状态；最后，素质维度，即对学生的学习习惯的分析，分析学生的学习习惯是怎样的，根据习惯选择更有效的学习方法，基于学生的学习习惯，课堂教学可能生成的能够促进学生学习的资源等。

（2）树立"学科本质"的教学观。学科核心素养导向下的教学，还应该树立"学科本质"的教学观，这就需要教师了解和掌握基于核心素养的课堂教学方法，能在了解学科本质的基础上梳理学科核心素养与学科本质的关系，以及探讨如何在学科核心素养导向下进行科学教学，彰显学科教学的独特魅力及育人价值。要做到促使教学活动从教学转向教育层面，需要教师具体做到以下方面。

第一，对于学科素养要有客观准确的认识。明白核心素养与学科教学任务之间的联系与区别。核心素养培养的着眼点，也并非学科教学任务的分解，而应该是立足于教学全局，将核心素养定位为学生应对复杂问题所必须具备的解决问题的能力和品质，这也是学生适应终身发展及社会发展需要不可或缺的关键能力和必备品质。在教学过程中，教师要发扬伯乐精神，善于捕捉、发现并利用学生的优势、特长、经验、创意、见解，乃至问题等，使之成为教学的生长点。作为教师，要不断丰富教学资源，尤其需要开发学生身边的资源；培养学生的实践能力，让学生在实践中锻炼并提升能力，除此之外，还要广泛利用校内外场馆资源——学校图书馆、实验室、课程基地、运动场等及校外科技馆、博物馆、农业科技园等；处于信息时代的今天，教师还应该鼓励学生充分利用网络资源，丰富自己的学习经验，利用互联网丰富的资源，扩大视野、开阔眼界。

第二，只有在"学科本质"教学观的引导下，教师才能够深刻认识教学的实质，真正领会核心素养导向下的教学育人价值。教师要为学生的自主学习与探讨，营造良好的学习氛围，借助多种教学手段与方法，引导学生自主地进行能力锻炼。此外，教师应注重对学生兴趣的塑造，在教学活动中，努力培养学生的兴趣，为其将来的发展奠定基础。

第三，树立"学科本质"的教学观，要求教师明白，教学的真正目的在于使学生掌握"解决问题"的能力，这也是学习的本质。在以核心素养为导向的教学过程中，教师应该灵活地选择并调整教学内容，根据学生的特点及需求，以及教学现状，及时变革教学方法及模式。而要实现这一改变，教师是关键。教师必须回归教学本质。唯物辩证主义的发展观告诉我们世界是变化发展的，任何事物都处于变化发展之中，教学活动也是如此。教师在这个过程中，要发挥自己的教学智慧，引导学生发展问题、探讨问题、解决问题。只有这样，才能保证教学活动从以讲授为主向以学生的自主学习为中心转变，这也为以学生的学习为中心的教学设计奠定了基础，从而保证教学活动真正围绕学生而开展。

总而言之，意识对行为有着一定的引导作用，正确的观念是行动的指南，核心素养导向下的课堂教学，必须树立科学的教育观念，并保持观念的与时俱进。只有在观念上注重更新与转变，以核心素养教育观引导教育活动，才能保证核心素养与教学目标的有机融合，让学生的核心素养在教学中得到培养。

（二）中学语文教学中核心素养理论的意义

核心素养是对教学目标及任务的科学化与具体化，是新的时代背景下对教育所培养人才的美好憧憬。对于教师而言，核心素养的提出只是为他们的教学指明了方向，他们更关注的是如何在教学中落实核心素养的培养问题。而对于核心素养理念的教学意义，也需要教师对其有一个客观而全面的认知和理解。

1. 核心素养理论的现实意义

（1）核心素养理论是教学目标的科学化和具体化，为课程的设置指明了方向，成为课程设置的重要依据。对于传统教学而言，课程内容的设置一般是教师针对学科特点及知识结构，以学科发展逻辑为主线而设定。随着时代的发展及教育改革的进行，课程设置在内容的选择上也更为丰富，难度也逐渐提升，但是对于学生的发展价值却没有确切的保障。

教育的根本目的在于促进学生的能力与品质的发展。显然，传统的课程设置并不能很好地促进教学目的的实现。这就需要教师及教育工作者转变教育理念，更新课程设置观念，将知识在学科中的意义，转向知识在核心素养培养中的意义，并作为课程内容的确定依据。换言之，课程内容的设置需要最大限度地容纳能够促进和提升核心素养的一系列相关知识。只有这样，才能免去不必要的、对学生成长意义不大的课程内容，从而使学生在有限时间获得更多、更有价值的知识，调和教学时间有限与知识学习无限之间的冲突。

在核心素养理论的指导下，课程内容的确定与教材编撰，也将发生根本性的变化，主要表现为：从过去单纯以学科知识体系为依据的路径，转变为兼顾以促进学生核心素养的形成为依据的路径，这既符合现代教育的根本目的，也更有利于促进学生的发展，为学生的发展提供有力保障。由此可见，核心素养是课程内容选择的重要依据。在此基础上进行的课程内容的设置、教材的编纂等，才更有教育价值及意义。

（2）核心素养理论指导教师的课堂教学。在教育改革的不断推进中，核心素养的提出，顺应了教育改革的趋势。在核心素养理论的引导下，教师不再沉浸于厚重的书本、疲惫于繁重的练习，也不再纠结于成绩的好坏、分数的高低，而是透过书本和成绩，看到教育的实质，即人的发展，以及教育育人的目标。尽管分数与学生的成绩有着一定的关系，一定程度上能够反映学生对知识的掌握和运用能力，但这并不是教育的终点。教育应该在促进学生掌握知识的基础上，促进学生能力的提升及全面发展。目标是前提，教材是辅助，学生是关键。这样，才能保证教育发展的方向正确。从知识本位转向核心素养本位，是课程改革的质的深化与升华。

2. 核心素养理论的超越性意义

核心素养理论的超越性意义，主要体现在以下方面。

（1）教学的教育性。教学的意义在于向学生传授基本的文化或内容，并让学生掌握。由此可见，教学必然涉及教与学的过程。换言之，教学必须将借助某种文化内容的习得（学力的形成）同作为生存能力的人格（教学的教育性）的形成联系起来。基于核心素养的定义，教学既包含关键能力，也重视必备品质。因此，核心素养理论对于教学而言有着积极的意义。此外，从教学过程来看，教学的过程是向学生传授知识与技能的过程，从一定程度而言，也可以理解为是向人传递生命气息的过程。无论基于哪一种理解，人都是教学的关键，人的发展才是教学的价值所在。因而，对于学校教育而言，课堂教学是学校教育最主要的形式，理应顺应时代发展的要求，尊重学生个体，将学生的发展视为教学的价值所在。从这个意义上说，教学目标的实现，不应该只是教学方法、技术层面的改变，其关键在于教育观念的变革，即尊重学生的个体性，要让学生成为真正的自己，而非被概括、被物化的抽象人，这也是教学的教育性的体现。

（2）教学的在场性。教学活动中，教师的教与学生的学，是相互统一的，是教学过程中很重要的一组关系。相对而言，学生的学更应该得到重视与强化。换言之，教师的"教"，是为了学生更好地"学"，教是为学服务的。建构学习理论认为，学习过程是对知识的意义建构过程，而这一过程不是仅依赖教材和教师就能够完成的，还必须通过学习者自身的努力才能达到。换言之，学生个体是关键，即教学活动必须是学生个人"在场"才能真正发生。

核心素养理论重在学生能力及品质的培养，引导学生通过自主学习去发现知识、解决问题，并把通过"经验的能动的再建或者统整"的知识视为真理。这种被视为真理的知识，被称为"默会知识"，这种知识的获得，意味着"在场"学生对知识的真正学习和理解。

（3）教学的交互性。教学应是师生双向互动的过程，而非教师的一言堂，这是传统教学活动亟待解决的问题。核心素养理论的提出，符合现代教育的要求及理念，强调学习共同体的创建，意在教师与学生间形成多维互动的关系，促进师生间、学生间的交互。不仅如此，还强化了个人知识和学科知识的对话互动，使教学过程成为知识创造的过程，从而使得知识的学习更加灵活，也为学生综合素质与能力的培养营造良好的教学环境。

（三）中学语文教学中核心素养的发展维度

从学生核心素养发展的角度来看，一套完整、系统化的育人目标框架至关重要，该框架的存在和执行将使教育变革朝着更为积极的方向发展，从而带动完整育人体系的构建，使学生发展的核心意识得到进一步凸显。基于发展学生核心素养的顶层设计的课程改革，将教学活动与学生核心素养的培养有机融合，既可以对教师的专业化发展和教学改革发展发挥重要的引领和促进作用，使教师可以始终遵循教育方针来组织教学活动，进而完美地结合课堂教学和学生核心素养的发展，又能够以引领学生的核心素养发展为基础，使学生的多元素养得到有效培养。

本书致力于积极探索如何在语文教学中发展学生核心素养，从教学反馈中总结经验，从学生体悟中出发，找出其中发展的问题及发展尚须完善的地方，并给出相关的一些思考及建议，从而丰富教学内容、完善教学方法、激发学生兴趣，进而更好地推动语文教学的开展。同时，也加强学生思想意识、注意力、想象力和创造力的培养，进而实现语文教学与学生发展核心素养的纵向衔接与横向配合，使学生的生活、思想、情感、态度乃至学识和知识提升到更高层次。

核心素养是人的素质的主体部分，是衡量人才培养质量的重要指标，也是未来课程改革的重点方向。以核心素养为指导的语文教学，是体现语文课程价值的要求。语文教师应从语文的语言建构与运用、思维的发展与提升、审美鉴赏与创造、文化理解与传递等方面培养学生的语文核心素养。在核心素养影响下的语文教学要求重视学生语言能力的发展，重视学生思维能力的提升，重视学生正确价值观的树立及个体情感体验，并要求教师为学生起到榜样的作用。语文课程致力于学生语文素养的形成与发展，课程的基本理念就是面向全体学生，全面提高学生的语文素养。

语文素养涵盖的内容十分丰富，主要包括四个方面：①文学知识储备，以及在学习语文过程中不断形成文本理解能力、语感、文学思维和较强的汉语言文字运用能力；②语言鉴赏能力，对于好的文学作品和文字表达有自己的见解；③语文情趣，这是一种更高的语言文字运用能力，兼顾了文学水平和幽默趣味；④运用形成的文学思维和文学素养来解决实际生活中存在的问题。而若想在教学过程中不断提升学生的语文核心素养，不仅需要建立在培养语文素养的基础之上，更需要结合在新课程改革中提出的实现学生全面发展的要求，提炼出培养语文核心素养的关键指导思想。此外，在培养学生核心素养的过程中，首先要"以学生为本"作为基本原则；其次，调动一切教学资源提升学生的知识储备；最后，要重视学生创新思维的培养，使更多的学生认识到语文的魅力。

1. 语文教学围绕语言建构与运用展开

在人类的交际活动中，语言和文字是最重要的工具和手段。其中，字和词是学习语文的重要基础。新课标关于语文课程的教学目标提出了新的要求，即对学生运用语言和文字的能力进行培养，对低年级学生传授字词内容，帮助他们运用和构造语言是开展语文教学活动的目的。阅读和写作的重要前提和基础是能够写字和认识字，这也是第一个教学阶段需要对学生传授的重要内容，在整个教育阶段占据重要地位、产生重要影响。低年级阶段的学生和高年级阶段的学生在会写的字和认识的字方面最大的区别是数量。对于低年级的学生而言，教师要将多认少写的教学观念贯穿整个教学过程，学生能够认识的字不一定要会写。要想提高学生认字的数量，要与学生感兴趣的语言素材和生活经验相结合，给他们创造各种机会去认识字，提高他们识字的积极性和主动性，实现认识文字和运用文字相统一。同时，要发挥多样化的教学手段和丰富的教学工具的作用，为学生营造出有趣的教学情境，推动他们识字数量和效率的提升。针对低年级的学生群体开展语言教学活动，教学的主要内容是利用笔画、其他工具和汉语拼音对字词进行查阅，这些内容也属于构建语言的类别。除此之外，词和词、字与字、句子和句子之间搭配形成的基本句式便是运用语言的集中体现。

2. 语文教学围绕思维发展与提升展开

文章是开展语言教学活动的重要载体，阅读文本是提升语言思维能力的有效方式。阅读的主体是学生，是学生个性化行为的集中体现。教师开展阅读教学活动时，要积极发挥引导作用，让学生对文本进行探索，通过主动和积极的阅读行为对文本中包含的情感活动和思维进行获取和感悟，增强学生对文本内容的理解和认识，在情感的熏陶和作用下，启迪学生的思维。学生在阅读的过程中，教师要进行适当的点拨、指导，但是教师不能用自己的分析和感悟取代学生的阅读体验；对于学生在阅读中发现的问题和存在的疑惑，要利用合作学习的方式进行妥善处理，但是也不能用集体讨论的方式对个人阅读进行取代。新课标明文规定，学生在阅读课文时要勇于提出自己存在的疑惑和无法理解的内容，在和教师或者同学的讨论中，要将自己的观点和看法表达出来，并且做出自己认为正确的判断。

语文阅读教学活动的开展要始终坚持核心素养的导向，要求教师在模拟情景对话和增强师生交流的基础上，将学生对阅读的兴趣和主动性、积极性充分激发出来，并且将寻找阅读中包含的程序性知识的方法传授给学生。认知心理学的相关理论表示，学生要发挥主观能动性对自己已有的知识经验进行消化和吸收、生成和建构，这是提升他们阅读能力的重要方式。在这个吸收和构建的过程中，学生要与自己已经学习的知识经验和教师的解释相结合，发散思维，反思课文的意义，让他们深入理解课文的内涵，从而形成自己的认知和感悟。阅读作为一种重要的思维活动，需要发挥读者的主体作用和主观能动性，读者要对文本进行领悟、对文本的深刻含义进行创造、对其中存在的问题进行发现。由此可见，仅仅依靠教师的讲解无法提升学生的阅读能力，还需要学生充分发挥出积极性和主动性进行自主阅读，如此才能在日积月累的阅读过程中提升阅读能力。

3. 语文教学围绕审美鉴赏与创造展开

审美鉴赏能力是学生学习语文不可或缺的一种能力，这种能力不是仅通过课堂教学就能获得的，它需要学生不断地学习、训练和实践来完善自身的文学素养、艺术素养和思维模式。审美鉴赏与创造实质就是陶冶学生的情操，使学生在语文学习过程中充分感受色彩之美、形体之美、结构之美、过程之美。

语文老师是学生学习中的主要引领者，除了讲解语文教材上的内容之外，还要让学生充分体验和感受教材之外与语文学习相关的审美内容，以培养学生的审美鉴赏能力，使学生能发现美、辨别美、创造美，从而帮助学生培养他们的审美能力和审美情趣。语文教材是创造和鉴赏语文审美的重要基础和物质载体，有利于对学生的情操进行陶冶。具体而言，人们一般认为语文教材中涉及的文学内容都属于美的事物，教师要与时俱进，与当今时代包括审美理想和审美观念以及审美趣味在内的审美意识相结合，利用美的事物将美的作用施加到学生身上，让他们充分发挥好审美的作用，推动心灵塑造、性情陶冶的目的的实现。需要注意的是，在教学活动开展的过程中，语文课程蕴含的审美性质的揭示主体是语文教师，只有作为审美主体的学生对课文素材充当的客体角色进行审美鉴赏，课文所具备的审美对象角色功能才存在。新课标要求教师要把学生语文能力的提高和学习方法的掌握，与乐观向上的人生态度和健康美好的审美情绪的培养相互融合，与语文学科的特征和具体内容相结合，在教学活动中要渗透这三方面的内容。

4. 语文教学围绕文化理解与传递展开

语文课程中包含的文化便是该门学科人文性特征的集中体现。与其他学科相比，语文课程的优势在于对优秀传统文化的继承和发扬，让学生的文化认同感不断增强，有利于民族创造力、创新意识和凝聚力的提升，其他学科在这些方面无法望其项背。所以，对于中华民族悠久和深厚的艺术文化而言，语文课程内容的功能在于传递和选择。

5. 语文教学围绕教师自身素养展开

语文教学活动的开展要始终坚持核心素养导向，这便需要教师对原有的教学方式和教学内容进行改善和革新，也对教师自身所具备的语文核心素养提出了更高的要求，要求教师以身作则、利用言传身教提升学生的语文素养。教师的引导作用和示范作用，特别是教师的价值观念和经验以及思想情感，对于学生知识的建构、能力的培养和世界的认知产生重要影响。在课堂教学活动中，教师是核心要素，在教学手段和专业知识素养方面必须具有较高的水准，及时更新自己的知识库，才能深入浅出地讲解，高效地对学生活动进行指导。

总而言之，语文课程价值的体现要求语文教学活动必须始终以语文核心素养作为导向，教师要及时对教学观念进行改变，将提升学生的核心素养作为重要内容，对教学方式和教学过程进行革新，对每个学生建构和运用知识的能力加强重视和关注，与学生发展核心素养的需求相结合，对语文实践和语文情境进行创造，通过以身作则对学生的语文核心素养进行培养和提升。教师需要改变传统的教学模式和教学方法，营造轻松愉悦的学习氛围，激发学生的语文学习积极性，同时，要有机地结合理论教学和实践教学，密切联系学生的实际生活，提升课堂教学质量，促使学生获得更加全面的发展。

（四）中学语文教学中核心素养的具体原则

1. 科学系统设计原则

在素质教育不断推进的时代背景下，核心素养的培养成为当前人才培养的一个重要方向，指导着学校教育教学的改革。培育学科核心素养贯穿于学科教学的始终，是学科教学的关键。学科核心素养培养的内容与学科内容以及学科目标有着直接的关系，学科不同，其核心素养也不同。但是任何学科的核心素养的培养，其大的方向是一样的，即聚焦学科最核心的知识、方法、思维。

教学活动是一项系统的过程，从课程标准的制定到学科知识的教学都需要以学科特点为基础，同时兼顾学科知识，通过由浅入深、逐步深化的方式来编排。学科核心素养对于学科教学有着重要的指导意义。因而，从核心素养层面进行教学设计是现代教学设计发展的必然趋势，需要立足于核心素养，进行课程知识的分析、学科内容的理解。在核心素养理念意识的指导下，进行系统的教学内容的分析，将核心素养的培养渗透于教学，并强化其地位，使核心素养的培养在教学的各个环节都得到落实。

核心素养的培养，不是一蹴而就的效应。对核心素养的培养往往需要以学期或学年为单位来建构，甚至有的学科核心素养还需要跨阶段来实现。这就意味着核心素养的培养，离不开科学内容的系统设计，促使核心素养的培养有计划、有步骤地实施。首先，需要在核心素养理念的指导下分析学科课程，确定以核心素养的培养为基础的课程主题，进而围绕这一主题，分析课程章节主题，进行逐一教学，这是一条从宏观到微观进行学科核心素养培养的系统化设计路线。其次，有针对性地对核心素养所集中的课程内容进行全面分析与系统设计，包括知识内容的分析、教学目标的设定、教学过程的设计等，这些都要围绕核心素养的培养理念。

2. 发展性的原则

人的存在具有双重性，即存在和发展。其中，存在是基础，发展是生存的保障。核心素养的各素养之间相互联系、相互补充、相互作用，共同发挥整体作用。所以核心素养的培养要注重影响其发展的因素。

贯彻核心素养的发展性原则要注意以下两点。首先，必须坚持科学性。在教育教学的过程中要遵循学生的心理特点，遵循学生身心的发展规律，坚持以人为本，立德树人。在研究的过程中要有科学的方法，重视理论与实践的关系，确保研究过程的严谨与科学性。其次，要注重与时俱进，要具有鲜明的时代性。核心素养的发展要与时代相适应，人才的培养要与社会的发展相适应，要具有先进的思想与方法，与时代相一致。同时，在整个研究过程中要注重中华民族传统美德，弘扬中华民族优秀的传统文化，实现核心素养的研究与中华民族的传统相统一，让学生承担起社会责任，达到全面发展人的目的。

3. 课时积累的原则

核心素养的培养离不开学科的教学过程，它贯穿于教学活动的每一个环节及每一个阶段，是一个系统化的过程。而学校教育的每一个阶段又包含着一系列课程，课程的教学是通过特定课时的累积而完成的。因而，基于核心素养培养的特点，它的形成也应体现课时累积的原则。如果将核心素养的构建视为一座大厦，课时便是建成大厦的砖瓦。只有不断累积，在每一课时中都强化核心素养的培养才能看到成效，核心素养的体系才能被成功构建。

需要注意的是，课时核心素养的培养，必须以整体素养的构建为指导。这就如同建构高楼大厦，只有明确大厦的规划，并以此为依据，指导砖瓦的摆放，才能保证所建大厦不偏离规划要求。对于教学过程中的主次重点，需要从核心素养的培养出发来把握课时。课时的教学不是独立的，是在一个主题对应的章节中相互联系，促进理解与深化的。基于核心素养的培养，需要注重以章节为单位的课时教学，并将其视为章节目标实现的主要途径，通过课时学习的有效积累，促进核心素养的构建。

第二节　中学语文教学内容确定的依据

语文教学内容是语文课程教学实践中供教师教和学生学的内容，这些内容是教师根据语文课程目标的相关要求，结合学生认知基础和学习需要，在备课中对教材内容选择、加工而设计出来的内容。"语文教学内容不仅局限于教材内容，教师可以根据实际教学的需要，适当增加教材以外的学习材料，所增加的材料是对语文教学内容的丰富，也属于教学内容。"① 确定中学语文教学内容主要从以下方面着手。

一、中学语文教学内容要根据语文课程标准依据

语文课程标准是国家关于语文学科教学的政策性文件，它对语文学科的课程性质、课程目标、课程教学要求等做了明确的规定，是语文教师正确地理解教材、把握教学方向、确定教学内容，从而提高教学质量的行为准则。

第一，教学内容应符合语文课程的性质特点。《义务教育语文课程标准》和《高中语文课程标准》都对语文课程的性质做了明确的表述："工具性与人文性的统一是语文课程的基本特点。"这对中学语文教学内容的确定是有指导意义的。语文课程标准肯定了语文课程的"工具性"，认为"语文是最重要的交际工具"，因此，教学语文的重要目的是通过语文学习，使学生获得一种语文学习、交际的能力。语文课本是语言的载体，也是语言表达的成果，语文教师在进行教学设计时，应把语言学习作为教学的重要内容，也就是注重"字、词、句、篇、语、修、逻、文"的学习，注重听、说、读、写等语文能力的培养。语文课程教学要重视感受、品味、领悟，重视熏陶感染，实施人文教育，使学生形成正确的情感态度、价值观。工具性与人文性在促进人的全面发展的过程当中应该是统一的，工具性着眼于语言的运用与实践；人文性着眼于人的存在与发展，因此，教师在确定教学内容时，不能只重视知识的积累，也应重视学生的情感、价值观的教育，基本要求是在落实双基的过程中形成正确的价值取向。

第二，教学内容应遵从语文课程目标的引领。语文课程目标是中学语文教学活动的出发点和归宿，指引着中学语文教学活动的方向。教师处理教材，确定教学内容，都要以课程目标为指南，从而使教学活动的实施能符合实现课程目标的需要。《义务教育语文课程标准》在"课程目标"部分列出了 10 条总目标，这些目标可以概括为三个方面：一是培养学生正确地理解和运用祖国语言文字的能力；二是训练学生的思维能力，发展他们的智力；三是渗透思想品德、审美情趣的教育，形成健全人格。语文教师要在课程目标的引领下定位一篇课文、一节课的教学目标，并围绕具体的目标确定具体的教学内容。语文课程目标是中学语文教学活动的向导，遵从语文课程目标的引领，确定中学语文教学内容，才能克服中学语文教学的随意性和教学内容的泛化。

---

① 冯海英：《中学语文教学内容确定的依据》，载《教学与管理》2019 年第 13 期，第 44 页。

二、中学语文教学内容要重视教材文本特点

作为中学语文教学内容的载体，语文教材文本是实现语文教育功能的物质基础，一切语文教学活动的展开都应立足于教材文本之上。因此，确定中学语文教学内容，必须重视中学语文教材文本。

（一）重视教材的文本体式

文体是指一定的话语秩序所形成的文本体式，作者独特的情感、性格、精神风貌等构成了文本的内涵。因此，解读文本，深入理解课文，确定语文教学内容，必须关注文本体式的特征。

中学语文教材主要是由各种体式的文学作品构成。这些文学作品的体式包括小说、诗歌、散文、神话、戏剧、寓言等。在进行教学设计时，我们要根据文章的体式特征确定教学内容。小说体式特点是有人物、情节、环境三大基本构成要素。小说教学的主要目的是让学生了解小说的文体常识，丰富学生对社会、人生的体验，提高学生的鉴赏和写作能力。小说的教学要关注其构成的基本要素，逐步引导学生分析人物形象、分析小说情节、分析典型环境，使学生在分析过程中积累知识、体验情感、培养能力。诗歌讲究韵律，富有音乐忙，它饱含情感、富于想象、语言凝练、结构跳跃。诗歌的教学，要指导学生诵读，分析、探讨诗歌的意境，体会表达诗歌的情感。总而言之，不同体式的文章其教学内容有不同的侧重点，教师在设计语文教学内容时，应充分考虑文章的体式特点，结合文体特点设计出合宜的教学内容。

（二）确定教材的文本内容

确定中学语文教学内容，要对文本进行深层的解读，要关注文本的内容。文学作品是意蕴丰富的信息集合文本，总是有很多空白和未定性，读者无法对其全部内涵一目了然，如何确定突破口，通常需要教师对文章的各层内涵、各处教学价值进行梳理，理清它们之间的关系，然后结合学生的实际需要，对各个教学价值进行排列，由此确定教学的主、次内容。

中学语文教师备课的第一步应该是阅读文本，对文本形成自己的初步理解，在此基础上阅读教学参考书，注意比较自己的理解与参考书上教案范例解释的异同，进而利用网络了解其他教师对课文的理解与教学设计，同时查阅一些学术期刊中关于课文文本的代表性

评论，并与同事交流。这样做是为了教师能与他人进行思想的交流，在思维的碰撞中，拓宽自己的视野，突破自身的狭隘见解。例如，通过对朱自清的《荷塘月色》解读与研究，我们发现：在教学中，有的教师以语言学习为主，着重学习描写手法；有的教师注重人文熏陶，让学生感受自然之美；还有的教师注重学生的思维训练，引领学生思考"自由与约束"的难题。另外，也有教师把它当一般的散文学习，学习散文的文体特点、感受作者的感情变化。

汉语言知识、技能学习，人文的熏陶、感受，学生的思维训练，这些都是语文课的学习任务。但是任何一种教学设计、任何一堂课，都不可能包揽全面，穷尽其妙，因而，我们常常只要专注于其中的某一个内容，以此为突破口，引导学生深入理解文章，让学生学有所得即可。文本内容蕴涵着文章的核心价值，语文教师确定教学内容时，要充分关注文本内容、充分挖掘文本内容的教学价值，结合学生的实际需要确定语文教学内容。

（三）把握教材的编写意图

确定中学语文教学内容要参照中学语文教材编者的意图。中学语文教材是在语文课程标准宏观调控下编写的，课程目标的实现有赖于教材编者选编的教材。教师只有把握好教材编写意图，知道文学作品在教材中的定位，在处理教材时才不至于停留在一般的阅读层面，才能深入教材的教学层面，设计出适宜的教学内容。教师进行教学设计时，要站在整个单元、整册教材，甚至整套教材的高度领会编者的意图，挖掘教材的育人功能，实现语文课程的育人目标。

（四）理解作者意旨

要做到深入理解课文，准确把握文本的内涵又必须与文本对话、与作者对话，准确地把握作者意旨。教师在备课时，要结合文章的创作背景、作者的生活情况，穿越时空和作者进行思想上的交流，尽量把握好作者的创作意旨，以加深对课文的理解。在教学过程中，师生要与文本作者对话，深入文本，品味语言，揣摩感悟作者的深意。例如，对杜甫诗歌《茅屋为秋风所破歌》进行教学设计时，我们要结合诗歌的创作背景来揣摩作者的意旨：杜甫飘荡多年，在亲朋好友的帮助下，在成都浣花溪边盖起了一座茅屋，总算有了一个栖身之所。不料到了第二年八月，大风破屋，大雨又接踵而至，诗人长夜难眠，感慨万千。他由自身的不幸遭遇联想到"天下寒士"的痛苦，以此表现当时社会的苦难、时代的苦难。诗写的虽是自己的数间茅屋，表现的却是忧国忧民的情感。由此可见，语文教师要深入理解课文，把握文本的深刻内涵，挖掘文本的教学价值，确定出合宜的教学内容，就必须把握作者的意旨。

第三节 中学语文教学内容与课程体系改革

随着社会现代化的发展，教育现代化将成为人们普遍关注的问题。要想实现教育现代化我们必须从观念、思想、方法以及行动上进行一场深刻的改革。教育现代化的核心是课程体系与教学内容，在应试教育向素质教育转轨的情况下，更是应该进行课程体系与教学内容的改革。"现行中学语文课程体系是为适应应试教育需要，构建的以学科知识为中心的体系。"[①] 具体表现在：重理论，轻实践；重社会需求，轻学生需要；重知识积累，轻实际应用；重知识传授，轻建立学生的认识结构；重课程内容的稳定划一，轻内容的动态开放。因此，语文教学的内容就必须具有时代性、针对性，具体从以下方面探讨。

第一，树立正确的教育观念，制定合理的课程目标。我们必须改变目前学校课程内容体系，确立有利于实施素质教育的课程目标，防止课程和教材内容编制的盲目性和随意性，面对当今社会发展的需要教会学生如何做人，教会学生如何做学问，让他们学会学习、学会生活，使之具备适应现代社会发展的能力。

第二，改革课程内容，实现教育内容的现代化。在教材内容的选择上注意处理好中西文化、古今文化、思想教育与文学教育、精神品质与道德修养的关系。同时，在课程教材的表达以及内容的组织上，要有利于培养学生的思维训练，发展学生的主体素质。我们要将语文教学由传统的以教师为主导、以书本为中心、以考试为法宝的封闭式教学转向开放型教学，由静态教学转向动态教学。面对具体的教学可以做到以下方面（表1-2）：

---

① 代静：《中学语文教学内容与课程体系改革》，载《科教文汇（中旬刊）》2008 年第 10 期，第 103 页。

表 1-2　改革课程内容

类别	内容
重组整合教材内容	课堂教学中，对于教材的使用一定要从有利于学生掌握知识、有利于学生运用知识去解决问题的角度设计教学。例如，教学中有许多内容学生能够自己理解，老师就没有必要面面俱到地讲，而是要把教材中值得教和值得学的内容重点讲出来。再如，还可以把同一题材的文章整合在一起，让学生在相同中找不同，把学生的思维引向深入，让学生涌动创新意识。
建立社会发展与现实生活并行的教学体系	随着社会的发展和科技的进步，语文教学在渗透思想性、人文性的同时，还要涉及资源、环保、人口、多媒体、网络、交通、股票、旅游等方面的内容。语文课堂的教学内容既要源于教材又要高于教材，根据学生学习的需要对教材进行拓展、迁移。如在班级开展保护公共设施、保护环境、保护动物的讨论，帮助学生提高社会公德意识的同时，又夯实学生的知识基础和提高学生的人文素养。
"优化获取知识的过程"引导学生走出课堂	语文学科的特点，决定了它与生活的密不可分。教材所提供的只是过去时代的生活以及文中作者的经历和体验。学生学这些东西时往往只知其表不知其里，很难与别人的思想和生活产生共鸣。如果引导他们走出课堂，将所学的知识与生活相结合，将有利于学生素质的提高，也有利于学生创造思维的形成和智力的发展。语文课的教学根植于社会生活的大舞台，引导学生走出课堂，走向生活，走向社会，开展社会调查，然后写出调查报告和生活实感一类的小文章，这样就打开了学生的思维，使课内的死知识变成了活知识。这样就使让学生达到了对知识的融会贯通，从而形成内在的素质和创造力。

　　总而言之，无论教学内容的改革还是课程体系的改革，都要与学生的自身发展相适应。我们要为当今的中学生量身定做一套符合他们需要和发展的教学内容和课程改革方案，这样才能真正地有利于他们素质的提高和能力的发展。

第二章　中学语文主题单元教学研究

第一节　中学语文主题单元教学系统分析

主题单元教学①可以使教学目标更加明确，能够促进教师转变教学理念和改进教学方法，真正做到以学生为本，提高学生语文学习的成就感，节约课时，打造高效课堂，这是一种新式的、行之有效的教学方式。但从目前掌握的资料来看，主题单元教学大多是在义务教育阶段进行的，而且也多停留在实践层面。中学阶段的语文主题单元教学研究还是一个较新的课题，教师们大多还在进行传统的单篇教学。即使有教师进行主题单元教学，也多是在进行单纯的语文教学内容的整合，缺乏系统性的认知。因此，现在的中学语文教师需要接受必要的理论指导。系统思维是以系统论为思维基本模式的思维形态，是人类的一种较高级的思维方式，它是把认识对象作为系统，从系统和要素、要素和要素、系统和环境的相互联系、相互作用中综合地考查认识对象的一种思维方法。

一、中学语文主题单元教学的系统要素

系统的要素是组成系统的各个元素、部分，在教学系统中教师、学生和教学内容是构成教学系统的基本要素。作为教学系统中的一个子系统，主题单元教学同样也具备着教学系统的主要要素。同时，主题单元教学这一子系统还拥有不同于其他子系统所特有的要素，即主题、单元、专题、情境、资源等。这些要素既是主题单元教学系统的要素，又是一个完整的、相对独立的子系统。各要素之间相互联系、相互作用，同时又和外部环境发生紧密联系。

---

① 所谓单元教学，一般说来就是以一个单元作为语文教学的基本单位，从整体出发，统筹安排，以一篇或两篇带动整个单元教学，把讲读、自读、练习、写作、考查等环节有机地、灵活地结合起来，形成一个不可分割的教学整体。

二、中学语文主题单元教学的系统属性

中学语文主题单元教学在教学实践中有着明显的系统特性，它同样具备着系统观念的重要组成部分：整体性、层次性、相关性、有序性和环境适应性。

（一）语文主题单元教学的整体性

传统的语文教学，将语文肢解成识字、解词、释句、分段、背诵等方面，一篇篇文质兼美的课文，被肢解成独立的词语、句子、段落。为了应试，教师把教学内容题目化、答案要点规范化。学完一篇课文，学生只是被动地注入了一些零散的知识点，根本无法理解文本整体的艺术美。有的语文教学只顾一点，而忽略其他。例如，在学习贾平凹的《我不是一个好儿子》时，有的教师架空文本，忽略贾平凹是如何选材的，是怎样将对母亲的感情传达出来的，而是让学生整堂课都在交流亲情故事。学生语文素养的形成与发展是语文教学的根本目标。要想实现这一目标，就要提升学生语言文字的理解和运用能力。只注重教育学生要懂得珍惜亲情而忽略了作为语文教学的使命，这样的课堂并不是好的语文课堂。另外，"传统语文教学中读写分离、课内阅读与课外阅读分离是语文教学亟须解决的问题"①。

运用系统思维中的整体性原理，主题单元教学将语文教学作为一个整体，关注语文教学中的各个要素，从宏观上把握教学目标和任务，整合教材中的文本和课外阅读文本，整合教学、活动、练习，整合课内资源与可链接的、丰富的课外课程资源。如果教师能正确运用整体性原理设计有序的教学步骤，那么就可以帮助学生整体把握语文知识，提升语文素养。

（二）语文主题单元教学的层次性

所有的系统都是一个独立的、属于大系统内部的完整的子系统。每个系统都具有自己的子系统，而子系统又有它的构成要素；构成系统的要素本身也是一个系统，如此形成了系统的层次性。

现行基础教育语文课程系统包含义务教育和高中教育两大子系统。把语文教学系统看作一个大系统，高中语文教学就是它的一个子系统，而在高中语文教学系统的下面又有若

---

① 宋学婷：《高中语文教学内容的整合运用研究》，吉林人民出版社 2019 年版，第 3 页。

干子系统，高中语文主题单元教学就是其中之一。而且，高中语文主题单元教学也是一个层次性分明的系统。每个主题单元系统包括若干个专题，每个专题又包含若干个问题，每个问题又是由若干要素组成的。所以，主题单元教学是一个独立的、完整的系统，同时它又属于语文教学系统中的一个子系统。这就是主题单元教学的层次性。

（三）语文主题单元教学的相关性

系统内部的各个要素之间是有机关联的，同时系统同外部环境之间产生物质的、能量的、信息的交换。构成教学系统的教材、教学方法、教学模式、教师和学生等各要素之间是相互作用、有机关联的。同时，语文教学系统和它的外部环境之间也是有机关联的。具体到主题单元教学，它的相关性主要体现在单元本身就是将相关的文本整合成一个个教学单元。单元中每一个环节都是紧扣单元文本和单元目标设计的，即使是拓展环节和活动课也必须与主题相关。同时，每一个单元的内容既是一个相对独立的教学系统，又与其他单元的内容相联系，共同构成了整个语文教学系统。主题单元教学选择贴近生活的主题，提供各种各样的课外学习资源，开展各种学习活动和实践，极大地密切了语文与生活的联系。

（四）语文主题单元教学的有序性

系统的有序性是系统内部的诸要素以及同外部环境的有机联系与层次结构的反映，稳定的联系构成一定的层次结构，形成系统的有序性。主题单元教学在组织单元时，按照语文知识与能力发展的顺序，由浅入深，由难到易，由知识的记忆到能力的提升。每个主题单元都是由若干个专题组成的，这些专题的安排顺序是由浅入深、由基础到深入的。对学习内容进行整合，对各单元进行合理分工，每一个单元的内容既与其他单元的内容相联系，又是一个相对独立的教学单位。从而为学生在整个语文学习阶段掌握知识、提升能力提供一个科学的序列，避免了传统单篇教学的无序化状态，体现了循序渐进的教学原则。

（五）语文主题单元教学的环境适应性

教育是一种社会行为，语文是与社会时代关系最紧密的学科，所以不可避免地与外界发生着频繁的信息交流。语文教学系统和外部环境之间是密切联系的。教学环境、家庭环境和社会环境都会促进或抑制教学系统的发展。影响语文教学的环境因素包括班级、学校、家庭这些小环境，也包括社会这个大环境。校风、班风、学风，家庭教育、父母行为、家庭条件，社会风气、导向性、重视程度，这些都是影响教学的外部环境。主题单元教学的一个重要环节就是创设单元学习情境，为学生学习创造良好的环境。主题单元教学打破了教材与课堂的束缚，从生活中寻找学习资源，使语文学习面向生活、面向社会。因此，在学习过程中，学生应更加重视环境对学习的作用。

教学的过程是随着各种外在及内在因素的变化而不断调整的。主题单元教学要有一个良性的发展，必须与环境相适应。例如，主题单元中的文本选择要有时代性。《普通高中语文课程标准》中要求"教科书选文要具有时代性和典范性，富于文化内涵，文质兼美，丰富多彩，难易适度，能激发学生的学习兴趣，开阔学生的眼界。文本选择时，要有传统的经典名篇，也要有文质兼美的时文"。所以，语文主题单元教学作为一个系统，必须是开放的，广泛地与外界环境进行交流的同时，不断地进行自我调整，以适应新的环境。

第二节　中学语文主题单元教学的方法实施

一、中学语文主题单元教学方法的实施步骤

第一，整合教材内容，确定主题。中学语文课程资源丰富，教材内容庞杂，教师要运用系统思维，进行整体规划。根据系统思维的相关性原则，整合教材中的文本，寻找相似、相近、相关的文本组成一个单元，从这些文本中提炼出共性，将其作为本单元的主题。在这一主题的指导下，再进一步整合课外材料，并将其作为本单元的学习素材。当然，主题的选择和确定也可由学生来选择，或者师生共同选择。由学生参与主题的选择，学生会有更高的学习热情。

第二，确定学习目标、教法、学法。确定学习目标这一步骤本质上与其他教学方式是一样的，只是作为单元教学，要将整个单元作为一个大系统，确定单元的教学目标，同时还要确定这一大系统下的子系统，即各个专题要达到的小目标。教法和学法并不排斥传统的方法，但更注重有利于培养学生的系统性思维、自主学习能力、探究能力和合作能力的教法和学法。

第三，分解主题，设计单元教学环节。根据系统的层次性原则，为达到单元学习总目标，分解主题，从不同的角度和方面设计相关的专题，然后再将专题进一步分解，设计主题单元的各个具体的教学环节。在设置教学环节时，要注意做到紧扣单元主题，同时也要

做到顺序合理，由浅入深，由易到难，由教师引导学习到学生自主学习。

第四，创设学习情境。遵循系统思维的相关性原则，根据单元内容，针对学情，选择创设合适的学习情境。

第五，确定评价方式及评价标准。主题单元教学要走出传统教学只注重结果的误区，更多地关注学生的发展过程。《普通高中语文课程标准》要求"评价的各种功能都不能忽视，但首先应发挥其诊断、激励和发展的功能，不应片面强调评价的甄别和选拔功能"。在这一环节中，首先教师要根据教学目标和教学环节，选择本单元中最能体现教学目标的学习成果或最有可能影响目标实现的学习环节作为评价对象；其次，选择、制定合适的评价方式和评价标准。主题单元教学中的评价，要根据不同的评价对象和评价目的选择不同的评价方式。而且，评价标准要明确、科学、合理。在主题单元教学中，最常用的评价工具是各种评价量规。评价量规的制定要根据教学目标来设计不同的准则，描述量规的语言要具体、清楚，层次要鲜明，要有可操作性。量规的制定尽量让学生参与其中，学习小组也可以制定本小组的评价量规。评价量规可以在评价环节提供给学生，也可以在单元学习之初就展示出来。在学习之初让学生了解评价的方式和评价的标准，对学生的单元学习具有引导性，有利于学生明确学习目标和方向。

第六，准备单元学习资源。主题单元教学中的学习资源包括信息资源、工具资源、人力资源和环境资源等。现在的主题单元教学中最常用到的资源有以校本教材形式提供的拓展阅读材料、音频视频资源、网站资源、各种工具资源等。主题单元教学离不开资源的支持，丰富的学习资源不仅有助于拓展学生的知识面，有助于学生更好地完成学习目标，而且有助于培养学生的现代化技术和能力。

二、中学语文主题单元教学方法实施的注意事项

（一）教师要加强系统思维

主题单元教学需要教师有较高的自身素质，需要教师具有系统思维，能够根据整体性、层次性、相关性、有序性和环境适应性原则，设计安排单元教学；主题单元教学需要教师拥有对文本较强的解读能力、对同一主题内容的综合能力以及拓展能力，需要教师投入大量的精力与物力；主题单元教学需要教师具有新的教育理念，课程改革要求教师要从"教教材"转变为"用教材教"，能够灵活运用教材，创造性地使用教材，适当地对教材文本进行整合重组，敢于自编校本教材。

　　主题单元教学与传统的逐篇课文学习相比更具挑战性。单课教学目标落实时间相对较短、较细，主题单元教学课时周期长，在教师心目中不如单课教学稳当。在高考压力下，有部分教师不敢尝试。要想改变这一教学现状，语文教师要抛弃应试观念的影响，敢于打破已熟悉的教学模式。

　　《普通高中语文课程标准》实施建议中指出，"教师要努力适应课程改革的需要，继续学习、更新观念、丰富知识，提高自身文化素养"，这就需要教师不断学习本学科的新知识，同时还须涉猎其他学科的相关知识，不断提高自己的理论水平，学习一些科学的思维方式。此外，教师还要跟上语文课程发展的脚步。只有这样，才能在教学中，充分发挥主动性，创造性地使用教科书和其他有关资料。

（二）　主题选题紧扣学科特点

　　主题单元的选题必须遵循系统的相关性原则，遵循语文学科自身的规律，在选题时须注意以下两个问题。

　　第一，选题要符合课标要求，立足教材。课程标准是教师教学的立足之本，主题单元的选题必须以课程要求为根本依据，教师不能"唯教材论"。但是，由专家组精心设计的教材，在紧扣课标和立足教学大纲这两方面，比其他资料要好得多。当然，立足教材并不等于拘泥于教材、局限于课本，而是要有所超越，打通课内外，甚至跨越学科。

　　第二，选题要考虑主题单元的集中性和相对独立性，以及各单元之间的联系性。每个单元自身是相对集中的，是一个独立的系统，每一个专题和问题都是要紧扣主题来设计的。单元与单元之间相对独立，又相互联系，都是中学语文教学这一大系统中的存在关联性的小系统。因此，教师在选题时，要运用系统性思维，通观三年的学习，考虑每个单元的知识与能力目标如何在教学中有序地、有层次地完成。换言之，在选题时要考虑系统的整体性原则、有序性原则和层次性原则。

　　主题单元注重学习内容的开放性和综合性，因此在选题时不会局限于本学科和教材。但是，教师必须严格按照课程标准和考试大纲的要求组织教学，拓展延伸必须基于语文教学的基础。

（三）　拓展课与活动课要注重形式

　　主题单元教学是一个完整的系统，每一个环节都必须围绕单元主题展开，各个环节之间必须是相互联系的。拓展和活动是主题单元教学这一系统中两个重要的环节，是与单元文本和单元目标紧密联系的。拓展要有度。首先，拓展的内容难易程度要适当；其次，拓展的内容要与主题、教学目标、单元文本有紧密的关系。题目太难或太空泛，学生都无法完成，于是就成了无意义的拓展。就像课标中所提醒的，不能片面追求新奇深奥而脱离课程目标和学生实际。拓展要与单元学习的文本和学习目标有较密切的联系，要遵循系统思维的相关性原则。

活动课的设置可以很好地体现语文课程标准所倡导的自主、合作、探究的学习方法。所以，活动课在课改后被教师广泛开展。但是，主题单元中的活动课是由课内向课外延伸的，必须具有"语文性"，要紧扣单元主题。活动课只是为单元学习提供一个学习平台，创设一个单元学习的情境，因此要以提高学生的语文能力和素养为落脚点。

第三节　中学语文主题单元教学的内容构建

中学语文主题单元教学具备整体性、层次性、相关性、有序性与环境适应性等系统特征，因此在进行教学构建的过程中，应该时刻注意调整各个系统要素的组成关系，遵循系统化原则与策略，从而能够更好地达到设计中的教学目标，完成课程目标。

一、中学语文主题单元教学内容构建的目的

中学语文主题单元教学内容构建的目的是适应时代发展的要求，适应课程改革对中学语文教学的要求，满足新时代对人才的需求。

第一，满足现代人才的需求。现代社会所需要的是高科技、高素质的创新人才。知识更新周期缩短，人们必须不断学习，实现终身教育。所以，现代学校教育必须培养能自主学习、会团队合作的学生。为了满足新时代对人才的需求，运用系统思维，在中学语文教学中使用主题单元教学势在必行。整体性是系统最基本、最核心的特性。主题单元教学运用系统思维，整合教材内容，努力拓展语文学习的外延，充分吸纳课外丰富的语文资源，将课本与生活相结合、理论与实践相结合。主题单元教学将学生的语文能力与素养的提升看作一个系统工程，多采用自主、合作、探究的学习方式；单元活动注重培养学生的自学能力和团队合作能力，关注人的精神层面在实践活动中的发展。主题单元教学有利于培养学生的自学能力、合作精神、开放的思维方式和创新精神，满足了时代发展对人才的需要。

第二，适应新课改的要求，更好地落实新课程理念。中学语文主题单元教学在系统思维指导下构建，是为了更好地落实新课程理念。《普通高中语文课程标准》在前言中强调高中语文课程的基本理念是"从'知识和能力''过程和方法''情感态度和价值观'三个方面出发设计课程目标，努力改革课程的内容、结构和实施机制"，要"遵循共同基础与多样选择相统一的原则，构建开放、有序的语文课程"。主题单元教学以一个单元为一个系统，引导学生从整体着手，整体把握。主题单元教学打通了课内与课外，重新整合教材，尝试进行课程内容与课程结构、评价方式的改革。每个单元由若干个专题按照一定的顺序排列，形成一个教学序列。在教学活动中，充分体现以学生为主体，注重学生能力的培养。每一单元的学习都做到读写结合，实现学生语文素养的全面发展。因此，主题单元教学能够更好地落实新课程理念，完成语文教学的"三维目标"。

中学语文主题单元教学的构建满足了新课改对教师的要求，促使语文教师转变教学理念。主题单元教学是一种全新的教学形式，它要求教师以新的教育理念指导语文教学。首先，教师要有系统思维，能整体规划教学目标、教学内容、教学过程以及评价标准，能根据内容的不同特点，设计不同类型的主题单元。其次，在主题单元构建中，要将学生放在主体地位，围绕着学生的发展与成长设计教学目标和有序的、有层次的教学环节。因此，教师要转变角色，从教学的主导者转变为引导者、学生学习的协作者。

二、中学语文主题单元教学内容构建的系统化策略

从系统思维视角来看，主题单元教学系统要素除了教师、学生这两大主体外，还包括主题、情境、资源、评价等系统要素。主题的选择、教学环境的营造、学习资源的提供、学生小组的组建与分工合作、学习方法的指导、学习成果的展示与评价等直接影响着教学目标的实现情况。以下围绕相关要素探讨中学语文主题单元教学内容构建的系统化策略。

第一，情境创设策略。主题单元教学是一个开放的系统，它不断地与外界进行信息交换，并随着各种外界因素的变化而不断调整。创设单元学习情境、为学生学习创造良好的环境是主题单元教学的一个重要环节。教学情境是指教师在教学过程中创设的情感氛围，它是作用于学习主体、产生一定的情感反应的客观环境。它是为了激发学生的情感和思维，对一定事件的形象描述，或者设置、模拟一定环境。教学情境是教学系统的重要因素，不仅仅是每节课的导入语或开场白，而且是贯穿整个学习过程的学习环境，与学习的最后成果紧密相关。情境的创设要符合学生的认知发展规律。良好的情境创设是提高教学效果的重要手段，不同的情境类型在不同类型内容的学习中所起的效果也是不同的。所

以，要根据单元内容和教学目标选择合适的情境类型，创设适合不同学习者特征的多样情境。

第二，资源配置策略。支持教学活动的各种资源可以分为人类资源和非人类资源。在这里谈到的是非人类资源，主要包括各种媒体和各种教学辅助设施。从系统思维的视角来看，资源是主题单元教学系统中的一个不可或缺的要素。同时，主题单元教学的资源是为教师的教和学生的学服务的。在主题单元教学中，常见的教学资源有案例（教案、学案、学生作品等）、课件、文献资料、媒体素材（动画、音频、视频）、量规等。

第三，评价设计策略。学习评价是根据明确的目标，采用科学的方法，对测量数据按照一定的标准进行量化，并对量化的结果做出价值性的判断。从系统思维的视角来看，学习评价也是一个系统。它包括被评价者、评价者、评价标准、评价方式等多个要素。在评价设计中，同样要遵循各种系统性原则。同时，按照评价功能和教学阶段可以分为诊断性评价、形成性评价和总结性评价三种类型。主题单元教学对学生的评价遵循整体性原则，不仅关注学生的学业成绩，而且还注重发现和发展学生多方面的潜能。当然，并不是所有的学习环节都需要评价，评价并不需要面面俱到。

另外，在构建主题单元评价系统时，首先要分析单元的学习目标和主要的学习活动，找出影响整个主题单元学习计划执行和学习目标实现的主要学习环节或成果，选择本单元中最能体现教学目标的学习成果或最有可能影响目标实现的学习环节。一个主题单元中要设计多种形式的多次评价，评价要贯穿整个主题单元教学的始终。

第三章　中学语文教学内容的设计体系

第一节　中学语文阅读教学设计

一、中学语文阅读教学概述

阅读是读者的行为。阅读教学是师生共同的行为。阅读能力是在阅读的过程中逐步形成和发展的。学生的阅读能力要在阅读教学的过程中逐步提高，需要语文教师的正确引导。

阅读教学是教师引导学生进行阅读，是师生以文本为媒介进行的对话和交流。在阅读教学中，师生的地位是平等的。教师引领学生出入文本，进入作者的情感世界，与作者进行对话交流，从而提升阅读者的精神境界。

阅读教学以培养学生的阅读能力为核心，是教师指导下学生的自主阅读实践活动。阅读能力的培养在学校教育中居于基础地位，主要通过阅读教学来进行。阅读教学与写作教学、口语交际教学、语文综合性学习等共同构成语文教学的基本内容，是语文教学的重要组成部分。阅读教学在语文教学中的课时比例也是最多的，足以说明它在语文教育中居于主导地位。

阅读是一种能力，这种能力可以分解成许多更小的技能。当我们将这些分技能教给学生后，就能提高阅读能力，这种观点的假设是，每一项技能是可以教给学生并被学生掌握的，所有这些分技能的相加等于阅读能力。从阅读是掌握一系列技能的观点来看，学习阅读就是学习一套分层级顺序的分技能，从而形成阅读能力。一旦掌握了这些技能，学生就能熟练地阅读文章。从这一观点来看，读者只能被动接受文章里的信息。意思存在于文章本身。读者的目的是再造这些意思。

（一）阅读教学的范式转型

早在 20 世纪 50 年代，就有人对这种阅读技能提出质疑。20 世纪 60 年代的认知研究，20 世纪 70 年代的元认知研究，形成新的思维模式。新的阅读教学理念、教学内容与方法、行为模式等逐渐形成，促使阅读教学范式发生了转型。

1. 从普适性解读到个性化解读

从文本解读结果的角度看，阅读教学经历了从普适性解读到个性化解读的转变。阅读是学生的个性化行为，阅读教学应引导学生钻研文本，在主动积极的思维和情感活动中，加深理解和体验，有所感悟和思考。受到情感熏陶，获得思想启迪，享受审美情趣。要珍视学生独特的感受、体验和理解。教师应加强对学生阅读的指导、引领和点拨，但不应以教师的分析来代替学生的阅读实践，不应以模式化的解读来代替学生的体验和思考，这段文字所表述的中心意思就是对阅读个性化的追求，这是与传统阅读教学中对阅读结果普适性的追求完全不一样的。阅读教学正在由普适性解读转向个性化解读。

个性化解读意味着学生个性的张扬，也意味着解读结果的独特化、差异性，甚至不可替代性、唯一性。个性化解读强调阅读主体作用的发挥，即阅读教学中突出学生的主体地位，发挥学生的主观能动性。

2. 从"一元解读"到"多元解读"

传统的阅读教学，多是从某一特定的角度去解读文本，并且把这一角度视为唯一正确和合理的角度。例如，教学中常见的就是把文本解读定位在教材编写者的解读上，把教学参考书上的解读看成唯一合法解读。由于教参在传统教学中的重要地位，教参解读往往成为教学中一元解读合法的、唯一的"标准答案"。教师在教学中就是按照这样的"定解"去教学生的，教材或教参中的"标准答案"就成为教材解读中的"正确解读"和唯一标准。传统阅读教学的过程，就是教师把这些"一元解读"中的某一"定解"作为唯一正确与合法的内容教授给学生的过程。对学生而言，只有接受这一"标准答案"作为学习结果，才能通过学习考核。

"多元解读"强调读者在文本解读中的重要作用，强调个体从不同的、多元的角度对文本进行合理的解读，这里的个体既包括教师也包括学生。这是由于读者的知识水平、思维方式、生活经验、情感体验以及审美角度等方面的差异，势必导致文本解读的多元化，不同的人对同一文本就会有不同的理解。就是同一读者，在不同时期、不同心境下对同一文本的解读也会不同。由此可见，文本的多元解读是客观存在的。如果把众多的解读放在

一起看，就可以看到，大家解读的视角是多元丰富的。

传统阅读教学的弊端就是教师过于关注文本的"一元解读"而忽视学生的"多元解读"。教师"一元解读"与学生"多元解读"的矛盾可以说是传统阅读教学中的主要矛盾。解决矛盾的办法应该是赋予"多元解读"更多的合法性，尊重和包容学生对文本的不同理解，搭建多元解读的平台与学生进行公平的交流和对话，从而促进学生创新品质的发展。

3. 从"他者解读"到"自我解读"

"他者解读"指他人的解读替代了阅读者的文本解读，包括作者本身解读、专家解读、教材编者解读、其他读者解读等。传统阅读教学的过程就是教师把他者解读的内容或结论传授给学生的过程，以他者对文本的理解代替学生自己对文本的理解过程。他人的结论或观点被认为是正确的见解，具有"合法的"地位，学生自己的理解甚至教师的解读，都被排斥在教学过程之外。虽然教学中教师和学生可能有自己的一些解读，但得不到"合法的"认同。

"自我解读"是指学生或教师个体从自己的经验、知识基础、价值取向等出发对文本做出的具有自我特征的解读。自我解读表现的是学生或教师个体独特的阅读体验和阅读认知，具有强烈的个体性，具有自我特征。阅读过程是一个个体的自我建构过程。学生或教师的经历、经验、水平不一样，对世界的认识、对文本的理解也不一样。因此，阅读对于他们的价值与意义也完全不同。自我解读是最贴近自我心灵的解读，是最"适己"、最"切己"的解读。

新课程改革以来的阅读教学，强调了学生的阅读主体性，强调了学生的个性化解读。学生的自我解读受到了重视，学生自我解读的地位得到了加强，真正体现了学生的学习主体地位。

4. 从"认知性"阅读到"体验性"阅读

传统的阅读教学是一种认知性阅读，注重让学生"理解"文本内容，从而认识文本中所包含的"道"。"认知性"阅读强调的是对文本的条分缕析，讲究的是条理清楚、脉络分明、结构完善、层次井然。在这样的阅读教学中，学生的体验和感受能力得不到舒展。

此外，在新课程推动下，阅读教学开始从"认知性"阅读转向"体验性"阅读。阅读教学的转型是阅读重心发生了转移，有一些逐渐被消解或淡化，有一些则是多个方面的融合和互补。如今，需要做的是让阅读教学的重心发生转移，同时注意两者之间的融合。

（二）阅读教学中阅读能力的构成

阅读教学是语文教学中耗时最多的教学活动。语文教学质量的高低在很大程度上取决于阅读教学，而阅读教学目的是要有效地培养学生的阅读能力。在目前条件下，为使大家对阅读能力有清晰的了解，从纵横两个维度加以分析和整合是可行的。

1. 阅读能力的纵向结构

顺应阅读活动的自然进程，分阶段去描述阅读能力的成长历程，显示出阅读能力由低到高的发展层次，就形成阅读能力的纵向层次结构。

（1）阅读感知力。阅读感知力是指对字、词、句等语义的识别能力，它属于对作品语言形式的微观感受，是最低层次的阅读能力。阅读感知一般包括辨音识字、辨析语义、分析句子、明确语体等。

（2）阅读理解力。阅读理解力是指在感知语言的基础上，对段、章、篇等文意的提取能力。它属于对作品内容的宏观把握，是基准层次的阅读能力。阅读理解的范围，至少包括辨识文本、理清思路、把握结构、归纳主旨、体会文情、揣摩写法、体察文风等内容。

（3）阅读鉴赏力。阅读鉴赏力是指在全面、深刻理解的基础上，对作品内容、形式的是非、优劣和美丑进行鉴别和欣赏的能力。它是较高层次的阅读能力。若对阅读鉴赏的复杂操作技能再做分解，至少包括下面一些内容：对作品思想观点正确性和社会意义的评价；对作品具体材料真实性和典型意义的评价；对作品章法、语言艺术性和创作意义的评价；对作品气质、风格独特性和审美意义的评价。

（4）阅读迁移力。阅读迁移力是指运用阅读所得知识、技能和情意来解决新问题的能力。它是比鉴赏层次更高的阅读能力。阅读迁移力从根本上来说，就是要求读者由"意化"转向"物化"，由"输入"转向"输出"。阅读迁移力一般包括：阅读借鉴力，即阅读心得的概括；阅读表述力，即阅读向表达转化；阅读类化力，即阅读应用，解决新问题。

（5）阅读创造力。阅读创造力是指读者在消费精神产品时超越作者进行再生产的创新能力。它要综合阅读感知、理解、鉴赏、迁移各种技能，运用创造性思维产生超越文本原有内容的新颖、独特的见解或思路，因而是最高层次的阅读能力。

2. 阅读能力的横向结构

阅读能力的横向结构与纵向结构相对应，是阅读过程中发挥作用的各种能力要素结构。它们共同构成阅读能力基本框架。

（1）阅读选择力。阅读选择力是指读者对文本信息的判断与取舍的能力。无论阅读注意、阅读理解、阅读记忆或阅读行为，都具有选择性。如对文本性质的鉴别分化能力、对文本内容的检索摄取能力、对文本价值的比较判断能力等。阅读选择力是为了提高阅读的效率。

（2）阅读思考力。阅读思考力是指读者在阅读中正确地运用各种思维形式，最佳地发挥周到、深刻、求深的思维活动的能力。它贯穿于整个阅读阶段，要求读者具备以下素养：善于求异，善于攻克难点，善于多向思考，善于人文出文。阅读思考力直接决定着阅读的质量和效率。

（3）阅读想象力。阅读想象力是指读者在感知作品的基础上，根据语词提供的间接表象，联想再造出原形象或综合创造出新形象的能力。阅读想象能力主要由读者的丰富想象、作品的语词媒介、读者的生活记忆和形象思维构成。它是丰富感知作品内容的手段，是探求作品意蕴的阶梯，是获得审美愉悦的保证，是进行阅读创造的钥匙。

（4）阅读记忆力。阅读记忆力是指读者对文本信息识记、存储和再现的能力。文本信息的摄取、理解、存储、提取都离不开记忆。没有记忆的阅读，是无效的阅读。

（5）阅读时效力。阅读时效力是指读者在单位时间内取得阅读效率的能力，它是融速度、理解、记忆于一体的阅读能力。阅读时效力主要由阅读速度、阅读理解率构成，可分解为精读能力、略读能力、快读能力等。

以上从纵横两个维度谈了阅读能力的结构要素。了解阅读能力的构成，有助于我们的阅读教学做到有的放矢，能够有针对性地培养学生的阅读能力、阅读素养，提高阅读教学的质量。

（三）阅读教学的有效性分析

"要想提高初中语文阅读教学的效率，教师必须通过有效的教学行为、规律改变教学的无效、低效，以此来促进学生发展。教师需要通过有效教学使学生形成正确的阅读方法，使学生能在阅读的过程中形成快速的预感反应能力，从而使学生的阅读能力得到提高。"①

1. 阅读教学有效性的重要作用

（1）培养学生语文素养的必然要求。语文课程是人文学科，语文课程要塑造和提高学

---

① 史彦辉：《中学语文阅读教学的有效性研究》，载《学周刊 B 版》2014 年第 12 期，第 159 页。

生的语言素养。语文教师通过阅读教学引导学生思考，通过对美文的分析讲解阐述文学审美意象，使学生洋溢着一种积极、乐观的生活态度，这都包含了丰富多样的教育因素。语文阅读教学对培养学生的语文素养有重要作用。

（2）语文课程标准的要求。语文教学包括锻炼学生的听、说、读、写能力。阅读是学习语文的根本，不仅对学生现在的学习有帮助，对其以后的工作也会产生重要的影响，所以语文课程标准中明确提出语文的阅读教学应把培养学生感受、理解和欣赏的能力作为重点。在教学过程中，加强学生的阅读实践能力，能让学生主动进入阅读思维当中，从而加深学生对阅读的理解，使学生对阅读的文章有所思考和感悟。

2. 阅读教学有效性的提高策略

（1）要注重主要内容。语文阅读教学要注重对主要内容的讲解，对于一些次要内容可以酌情忽略，要分清主次。例如，散文《听潮》中借景抒情的手法用得很多，对于这篇文章的阅读，教师要能使学生从中获得一些人生感悟，所以在进行教学时，可以让学生在理解的基础上进行朗读，从而抓住文章的重点。

（2）为学生创造思考和想象的机会。阅读教学的重要就是培养学生的想象能力，从而调动学生的学习兴趣，使学生能够通过内容看到对应的画面，能够置身于所讲的课文当中，对课文有所感悟和思考。教师要给学生创造思考和想象的机会，使学生在进行思考后回归到教学内容上，这样更有利于激发学生的阅读兴趣。

（3）让学生掌握正确的阅读方法。教师在进行阅读讲解时要沉浸在文章当中，做到声情并茂，对不同的文章进行讲解时要让学生采取不同的阅读方法，让学生学会略读和跳读技巧，学会细读和泛读相结合。

总而言之，要想提高中学语文阅读教学的有效性，教师需要不断提高自身的教学水平，展现出自身的教学艺术，使学生能够对语文阅读产生兴趣，能够采用正确的阅读方法，从而大大提高阅读教学的有效性。

（四）阅读教学的过程分析

1. 阅读教学的一般过程

按照学生阅读知识和阅读能力发展的规律，阅读教学流程一般按三个环节开展：引导—研读—运用。引导环节属于阅读教学的起始阶段，主要作用是引起学生注意，唤起学习动机，确定学习目标；研读环节属于阅读教学的展开阶段，主要作用是深入文本，展开探究讨论，解决重点、难点问题，引领学生在实践活动中学习语文；运用环节属于阅读教学的拓展延伸阶段，主要作用是以文本为起点进行迁移训练，巩固知识，拓展思维，促进学习结果的保持和迁移。

（1）引导过程。引导过程的基本任务是确定学习目标，唤起学生学习动机。一般包括以下教学内容：预习、解题、介绍有关资料、导入新课。阅读教学实践中，可以全部运用，也可以只运用其中的若干项。

第一，预习。预习是学生学习的准备阶段。教师在教学实践中既可以布置学生在课前预习，也可以指导学生在课堂上进行预习。教师可以根据教学需要灵活运用。课前预习由于教师不容易监控，学习效果难以得到保证；课堂上的预习教师可以根据学生学习情况加以指导，学习效果相对课前预习更有针对性。无论是课前预习还是课堂上的预习，都需要教师加强学习指导，注意培养学生学习的自主性和自觉性，养成良好的学习习惯。

第二，解题。课文标题相当于文章的"眼睛"，透过课题可以了解文章的内涵和特点，所以，有经验的语文教师都会通过巧妙解题来导入新课，引导学生找到理解课文的纹理脉络。课文标题与文章内容的关系主要有：①课文标题直接揭示主题，如《敬畏自然》；②课文标题指示选材范围或对象，如《我的母亲》《海燕》；③课文标题直接指示事件，如《林黛玉进贾府》；④课文标题隐含深刻寓意，如《药》《祝福》等。

第三，介绍有关资料。介绍有关资料是帮助学生深入学习和理解课文的基础，包括介绍作者生平、写作缘起、时代背景和社会影响等内容。介绍有关资料也应据课文特点和学生学情具体而定，可以将相关的内容都做介绍，也可以有选择地进行介绍。①介绍作者，要选择那些与理解作品有直接关系的内容，避免猎奇或哗众取宠地讲述花边新闻；②介绍写作缘起，是为了帮助学生更深入地理解作品内容，如鲁迅的文章，通过介绍作者写作时的心路或指向，可以更有针对性地理解作品深刻的内涵；③介绍时代背景，可以帮助学生结合具体的情境来理解文章的思想感情和主题，联系时代背景解读文章，学生的文本理解就有了依据；④介绍作品的社会影响，可以激发学生学习课文的兴趣，拓展学生语文学习领域，向课外进行延伸。

第四，导入新课。导入新课也称为"开场白""开讲""引题""课前谈话"等。它是课堂教学的序曲，导入的好坏，直接影响到一堂课的成败。导入阶段一般向学生明确本课的学习目标、学习内容和学习方法等。导入的方式一般有开门见山式、联旧引新式、问题引路式、知识拓展式等。

2. 阅读教学的研读过程

研读过程是阅读教学的核心环节，主要是对课文的内容和形式做深入的研读和探讨。

根据阅读活动的特点，研读过程一般分为三个阶段：感知阶段、分析阶段、综合阶段。感知阶段是对课文的整体认识；分析阶段是深入课文的具体认识；综合阶段是课文的整体理解和把握。

（1）感知阶段。感知阶段的教学任务一般包括四个方面的内容：①认识生字新词，训练学生利用工具书识字解词，培养学生的自主学习能力；②课文通读，通过通读全文，初步感知课文，通读方式有齐读、泛读、朗读、默读、自由读等，教师可视需要灵活运用；③感知内容，了解文章的内容概要，辨识文章体裁特点；④质疑问难，可以是学生把初步学习中的疑难或问题提出来，也可以是教师有选择地就文章设计系列问题引入对课文的深入学习。

（2）分析阶段。分析阶段是对课文内容和形式进行深入细致的具体分析研讨，主要包括以下内容。

第一，文章结构分析。文章的结构分析是为了把握作者的写作思路，并通过写作思路掌握文章内容。文章结构分析注意抓住开头结尾、层次段落、过渡照应、详写略写等特点。

第二，内容要素分析。通过对文章某些要素进行分析来把握文章内容，如小说中的人物、环境、情节的分析，议论文的论点、论据分析，诗歌的意境、典故的分析等。要素分析透了，文章的内容也就了然了。

第三，写作技巧分析。通过认识和借鉴文章的写作技巧来深入理解课文。写作的技巧一般包括：构思、剪裁的技巧；写人、写事、写景的方法；说明的方法；论证的方法；直接和间接抒情的方法等。

第四，语言特点分析。主要分析语言的规范性和艺术性，即语法分析、修辞分析和语言风格分析。语言特点分析一般要抓住以下两方面：对表现思想内容有重要作用的关键性语句，要根据文章思想内容，联系作者和时代背景进行分析、讲解、吟诵、品味；对重点词语，通过理解其丰富的内涵和浓厚的感情色彩，带动对句子的理解、对语段的理解以及全文的理解。

第五，重难点分析。包括教学要点、教学难点和教学疑点，教师精讲的时候一定要抓住这些关键的内容。教学要点是一篇文章的精华所在；教学难点是有关文章主旨而学生能力难以达到，需要教师着重加以指导的地方；教学疑点是文章中有关主旨而又需要加以辨析的地方，这些关键内容是教师教学时重点分析的地方、需要精讲的地方。

（3）综合阶段。综合阶段是在分析阶段的基础上进行的，是由局部到整体的概括过

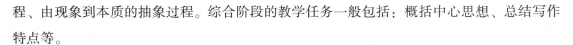

程、由现象到本质的抽象过程。综合阶段的教学任务一般包括：概括中心思想、总结写作特点等。

第一，概括中心思想。概括中心思想是对全文观点的综合性概括，需要在理解全文内容的基础上进行。概括中心思想时需要注意领悟文章的引申寓意和弦外之音。因为许多文章的观点都隐含在各种材料或观点中，没有直接说出来，需要我们对其进行抽象概括。

第二，总结写作特点。一篇文章所运用的写作技巧总是多方面的，在分析阶段也会涉及，但每篇文章都有和它的特定内容相适应的最基本的写作方法，这就构成了写作特点。在综合分析阶段，要指导学生将内容和形式结合起来，从整体上把握全文的最基本的写作方法，以加深对文章的理解，并为读写结合创造条件。

3. 阅读教学的运用过程

运用过程的基本任务就是教师指导学生把分析综合阶段中学得的语文知识应用于语文实践，转化为语文能力。转化的途径就是集中训练，一般采用听、说、读、写等多种方法进行，这是阅读教学的关键。

4. 阅读教学过程的优化

（1）提高教师的优化意识。要优化教学过程，首先需要提高教师的优化意识。要把优化教法过程设计变成教师教学设计的先导理念，深深扎根在教师的头脑里，变为其自觉的行为。从学校管理角度说，追求教学效果时首先应把优化意识落实到教学工作中，把优化教学过程当作一项重要的教学工作来抓，使之制度化、规范化。教研组要做到教学计划优化、教研活动优化、教学工作优化、教学检查优化、教学评估优化，形成教师教学设计追求优化、教学课堂落实优化的语文教学改革良好氛围。

（2）追求结构的优化。课的结构，指一节课的环节或步骤以及各个环节或步骤间进行的顺序和时间的分配，它必须根据教学任务、学科性质、教材内容、教学方法和学生年龄特点等进行安排和调整。所谓课堂教学结构的优化，是指教师根据本班本课、此时此地的实际需要，对课堂各个环节恰如其分地进行排列组合，即安排几个环节、多少步骤；这些环节以及步骤的序列孰先孰后，时间孰长孰短，每个环节以及各个步骤各采用何种方法，教学哪些内容，达到哪些要求。例如，同时讲读一篇课文，教学结构便可多样化，既可用顺向式，即按照注音释词—划分段落—讲读课文—归纳总结的顺序，从头到尾逐步展开；又可用逆向式，即先讲全文大意，再细读全文，逐段讲析，同时落实字词；也可用跳跃式，即在教学中根据需要抓住关键处，采用跳跃前进的形式，组织学生抓住重点，理解课文；还可以采用中心开花式，即从课文中间抓住一个关键问题，以此展开，前瞻后顾、提纲挈领、统摄全文。课堂教学流程也是如此。例如，可以采用导读教学三段式：教师诱导，学生自学—教师辅导，学生研讨—师生小结，练习反馈；也可采用自学指导的教学程序：提示—认读—质疑—讨论—精读—练习—参读；还可以采用"四步十环节"课堂教学结构：定向（含诱发兴趣、明确目标、教给学法三个环节）—感知（学生自学、提出疑问）—深化（教师启发、师生讨论、小结归纳）—迁移（学生练习、参读文章）；等等。总而言之，教师要灵活运用语文教学过程优化的原理，因地制宜地设计出可行的课堂教学结构，让课堂教学行之有效。

（五）阅读教学活力的激发

中学语文教师在教学中激发学生的阅读活力，是为了增强学生的阅读体验，让学生积极参与到阅读活动中，了解阅读的特点，把握阅读的技巧。教师应结合学生的阅读现状对学生进行指导，从不同的角度来帮助学生，让学生看到阅读方法的多样性，从而更自信地参与阅读。

1. 激发学生探索阅读中生活元素的活力

生活，是学生参与阅读活动的基础，学生只有围绕生活来理解阅读，才能发现阅读的真谛，才能养成积极向上的阅读态度，主动走入阅读中去。要在教学中激发学生的阅读活力，中学语文教师可以通过为学生拾取生活的碎片来激发学生探索阅读中生活元素的活力，这样学生在生活碎片的带领下，可以发现阅读中的生活元素，知道怎样结合自己的现实经历来理解阅读，增进对阅读的了解。教师在教学中可以借助生活材料、生活话题等来唤起学生参与的好奇心，让学生在表达中体会阅读的情感，在共鸣中掌握阅读的内涵。

2. 激发学生思考阅读中问题元素的活力

问题，让学生的阅读变得曲折起来，给学生的学习带来了阻力，也使学生需要动脑思考的环节增多了。在这样的背景下，学生开展问题的探索，可以加深对阅读的印象，知道自己阅读中还应解决哪些问题，从而对自身的阅读情况有一个系统的认识，为构建阅读思维做好准备。教师在为学生设置问题的时候，还应考虑到学生的学习状态、对知识点的掌握情况等，尽量为学生设置符合教学要求的问题，避免因超出学生理解范围而使学生丧失探索问题的动力。

3. 激发学生体验阅读中实践元素的活力

实践，让学生对阅读的学习进入了更高的层次，帮助学生找出了自己日常学习中忽略的地方，巩固了课堂所学知识，掌握了阅读的技巧，了解了阅读中需要注意的事项。在实践中，帮助学生细化对知识点的分析，深入挖掘知识，做到理解透彻、灵活应用。教师可以为学生设置形式灵活的实践活动，吸引学生的参与，让学生在实践中大胆展示自己的优势，为大家树立榜样，从而营造勇于实践的学习氛围。

（六）阅读教学的模式构建

1. 选用有价值的教学质点

阅读教学没有收获好的结果并非因为阅读教学的方法有误，而是没有选择优异的教学质点。所谓教学质点就是文章最有价值的教学切入点。在一场阅读教学活动中，参与的对象有教师、学生、文本、作者。教师在讲授文本之前，首先，要作为一个读者进入文本，与文本和作者对话；其次，考虑课程标准、教学参考内容、文本内涵与意义以及班级学生学情，换言之，作为教师要将读者意识、文本研究意识、教学意识三者结合起来，才能够得出自己个性化的解读，确定文本的教学质点。

教学质点可以是关键的字词、句子、段落，可以是文体特征、艺术特色，文章的主题，作者的写作背景、时代背景等，它的形式是十分多样化的，内容更可以千差万别，但是它一定是一篇文本的中心，是能够做到工具性和人文性紧密联系的教学内容。师生可以通过教学质点从浅层次的文本语言文字之美去挖掘文本深层次的内涵与价值。

2. 创设生活化的教学情境

教师在教学过程中应该创造性地开展各类活动，增强学生在各种场合学语文、用语文的意识，多方面提高学生的语文能力，这就是强调语文学习应该模拟真实的情境，学生在学习知识的过程中可以达到内化，以此来应对现实生活。课堂上的语文教学内容能够与学生的具体生活找到相似点或者共同点时，学生接受知识的速度就会变快，内化的程度也远大于脱离生活实践的内容。所以教师在中学语文教学实践中要基于教学的内容去创新教学的内容，将其与现实生活联系起来，为学生创设一个生活化的教学情境，从中激发学生的情感体验。在打破现实生活与教学课堂的隔膜之后，学生就能够与作品有情感上的共鸣，对教学的内容会有更深入的理解，让他们能够在生活中更加有发现美的眼光，去体味生活中的"语文"的存在。

3. 科学安排语言的实践活动

构建语言实践活动引导学生研读、思考，进行思维活动。语文教师在阅读教学中，引导学生深入研读、思考，这个研读、思考的过程其实就是学生思想活动的过程，所以在中学阅读教学中，教师要尽量多地让学生主动积极思考，进行思维活动。中学语文教师应该把阅读课堂中师生间的对话和学生间的相互合作等因素引入中学阅读教学中，通过师生间的交流互动、合作对话促使学生进行思维活动，使其思维得到训练，使学生在原有认知发展的基础上得到思维的进一步提升，使学生从感性理解的层面进入理性评析与审视的层面，使学生思维得到进一步深化。

4. 生成对话式的阅读课堂

语文阅读教学课堂想要得到良好的阅读教学效果只有首先让课堂处于自由、民主、平等的氛围之中。在阅读教学活动中教师与文本、教师与学生、学生与文本、学生与学生、师生与自我个体之间实际都应该产生精神层面的交流和互动。对话应该贯彻整个语文教学过程，这是最直接也是最重要的一种方式，因为师生的情感都需要通过语言活动去承载。所以这就要求教师走下讲台，乐于亲近学生，将自己与学生都放置到同一起跑线上，引导学生以阅读教学文本为基点，进行有意义的、有价值的对话。另外，教师要给学生足够的时间去阅读文本，进行学生与学生之间的交流，再者要引领对话的有序、有效进行，尽可能给每一位同学表达自我、参与对话的机会。

5. 注重有针对性的课堂反馈

对于学生在阅读教学课堂上生成的答案，教师要注重激励评价，不能以简单的"好""很好""不好"来完成与学生之间的互动，而是需要有具体的、针对文本的、针对学生自身能力的评价。无论是指出学生的优点还是批评其不足之处，教师在课堂上与学生互动时的语言要亲切平和，让学生感受到教师对其的尊重和理解。只有这样学生才能够进入一个师生之间互动的良性循环，乐于接受教师的意见和建议，乐于在课堂上表现自己，乐于去接受语文课。

除此之外还要注重教学细节问题，例如，上课的流畅度、学生上课的积极性、学生课后作业的完成度，这也得益于学生的反馈，整个过程是一个双向的良性交流，以此达到师生之间教学相长的目的。

二、中学语文阅读教学的设计过程

（一）阅读教学的导入设计

1. 导入的作用和功能

导入的作用在于集中学生的注意力，引起学生的学习兴趣，明确学习的目的、要求，为新内容的学习做好铺垫。

（1）激发学生的学习兴趣和动机。教学伊始，教师用贴切而精练的语言，恰当而有效的行为，正确、巧妙地导入新课，可以激发起学生强烈的求知欲望，引起学生浓厚的学习兴趣，激发他们热烈的情绪，使他们愉快而主动地进入学习状态，为其下一步学习提供内在的动力。

（2）引导学生进入学习情境。导入一个重要的目的就是引发学生对所学课题的强烈兴趣。所以，教师在导入阶段，要给学生较强的、新颖的刺激，帮助学生收敛课前活动的各种思想，在大脑皮层和有关神经中枢形成对本课新内容的聚焦点，把学生的注意力迅速集中并指向特定的教学任务和程序之中，引导学生进入新的学习情境，为完成新的学习任务做好心理上的准备。

（3）激活学生的问题思维。导入阶段通过设置教学问题情境，引发学生对新内容、新问题的思考，激发他们探求新知、解决疑难的创新思维，为学习新内容、新知识做铺垫。导入是一个打开学生思维空间的过程，所以，教师导入时应有意识创设问题情境，情境的创设要有真实性，要符合客观事实，要深化为学生内在的发展需要，这样才能激发他们强烈的求知欲。

（4）明确新课的学习目标。有效的导入能把学生的学习注意力集中到新课内容的学习上来。这就要求教师在导入阶段应明确告诉学生这节课要学会哪些知识，怎样学，要达到何种程度，等等。新课学习前，使学生明确学习目标，对新课的学习有所准备，产生学习期待，从而增强学习的效果。

2. 导入的设计形式

（1）温故知新式导入。温故知新式的导课通常从教师温习以前某次课的主要内容着手，向学生抛出回顾型的学习任务，进而达到让其思考接下来学习目标的目的。温故知新式的导课可以通过学习旧知，引发学生的注意，诱发其探求新知的兴趣，使其集中注意力。总而言之，温故知新式的导入，教师以复习、提问、做习题等教学活动开始，提供新旧知识关系的衔接点。这样导入使学生感到新知识并不陌生，便于将新知识纳入原有的知识结构中，降低了新知识学习的难度。

（2）创设情境式导入。情境式导课指教师根据教材特点，创设一定的情境，渲染课堂气氛，让学生置身于特定的情境中，深入体验教材内涵。这样，学生在导课中积蓄的情感就会转化为探求知识的巨大动力。创设情境的方式多样，如教师可借用语言、设备、环境、活动、音乐、图画等手段，创设一种符合教学需要的情境，使学生身临其境、感同身受，通过经验的联系而激发起学生的学习兴趣，诱发其思维，使之处于积极的学习状态中，在潜移默化中受到教育，获得知识。

（3）激发兴趣的导入。激发兴趣的导课是指教师通过巧设悬念、讲述故事、利用时事热点问题等方式激发学生学习课文的兴趣，让学生从一开始就产生学习的兴趣，促进学生参与课堂活动的一种导课方法。

（4）设疑式导入。设疑式的导课是指教师在教学之始编拟一些必须学了新知识才能解决的问题，或针对某些内容故意制造悬念，从而引导学生产生求知的欲望，并设法寻求解决问题的方法。这样引入新课使教学内容添上一层神秘的色彩，诱导学生随时注意解开疑团，亦称"设疑迎新法"。

（5）案例式导入。案例式导入是在新课开始时选择与本课内容联系密切的案例导入新课的方法。生活中、社会上有许多与教学内容有关的感人故事、实例，如果教师能有效选择及利用，这样的导入能够很快抓住学生的好奇心，并将其转化为浓厚的学习兴趣，使学生的思维活动活跃起来。

（6）活动式导入。活动式导课指针对学生的年龄特点和争强好胜的心理，采用学生活动（如游戏、竞赛等）的方式导入新课。活动式导课既可增加课堂趣味性，又增强学生对所学知识的理解，也可使学生对所学知识的掌握更加牢固。

（7）类比式导入。类比式导课是指教师用同类文章、观点或内容等与新授课联系类比的导课方法。这种由教师引导学生带着前人争论的观点去刨根问底、切入新课的佳妙做法，不但有助于学生披文入情、沿波讨源，自觉掌握知识，还能在教学过程中提高学生分析问题的能力，给学生以思维的启迪。

（二）阅读教学的提问设计

提问是课堂教学最常用的方法。它是教师通过创设问题情境，运用提出的问题以及对学生回答做出反馈，促使学生产生学习愿望，了解他们的学习状态，使学生理解和掌握知识、发展能力并形成学习期待，从而有效提高课堂教学效果的教学方式。

1. 提问的作用和功能

课堂教学中的提问是一项重要的教学手段。它可用于整个教学活动的各个环节，在新课的导入、新知识的讲授、课堂练习、分析归纳等活动中都可用到。在教学过程中，教师精心设计提问，创设问题情境，以问题为中心组织教学非常重要。它是激发学生学习兴趣、积极思考、独立探究、培养学习习惯和创新能力的重要手段，是教师输送信息并获得信息反馈的主要途径。提问的功能主要包括以下方面。

（1）有利于师生互动。教学过程是师生共同参与并进行信息交流的双向互动过程，在教学中，教师通过提问，能有效地将学生的注意力和思维集中在教学内容的学习中，达到师生共同促进教学过程和内容的发展效果。同时，通过提问教师还可以及时了解学生的学习情况，激励他们积极参与教学，活跃课堂气氛，促进师生之间、学生之间的交流。

（2）有利于激发学习兴趣。提问能把学生引入问题情境，使学生的兴趣和注意力集中到某一特定的话题或内容上，产生解决问题的自觉意向。学生的思维始于问题。提问就是摆出需要学生解决的矛盾。通过提问，可以激发学生学习的动机和兴趣，让学生积极参与问题的讨论，调动学生思维的积极性。

（3）有利于集中注意力。课堂教学不能只靠教师通过强力的纪律约束来保证学生注意力的集中，巧妙的提问既可以唤起学生对某个知识点的注意，也能活跃课堂气氛，使学生的注意力得到较长时间的保持。

（4）有利于培养学生的语言表达能力。学生语言能力的形成和水平的提高，离不开一定的语言表达情境和相应活动。课堂提问为学生创造口语表达的条件，增加口语表达的机会，提高口语表达能力。提问是一个双向互动的过程。教师提出问题，学生就得迅速进行思考，根据已有的知识经验，提出问题解决的方法或问题解决的结果。学生在较短的时间内组织恰当的语言，条理清晰、有根据地阐述，表达自己的思想，这个过程非常有利于培养学生的口头语言表达能力。

（5）有利于培养学生的创新意识。课堂中的提问，可以给学生提供创新机会。学生在"探究问题"的过程中，通过探索解决问题的各种途径和方法，从独自探究到共同研讨，由小组探究到全班共探，可以体会到探索的乐趣，使每一个学生都在教学活动中得到不同的发展。特别是那些富有启发性和开放性的问题，能给学生极大的思索余地和广阔的探究空间，让知识在具体运用中产生创造价值。

2. 课堂提问的设计方式

提问可根据所提问题的不同类型进行分类，具体有以下方式。

（1）回忆型提问。回忆型提问往往用以检测学生是否记住了所学知识。这类问题比较简单，要求学生对教师的提问迅速进行记忆搜索，回答出教师要求记忆的内容。另外，在教学过程中，根据教学情境，适时穿插回忆型提问，不但为新知识的学习扫除了障碍，降低了学生接受新知识的思维难度，同时把旧知识和新知识联系起来，加深了对新知识的印象。

（2）理解型提问。理解型提问通常用以检测学生理解概念和规律的程度，要求学生能用自己的语言对事实、研究内容等进行描述，对已学过的知识进行解释和重新组合，对学习材料进行内化处理，推断出结论或给出倾向性的建议等。例如，在理解型提问中，教师经常使用的关键词是叙述、阐述、比较、对照、解释等。学生通过对事实、概念、规则进行描述、比较、解释，探究其本质特征，从而达到对学习内容更深入的理解。

（3）运用型提问。运用型提问就是教师提出运用型的问题，用以检查学生把所学概念、法则和原理等知识运用于新的问题情境中解决问题的提问方式。不同于理解型提问，此类提问要求学生将已内化的信息再外化，通过信息反馈和知识运用巩固所学知识。它不仅要求学生对已知信息进行归类分析，而且还要进行加工整理、综合考虑，达到透彻理解和系统掌握。在运用型提问中，教师经常使用的关键词是应用、运用、分类、分辨、选择、举例等。

（4）分析型提问。分析型提问是要让学生通过分析思考，明确回答问题的根据和理由，识别问题的条件和结论或者找出条件之间、原因与结果之间的关系。分析型的提问为学生深入思考提供了机会，教师须运用恰当的提问方式促使学生去分析思考复杂的问题，在求异思维、直觉思维等创造性思维中求得答案。分析型提问反对给学生现成的知识和答案，而是为学生创设深入思考、探讨本质和发现的机会。这类提问有助于学生产生思考时的非平衡状态，帮助他们感知和思索他们所看到的、听到的和学到的是不是正确的，从而在分析和思考中获得认知和思维的发展。

（5）综合型提问。综合型提问要求学生对已有材料进行分析、综合，进行独立思考，提出新见解、新观点，从分析中得出结论，或要求学生根据已有的事实推理想象可能的结论。综合型提问由于学生需要较多的时间才能形成合适的答案，提过多的综合型问题将导致学生肤浅或纷乱的回答，所以教师设计综合型提问要比其他层次的提问少。在教学实践中，当较多的低层次提问过后，适当提出一些综合型问题，能有效激活和促进学生的思维能力。所以，教师应根据教学需要，在提问层次上灵活变换。

（6）评价型提问。评价型提问是一种系统性的综合提问，要通过对认知结构中各类模式的分析、对照和比较，方可做出解释和回答。这是一种要求学生运用所学知识对观点、方法、资料等做出价值判断，评价他人观点、判断解决问题方法正误与优劣、提出新见解新观点的一种提问方式。如要求学生就作者的观点、态度和作品中的人物、事件做出评价，对问题解决的不同方法、优选方法发表见解，还可以对有争议的问题提出自己的看法，即评价各种观点、思想方法等。当然，在实际的课堂教学中，有经验的教师在设计课堂提问时，不会单用一种类型，而是综合使用各种类型，而且是为了教学需要来进行问题设计。

（三）阅读学习活动的设计

阅读学习活动是指在教师指导下，学生在课堂上进行的形式和内容都很丰富的学习语言、习得技巧、发展智能、训练思维的语文实践活动。

1. 组织学习活动的目的

组织学习活动的目的是为了让学生的阅读学习进入有序状态，能达到预期的教学效果。在有组织的学习活动中，教师要发挥组织、引导的作用，学生要发挥主观能动性，真正成为学习活动的主人。

（1）促进学生学习主动性。学生由于拥有了学习的主动权和充分的自由，在学习活动中表现出浓厚的兴趣和强烈的学习热情。他们有意识地、积极主动地参与学习活动，具有强烈的主人翁精神，不是教师的传声筒或教师意旨的执行者，真正实现了从"要我学"到"我要学"的转变。

（2）锻炼了协作能力。开展活动需要小组分工协作，共同计划、实施、评估活动过程。只有小组各成员较好地互相配合、互相协作，才可能确保活动获得成功。

（3）促进竞争意识。现代社会是竞争的社会。语文教学应培养学生良性竞争意识。课堂教学中的学习活动，一般都是小组内需要合作，小组与小组之间则形成学习的竞争，这种竞争是小集体的竞争，有利于培养学生良好的竞争精神。

（4）培养创造能力。课堂教学中的学生学习活动虽然是在教师指导下开展的，但活动的主体是学生，从活动的策划到活动的开展，再到活动的评议，都要充分发挥学生的能动性。学生在活动过程中能动脑思考，动手操作，亲身体验和探索。这样，学习活动真正成为培育学生实践能力和创造能力的良好环境。

2. 课堂阅读学习活动设计

在语文阅读教学中可以组织学生开展的学习活动种类多样、形式丰富，最典型的主要有课堂讨论、角色模拟、合作探究等。

（1）课堂讨论。课堂讨论是指教师根据教学内容和学生的实际情况，适时地把学生认识不清、理解不深，但又是他们经过相互交流、互教互学能够解决的学习问题，组织全班或分小组进行讨论，然后获得共识的一种学习方式。它是一种建立在教学对话的基础上，并扩大了教学对话范围的教学方法，是教师与学生、学生与学生之间共同讨论、探究与解决问题，学生由此获得技能、发展能力与人格的教学方法。

有效的课堂讨论必须精心设计，仔细考虑讨论的目的，选择合适的讨论题目，创设良好的讨论氛围，组织好讨论的程序。课堂讨论设计的关键是有效组织活动，以防学生讨论时游离中心话题，出现非学习活动，其设计策略如下。

第一，精心选题。教学是有目的的活动。明确课堂讨论的目的，并根据目的选择讨论的问题，是讨论教学成功的关键，这需要教师认真钻研教材、了解学生，平时要注意积累教与学中存在的问题，以便提出针对性很强的问题供学生讨论。教师选题时应考虑：讨论的问题应是教学中的重点、难点和关键问题，同时也是学生学习中存在不同看法的问题；讨论的问题是同学们共同存在的问题，或学生关注的热点问题，能够引起每一个同学的思索，使每一个学生都能在讨论中得到成长；选择难度适当的问题，问题的难易程度应以学生的认知水平为主要依据，使问题处于学生的"最近发展区"内，让学生既有讨论的价值，又让学生能够接受。

第二，选好方式。阅读教学中，教与学的活动和信息交流随机多变。我们要根据教学目标和教学内容的需要、学生课堂心理和问题特点，精心设计讨论方式。讨论的方式主要包括师生讨论、两人讨论、小组讨论、全班讨论等。课堂讨论的形式和规模应有利于相互启发、思想交锋、自我教育。教师要根据自己的教学实际，灵活选择讨论的方式。同桌讨论的方式适合只要动动脑筋、相互启发就能得出结论的问题；小组讨论能够给予多数同学发言的机会，对于难度较小的问题，可采用这种方式；全班讨论方式一般是在解决重点与难点问题，或遇到争议的问题时，由教师提出来，然后大家即兴发表意见进行讨论。

第三，精心组织。为了充分发挥每个学生的积极性，启发学生多元思维，在讨论过程中的组织、引导工作是关键。讨论的起始阶段，教师应考虑如何介绍讨论题目，激活学生思维，引导学生进入讨论；讨论的展开阶段，教师应预设好推进的各个环节，如何保持讨论的焦点和进展，学生游离主题时，如何提醒学生回到主题，教师如何通过与学生互动来提高学生认识和技能等；讨论的结论阶段，教师要帮助学生确定主要观点，概括总结，对争议达成共识等。

第四，及时反馈。课堂讨论进行总结十分必要。因此，当学生们汇报讨论结果后，教师要及时反馈和总结。总结时既要对学生的见解给予分析，充分肯定正确的意见，以保护学生的积极性，又要做出科学的结论，从而使学生澄清模糊认识，树立正确概念，更有利于掌握好所学知识。

（2）角色扮演。角色是指教师指导学生阅读理解文学作品时，要求学生扮演作品情景中的不同人物角色，并把在那一情景下可能发生的事情用语言和动作表达出来。阅读教学中角色扮演的学习活动，可以帮助学生处在他人的地位考虑问题，可以体验各类人物的心理感受，训练学生自我控制能力和应变能力，达到对所阅读的文学作品加深理解并能灵活运用的目的。

角色扮演是一种实践性很强的学习活动，具有较强的程序性。它的实施过程需要遵循必要的教学流程。理解和掌握这些环节，对于提高学习活动的效果，达到预定的教学目标，是非常必要的。角色扮演的设计流程如下。

第一，创设情境。角色扮演是模拟特定情境下特定人物的活动。这需要教师认真备课，巧妙营造表演情境，通过多种方法和渠道向学生展示问题情境，如讲述故事、阅读小说、播放电影或电视等。情境介绍清楚，并激发学生对此产生浓厚的兴趣，是角色扮演式学习活动的起点，也是整个表演过程能够取得成功的重要保证。

第二，角色分配。角色扮演活动由谁来承担人物角色，需要慎重决定，因为表演成败会直接影响到"观众"的情绪，也会影响到接下来的分析和讨论。教师可以先物色好初步的"演员"人选，如选择那些愿意担任角色且有一定表演才能的同学。当然也可在学生自由选择角色的基础上教师进行一定的角色平衡。

第三，表演设计。教师要指导学生依据课文内容，加以合理想象，编成剧本或哑剧、小品等，精心构思表演情节，合理设计人物形象，揣摩人物心理，理解人物性格，写出人物的典型语言和典型行为，设计表演的语言和行动等。

第四，课堂表演。把改编的剧本在课堂上进行表演，有条件的学校还可以对表演进行录像。

第五，反思和评价。教师和学生的反思和评价要指向分析表演的真实性与合理性上，不要指向表演的"舞台效果"和角色的表达方式上。在分析人物角色时，应多注意挖掘人物的内在动机、行为产生的原因、行为产生的可能结果。如果有必要的话，教师还可以让学生对讨论的问题进行书面总结，让学生系统地阐述自己对这一问题的看法。

（3）合作探究。合作探究是指学生在教师的指导下分小组研究学习材料，从中发现值得研究的专题性问题，然后围绕问题设计研究方案，开展合作研究活动（如收集、筛选、分析、归纳和整理相关资料），进而总结规律，形成创见，在班上交流学习所得的一种学习活动。如果以往的教学主要是指导学生学习教学内容所包含的事实、概念、技能等，那么，合作探究则主要指导学生学习怎样解决问题，培养高级思维能力。

合作探究学习活动不是放羊式的课堂教学。它对教师提出了更高的设计和组织实施要求，教师必须在整个合作探究学习活动过程中仔细设计、精心引导。下面以研究性阅读为例，介绍探究式学习活动的大致流程。研究性阅读是在教师指导下学生自己研读文章、发现问题、分析问题、解决问题、总结规律，然后在班上交流学习所得的一种学习活动。研究性阅读的课堂组织形式是合作探究型课堂模式。其基本教学流程如下。

第一，确立阅读目标。研究性阅读是一种目的性非常明确的阅读活动，要求学生围绕阅读目的准确、快速、有效地把握文章的相关信息，并广泛地联系相关信息，从中筛选、处理信息，以便实现阅读目的。因此，明确阅读目的，为阅读活动定向，是研究性阅读的首要任务。

第二，初步感知。这是研究性阅读活动的准备阶段，要求学生初步了解课文，熟悉内容，为发现值得研究的问题做准备，为深入探究文本奠定基础。

第三，提出问题。在阅读目的的引导下，通过初步感知课文，提出下一步需要研究的问题。我们这里所说的单篇课文的研究性阅读，是和课堂教学结合在一起的，所以我们提倡所提出的问题首先要同教学目标结合在一起。当然，在学生完成教学目标的基础上，也可以根据课文内容提出有意义的、值得探讨的问题。

第四，收集处理信息。研究性阅读把阅读材料看成一个信息集，通过识别、解码、编码达到对它的有效理解与把握。因此，要求学生围绕阅读目的独立自主地对相关信息进行筛选、收集、分析、综合、提炼和重组。

第五，切磋问难。研究性阅读的最佳组织形式是小组合作研究学习。小组成员分工合作，共同研究问题。小组在研究问题过程中，互相切磋、问难，讨论启发，促进发现，从而提高阅读效能。

第六，交流评价。学生把独立研读的系统发现，先在小组内讨论交流，汇集整理研究所得的观点和结论，再选代表向全班同学汇报研究成果，其他同学补充、反驳、完善，最后师生共同评价。

（四）阅读课堂的结课设计

结课是教师结束教学任务的方式，主要用于课堂教学的最后阶段。教师用精练、准确的语言，概括本堂课所讲授的主要内容，明确学习要求，总结解题思路、方法和规律以及要注意的问题。

1. 结课的作用

结课是课堂教学中非常重要的环节，它对整节课起到归纳总结、巩固深化、引人深思、激发兴趣，画龙点睛、承前启后的作用。

（1）总结概括。结课的一个非常突出的作用就是对本次课的教学内容进行总结与概括，加强本次课教学内容的系统性和逻辑性，加深学生的理解。学生的学习并非对符号的简单记忆，而是符号所代表的意义逐渐融入学生认知结构的过程。一般而言，具有逻辑性、系统性的知识更容易被学生记忆和理解。在课堂教学中，教师系统地对教学内容进行总结、概括，理顺各个知识点之间的逻辑关系，凸显知识体系中的重点、难点和关键点，对于学生进一步理解和记忆教学内容具有重要作用。

（2）承上启下。知识具有逻辑性，学生知识的获得也具有延续性。对于课堂教学来讲，由于时空的限制，人们经常将教学内容划分为单元、课与知识点等。如果教师在教学时，忽略了知识的连续性，孤立地看待各个单元、课与知识点，让教学内容失去了连续性和整体性，则无法使学生形成系统的理解。要使各个单元、课和知识点有机结合在一起，教师的结课环节就显得特别重要。课堂教学中的结课，一方面是对本次课所学习内容的总结、概括，使之更具有逻辑性与系统性，便于学生系统理解与巩固，是本次课的结束；另一方面又是能够激发学生兴趣和求知欲，是下次课的开端。因此，好的结课对保持知识的整体性、系统性具有重要作用，在整个教学环节中起到承上启下的作用。

（3）激发探究。激发探究，是教师在教学将要结束时，顺着学生思维深入、学习氛围高涨的状况，提出新的研究问题，用以激励学生课外研究的兴趣。这种课堂教学结束形式，可以激励学生的好奇心、求知欲，激发学生学习的积极性、主动性，使学生感到学无止境，课后继续扬起再学习的风帆。

（4）升华认识。升华认识，是指教师在课堂教学中，在引导学生理解作者思想观点、体会课文道德情感的基础上进一步扩展与引申，使内涵与外延更丰富，更易于与原有知识联系起来，形成更广阔的背景知识，在新的情境中加以运用。换言之，语文课堂教学，不但要引导学生理解作者所表达的思想观点，还应该引导学生学习作者的思维方式来思考面临的各种问题，从而提高思维水平；不但要引导学生体验作品的情感，而且还要引导学生把体验到的情感内化为自己的情感，从而提升自己的情感。

（5）促进迁移。知识迁移是指学生把在学知识与未学知识联系起来，或从一种知识迁移到另一种知识，形成知识的融会贯通。教师在课堂教学即将结束时，跳出教材，将教材中的内容引向课外知识，则能使学生产生课已尽而意无穷的感觉。教师在进行结课设计时，应该注重这种迁移功能，通过有效的知识迁移，拓宽学生的视野和思维空间，激发学生的学习兴趣，促进他们自主地获取知识。

2. 结课的设计方式

结课的类型与形式多样，教师可根据教学内容、学生实际或课堂临时出现的情况，灵活设计、随机应变。下面探讨常用的结课的方式。

（1）总述式结课。总述式结课指师生以总述的方式进行结课的方法。学生对新知识的学习往往是从感性到理性、从隐性到显性。一堂课结束后，学生往往能意识到自己学到了很多知识，但由于课堂时间短、新知识离现实生活较远或与自己的语言表达方式有差异等原因，学生很难自己建立起清晰的知识框架，难以娴熟、优美地表达出所获得的知识，这就需要教师或优秀学生利用自己清晰的知识框架与优美语言对教学内容进行总结，帮助学生建立起本次课的知识体系，并积极与学生原有知识进行相互作用，使之形成新的认知结构。

（2）练习式结课。练习式结课是指师生以练习的方式进行结课的方法。例如，多写多练可以为记忆提取留下更多的线索，方便进行回忆。在课堂结束时，通过让学生有目的、有条理地进行练习，运用所学知识解决相关问题。这种方式，既能加深学生对知识的理解、记忆，又能培养学生运用知识解决问题的能力。此外，教师的结课向学生提出了四个任务，表面看起来很多，其实都是围绕着对句子及对文章中心的理解，其中也包括对此句特点的把握。教师这个设计是根据课后练习改造的。这个改造，这样的练习式结课，对激发学生思维的积极性，对开发学生的学习潜能都很有帮助。

在运用练习式结课时要注意三个方面：第一，练习的目的要明确。课堂教学中，各个环节可能都有练习，但每个环节的目的和要求是不一样的。结课中的练习侧重复习、巩固与应用，即通过学生练习，加深学生对知识、能力、情感的认识与体验，促进学生全面发展。第二，练习要采用多种形式。练习的方式很多，如做练习题、小测验、游戏等，教师要根据学生兴趣、认知特点和教学内容的具体情况灵活选取。第三，练习要有反馈。结课中的练习是有目的、有组织、有计划的行为，对学生的练习过程与结果要给予引导和反馈，让学生明白自己哪些知识掌握了，哪些知识还有待进一步理解，为下一步的教学奠定基础。

（3）拓展式结课。拓展式结课是指课文学习完结后，教师不是马上结束教学，而是根据课文的思想内容和人物线索，为学生介绍与课文内容密切相关的课外知识、阅读材料以及探究问题等，引导学生由课内阅读向课外学习延伸、拓展，使之成为第二课堂的纽带。这样，课堂教学就成为语文学习的加油站、中转站，语文学习就可以打破教室空间界限、课堂时间界限、教材素材界限，真正做到课内扬起语文学习的风帆，课外畅游语文学习的海洋。

拓展式结课应注意三个方面：第一，与教学内容有关联。拓展式结课并不是课堂的任意延伸，拓展的内容应该是由课堂教学内容很自然地延续到课外学习，是课堂学习内容的补充和完善；第二，有拓展思维的空间。拓展的学习内容应该有利于学生的思维拓展，能给学生带来更多的知识和联想，能帮助学生学会学习、学会思考；第三，能激发学生的探究兴趣。拓展式结课应能适时激发学生的好奇心和求知欲，能够把学生从课堂学习引向课外拓展探究活动，保证学生课外喜欢探究、能够探究、真正探究。

（五）作业的设计

作业作为一种检测学生是否达到学习目标的重要手段，被教师广泛运用于课堂评价。一般而言，作业大致可分四大类：一是书面作业，即以书面形式完成教师布置的任务，如抄写、解题、写随笔、论文、报告、评论等；二是实践作业，即教师指导的各种课外阅读、独立观察、独立完成探究作品等；三是听说作业，如听写、即席发言、朗诵等；四是表演作业，如课本剧等。其中书面作业最为普遍。这里主要介绍的就是书面作业的设计要求及形式。

1. 作业设计的原则

作业设计要与教学内容有密切的联系。作业设计是为了巩固课堂上学习的知识和技能，让学生运用课堂上学习的语文知识去解决实际问题，是课堂教学的重要组成部分。

（1）意图明确清晰，突出典型性、启发性和系统性。作业设计必须根据具体内容和教学目的来设计，在选题、编题上下功夫，不断提高作业的选择和编制技能；要根据教学过程的具体情况和学生实际精心设计作业的范围和要求，跳进"题海"精选作业内容，确保作业富有典型性、启发性和系统性，从而达到举一反三、事半功倍的效果。

（2）实施分层作业，调控作业难度，促进差异发展。设计和布置作业，应充分考虑不同层次学生的实际，实施分层作业，注意知识层次，有针对性地调控作业难度，使作业既有统一要求，又能照顾不同类型学生的实际，从而让每个学生在适合自己的作业中有所收获，促进学生差异发展。

（3）丰富作业形式，突出多样性、趣味性。新课程倡导学生主动参与，在教师指导下主动地、富有个性地学习，这要求反映到作业设计和布置中来，就是要赋予作业以多维的形式和丰富的内容，使作业体现出多样性、自主性、趣味性的特点，让学生在充满智力挑战的愉悦环境中完成学习任务。

（2）注重过程，体现自主、合作与探究。课程的生成性、建构性要求学生必须加强合作，学会探究。通过学生自主、独立地发现问题，实践、调查、信息收集与处理、表达与交流等探索活动，促进学生获得知识、技能、发展情感与态度。这样的作业既可激发学生的学习兴趣，也可促进学生对知识的掌握，还可以培养学生的探索精神和创新能力。

（5）与学生的实际及生活相结合，突出实践性、开放性。作业设计必须结合学生的年龄特点和生活实际，构建课本内外、学校内外的联系，拓宽学生的学习渠道，增加实践的机会，让作业从书本回到生活，将问题置于有趣的情境之中，体现作业的开放性、实践性。

2. 作业设计的类型

根据作业的用途及功能，作业设计的类型一般有以下几种。

（1）记忆性练习。记忆性练习是最原始、最基础的练习方式。通过记忆性练习，学生可以积累丰富的语文信息，掌握大量的语文资源。它有利于学生完整的知识网络的形成，促进学生良好的语文习惯的养成，也有利于学生语文素养的提高。记忆性练习的最大问题是容易机械僵化，导致学生产生厌学情绪。因此，记忆性练习设计的时候一定要注重知识内容与练习方式的选择。

（2）理解性练习。我们将语文练习理解分为三个层次。①基础层级的理解。这是一种即时性理解，又称表层理解，指学生拿到文本、练习题或接触句段，即刻就能产生的理解。这种理解主要凭直感，缺少深刻性，容易望文生义，穿凿附会。②中间层级的理解。这是一种分析性理解，即学生拿到文本、练习题或接触句段，并不能马上进行理解，而是要经过分析的阶段，才能做出解释。③高级层级的理解。这是一种综合性理解。学生必须通过归纳演绎等手段，结合丰富的想象和联想，通过对上下文甚至其他文本的比较，才能把握问题，给出答案。教师设计练习时，一定要考虑练习题既要包括低水平的简单理解，又要有高水平的复杂理解。

（3）鉴赏性练习。鉴赏性练习是一种以识记、理解和分析综合为基础，以表达为主要方式的练习，是对语文知识和语文能力的综合运用。鉴赏性练习具有拓展性和开放性的特点，强调学生的整体感知、内心体验，具有较高的审美价值。鉴赏性练习使用范围相当宽泛，如佳词妙句的鉴赏、主题思想的鉴赏、修辞手法的鉴赏、写作艺术的鉴赏等。

（4）探究性练习。探究性练习是指学生在探讨一些疑难问题的基础上，提出自己的看法，并有所发现和创新。探究性练习往往以小课题或论述题形式出现，可以是单一性的练习，也可以是系列化的练习。

（5）实践性练习。实践性练习一般与学生的语文实践活动相配合，目的在于提高学生的语文综合素养和实践能力。实践练习的特点往往带有情境性，要求学生在一定的生活背景下完成任务。实践性练习可以是书面问答题，如写出一个计划书、做一个策划方案等；也可以是动手体验题，如根据课文提示绘制事物、人物、场景或制作某种模型等。

第二节　中学语文写作教学设计

一、中学语文写作教学概述

（一）中学语文写作教学的范式

1. 写作教学的范式——文本取向

"文本取向"的写作教学理论基础是行为主义心理学。在这种理论指导下，写作是"刺激—反应"的过程。学生通过范文学习、机械模仿、重复训练来学习写作，这种"文本取向"的写作教学的知识来源基本上是语言学、语用学、修辞学、文章学。这套写作知识体系，从语言学角度看，往往考虑文章的遣词造句是否合乎语法规范；从语用学角度看，往往关注一篇文章的表达是否准确、连贯、得体；从修辞学角度看，着眼于分析它的表现手法、表达技巧；从文章学的角度看，着眼分析一篇文章的主题、材料、结构、表达、语言、体裁、文风、修改等。实际的写作教学内容多表现为文章学知识及其运用，如"围绕中心选择材料、组织材料""详略得当，重点突出""结构完整，首尾呼应"等。

"文本中心"取向的写作教学长期以来一直存在，其合理性如下。

（1）文本中心的写作教学关注的是"写作成品"的字词准确、语句通顺、结构完整、内容充实以及写作方法技巧的运用等，进行的是"积字成词，积词成句，积句成段，积段成篇"的扎扎实实的语言技能训练，因而它有助于学生掌握语言和文章的基本特征和规律，培养学生基本的书面表达能力，形成学生比较扎实的语言的基本知识和基本技能。

（2）它能帮助学生利用范文学习各种文体的篇章结构和写作特征，如记叙文、描写文、说明文、论说文或诗歌等的基本知识和特点，能使学生形成一个基本的规范，落笔时不至于感到无从下手。

（3）文本中心取向的写作教学注重对范文进行揣摩、吸收、积累，形成一定的语感和文章图式。这种范文教学、体裁教学和读写结合的做法，有时是比较有效的，尤其比较适合传统的教学模式和教育建制。

2. 中学语文写作教学的范式——过程取向

目前，在作文教学中比较关注学生写作的兴趣、动机、个性、创造，其实质都是对写作主体的关注，也应该归于"过程写作"研究的范畴。过程写作的基本观点主要有以下方面。

（1）写作是加工、处理和输出信息的问题解决活动。从信息加工心理学的角度看，写作就是一个信息的收集、加工、输出的过程。在这个过程中，写作内容的采集来自作者对于生活的观察、积累以及阅读等。这相当于信息加工系统的信息输入过程。作者根据作文要求，对记忆中的相关材料进行选择、加工、处理，这就相当于写作的构思（计划）、选材、起草、修改等环节，写出文章就是信息输出。在这个过程中，作者还要对整个过程进行监控调整。写作就是一个信息加工的过程。

此外，写作是一种把思想转化为书面语篇的过程，其中包括一系列的问题解决策略、认知活动参与以及具体的写作策略，如目标设定、产生想法、篇章组织、起草、修改和校对等环节。

（2）写作是一个针对特定话题的复杂思维过程。写作作为高级的语言运用的行为，与思维之间的关系极其密切。写作的目的在于培养学生的思维能力和自我表达能力。写作的过程，就是作者针对一个话题进行思维的过程。作者写的内容来自他的生活观察、思考。写作的过程就是一个运用具象思维进行想象、联想、展现、再造的过程，或者是运用抽象思维进行分析、推理、概括、综合、评价的过程。思维过程和写作过程是互为驱动的关系。认知、理解、应用、分析、综合、评价等一系列思维技能和预写、写作、分享、修改、编辑、评价等写作过程之间是一种相互促进的关系。过程写作教学优点如下。

第一，强调写作的过程和流程，使得作文可教可学。过程写作法认为写作过程是由一系列思维和活动的环节构成的。比较典型的模型是把写作教学过程分为写前准备、撰写草稿、修改和编辑三个阶段。写作课应该教授构成写作过程的一步步操作方法。

第二，重视写作思维训练和写作策略开发。它把重点放在内容的创生策略和文章的组织、结构、修改策略的运用上。它认为在制订计划、寻找素材、撰写草稿、修改编辑等写作过程的每一个环节，都有着大量的写作思维技巧、方法和策略。例如，构思阶段包括头脑风暴、快速自由书写、思维图等方法，帮助学生尽可能把自己的想法写下来。

第三，强调作者的主体意识和能动作用。过程写作是一种以作者为中心的写作。在过程写作中作者成为自己写作的主人。它强调更多的还是作者个人的作用以及作者的内心世界：作者自我发现而生成内容，它需要调动作者的知识储备和心理反应机制，培养学生挖掘体裁内容的能力。

第四，过程写作是一个课堂环境下的动态互动合作交流过程。教学的重点放在学生自己以及师生和同学之间的合作活动上。采用多种课堂活动，启发学生思维，鼓励学生自由发挥，充分体现学生在写作过程中的主体作用。在草稿的形成过程中，师生之间通过相互写作、激发和反馈，不断生成思想、丰富写作内容、完善文章结构。

3. 中学语文写作教学的范式——交际语境取向

随着社会认知心理学、功能语言学、建构主义、情境认知理论的兴起与发展，写作课程领域开始酝酿新的范式转换：由过程写作到交际语境写作的转换。

交际语境写作认为，写作就是在特定语境下，用文字符号等媒介建构意义、构造语篇，进行思想情感表达与交流的行为和结果。从交际语境出发，一篇构想中的文章可以有若干角色，面向若干读者，达到若干目的，它决定着文章的内容详略、结构和语言的呈现方式。写作时，要揣摩写作内容的语境，设想读者的要求、心理和已有知识状况，根据自己的写作目的，选择话题或者文章体式、语言风格甚至内容的详略等的安排。这个语境包括话题、作者、读者、目的等，决定着交际语篇的内容和形式。

写作是基于社会建构和语言交流理论的书面交际活动和生命意义建构，是一种运用书面语言，针对读者有目的进行的意义建构和交流活动。写作教学是学生在同教师、同学、家长、社会情境等互动交流中进行的一种语言生命建构，是学生言语生命的活的创造和灵性的激发。目前，这种"写作即交流"的理念，正成为西方主要的写作教学理念，成为课程标准、教材和教学的重要指导思想。

将写作看作一种社会交流过程，这样的写作才是有意义和价值的。"写作即交流"要解决的是"为什么写"这个更深层次的问题。基于交流取向的写作教学研究是指将写作看作作者和读者之间在社会文化环境中的外部交流行为。这是作品和它的接受者之间的一种互动交流。它已经超越了文本写作的结果行为、过程的心理认知和作品制作阶段，而是让作品走向真实的世界。这样的作品就像产品最终成为商品，实现了它的交流价值，这是一种"读者中心"的写作范式，它要求写作者根据写作交流的直接的或潜在的对象、目的、功能来选择材料、内容、体裁、语言，这样的作文对学生而言才是有动力、有意义、真实的写作。

（二）写作教学的意义

1. 发挥写作主体在作文教学过程中的作用

相对而言，阅读教学具有成熟的教学规范和程序，教师在教学过程中比较容易适应，能够发挥教师在教学过程中的指导作用，帮助学生进入文本的阅读程序。但是作文教学没有这样一套成熟的大家公认的规范和程序。教师在教学过程中只能根据自己的认识来安排，作文教学实际上是处于无指导的状态。教师在不知道如何指导的情况下，只能套用他们知道的阅读教学的规范和程序。作文指导就很自然地变成了文章学知识传授课。这样，师生双方的主体作用都无法体现。探索作文教学的独特规律，形成一套适用于作文教学的规范和程序，让语文教师容易理解和掌握，能在作文教学中运用，学生也能得到切实的指导，就成了写作教学改革的方向。很多作文教学改革实验在这方面做了有益的探索，如上文介绍的实验课题，就是在探索怎样发挥教师和学生两个主体在作文教学中的主观能动性。建议把创意写作引入作文教学，也是基于发挥写作主体的主观能动性。

2. 重视作文教学过程的指导

在常态的作文教学过程中，写前指导和写后讲评大部分情况下是落到实处的。语文教师往往用半节或一节课来进行写作前的指导，通常是审题立意的指导，然后让学生写作文。批改之后，再用半节或一节课的时间进行作文讲评，通常是读优秀作文，指出这次作文存在的问题。如果阅读教学的任务没有完成，教师会把指导和讲评的时间也用于阅读教学，把写作的任务放到课外让学生自己去完成。这种完成教学任务式的作文教学，对学生的写作帮助不大。学生最需要的指导是在写作文的过程当中教师的点拨和指导，这对学生是特别有用的。创意写作的训练程序很重视写作过程的指导，有一套过程指导的具体程序，对作文过程的指导具有实用价值。作文教学可以根据学校和学生的具体情况变通使用，改变写作过程教师指导缺位的现象，最终创造一套适用于所有的作文教学情境的过程指导模式。

（三）写作教学的有效性分析

第一，采用多样化教学方法，提高学生的写作主动性及积极性。兴趣系学习最好的教师，因此，各中学教师在进行语文写作的教授时，理应适当地培养孩子们的兴趣，让他们慢慢克服畏难的心理，采用多样化的教学方式，提高其学习信心及兴趣，使他们主动地投身到写作的学习之中，激发他们的好奇心与竞争意识，最终实现促进其写作水平提升的目的。例如，教师们在进行语文写作的教授时可选用讲故事的方式，让学生把自己想写的内容讲出来，随后再进行作文的写作。相比传统的写作教学方式而言，此种教学方式更具创新性，更能吸引学生的注意力。长此以往，学生的学习兴趣提高了，其写作水平也会得到一定的提升。

第二，"采用科学的评价方式，提高学生的写作兴趣。科学的评价方式对于学生写作水平的提升而言具有至关重要的作用，同时它也属于提高学生写作兴趣的关键所在。"① 教师在进行中学语文写作知识教授的过程中，可以选择采用多元化的评价方式，借助教师评价、学生互评及学生自主等多种评价方式，对学生所写作文进行全方位的评价，让学生对自己所写文章有一个全面的认识。除此之外，教师们还应意识到肯定及鼓励所具有的强大魅力，在对学生文章进行评价时，教师们应给予学生较多的肯定及支持，以提高学生的写作兴趣，为其写作水平的提升打下坚实的基础。

第三，鼓励阅读，积累素材。鉴于中学生社会阅历较少，因此他们所写的文章特别容易出现言之无物的情况。为了更好地解决这一不足，各中学语文写作教师理应鼓励学生多多阅读，从阅读中感受他人的经验及感情，随后再将其转化成自己的知识，进而促进自身写作感悟能力的提升，扩大自己的素材积累，最终实现自身写作水平的提升。在日常的教学过程中，教师们还应鼓励学生多多查看语文教材，仔细阅读中外名篇，体会美文的精彩所在，使学生获得强烈的情感体验。此外，各中学语文写作教师还应引导学生查看课标中推荐的文学作品及名著，引导他们体会名著的精彩之处，并要求学生养成随时摘抄优美词句的习惯，提高其素材积累，如此他们在写作时便可以做到言之有物，并将内心最真实的感情自然而然地展现出来。

第四，关注生活，从生活中积累经验。事事留心皆学问，人情练达即文章。现实生活是学生写作水平得以提升的有力基石。为了更好地促进学生语文写作水平的提升，各中学语文写作教师理应要求学生关注生活、走进生活、感悟生活，把生活中的点点滴滴记录下来，从生活中积累经验，唯有如此，他们才能够积累更多的写作素材，如此学生在写文章时，才能做到运用自如、手到擒来。

总而言之，教师们在实际教学的过程中理应引导孩子们走出课堂，在广阔的自然中学习及研究，主动运用已学的各类观察方法感受生活及学习的乐趣，恰当地使用联想及想象，把现实生活变为写作的知识来源，进而促进学生写作水平的提升。

---

① 李记喜：《浅谈如何提高中学语文写作教学的有效性》，载《现代妇女（理论版）》2013 年第 2 期，第 107 页。

（四）写作教学的过程

随着新课程改革的推进，出现了很多写作教学的过程模式，如新课程改革之后比较通用的写前指导、写中指导、写后指导，或注重写作过程的预写、写作、分享、修改、编辑、评价，等等。以下主要探讨我国传统的作文教学过程，即作文命题、作文指导、作文批改、作文讲评的过程。

1. 中学写作教学过程——作文命题

作文命题是写作教学的首要部分。命题的好坏直接关系到学生的写作兴趣，也关乎作文的写作效果。作文命题是一门艺术，一个好的命题可以激发学生的创作积极性；而一个不好的命题，则会影响学生的兴趣，不利于学生发挥想象和创造性思维。例如，半命题作文和命题作文，两者就有明显的不同。命题作文是教师规定好的题目，学生只能在规定好的范围内进行写作，因此，学生写出来的作文可能会大同小异，不利于学生的发散性思维；而半命题作文相对来讲有一定的自主选择性，题目只规定了一半，剩下的部分可以自由选择。为了鼓励学生创新，促进学生的个性发展，作文大多是话题作文，不再规定题目。学生可以根据材料选取一个角度进行写作。这样就避免束缚学生的思想，有利于学生创新思维能力的培养。

在作文命题时，要考虑学生对材料中的关键词语是否能正确理解，能否从材料中找到这个关键词语并确立文章的主旨。如果不能，应该做怎样的指导，都要有事先的规划和设计。这是训练学生从所给材料中提取观点，从而确立文章主旨的作文基本能力。作文命题时还要注意命题与现实生活的联系，不仅仅是复述材料，拓展材料的内容，而是从材料的意蕴出发，去研究解决现实生活中的问题，提出自己的观点和看法。这是训练学生创造性地分析解决问题的能力。

此外，在作文命题阶段，掌握命题作文的基本知识也是必要的。命题作文类型包括全命题作文和半命题作文。全命题作文，题目写作要求明确完整，利于考生通过审题—立意—构思—选材的步骤，迅速构思行文。但是，审题要求较高，要求审清题目里隐含的内容。只有审清题意才能根据写作特长或者生活积累，明确文体，确定写作重点。半命题作文，给予学生在选材、立意、构思上更强的自主性，开阔学生视野，减少学生审题失误，易于学生自由发挥。在半命题作文中，提示语是关键，提示语能从选材的内容、范围、角度给予学生以启示。全命题作文又包括直接式命题、含蓄式命题、设想式命题、观点型命题、散文型命题。半命题作文包括命前半题、命后半题、命首尾题。

设计好命题作文的提示语包括：创设写作情境，多方列举内容，启发学生从多方面选材构思，表达自己对生活的看法；尽力拓展文题外延；提供想象空间。半命题作文设置备选项，拓展写作空间，补题选项包括：学生最熟悉的；学生最有把握的；学生最记忆犹新的；学生最能写出新意的。

命题内容范围包括表达学生对社会、自然、人生的独特感受和真切体验，发现生活的丰富多彩，捕捉事物的特征，运用联想与想象，表达丰富的思想情感内容。

要教会学生掌握命题作文审题方法。审题要做到"不漏、不改、不误"。"不漏"指全面审题，不遗漏任何要求；"不改"指准确审题，不随意改变题目要求；"不误"指正确审题，不误解题目要求。审题具体做法：审清作文题目中的限制语。限制内容主要有时间、地点、对象、内容、数量、性质、程度、范围。审清作文题目中的关键词语，抓住关键词语，确立文章的写作表意重心，确定写作方向。审清提示语，对题目或做解释说明，或做补充介绍，或做扩展延伸，具有方向性与暗示性，帮助学生理解题目，打开思路，写出切合题意的作文。

2. 中学写作教学过程——作文指导

作文指导是在一定的写作原理与写作教学理论指导下，教师于学生开始写作之前，通过精心的选择与设计，进行有针对性的点拨与引导，激发学生写作的兴趣，帮助学生掌握相关的写作知识与技能，理解与把握特定的写作目的与写作要求，解决写作中的困难与疑难问题，从而使学生能够顺利地完成写作任务的教学活动。

此外，作文指导，是在学生写作之前和写作过程中教师提供的具体指导，作文指导主要是写作之前的指导。在传统的作文教学观念中，比较重视的是写作前的指导，而且主要是与具体的作文命题有关的审题、立意、选材、剪裁、布局谋篇相关知识的指导。课改以后强调作文教学过程，对作文过程的指导受到重视，比较重视学生行文过程中的思维过程和语言表达。作文指导应是教师在学生作文前及作文过程中的相关指点引导。

由此可见，写作指导在无形中是对学生技能的一种训练，是对学生写作能力的一种培养。指导学生进行审题立意、选取素材、谋篇布局、遣词造句、运用表达方式、修改文章等的训练，这是写成一篇文章的基本能力训练。

（1）指导学生审题立意。立意构思是写好作文的一个关键性因素。想要确定一个好的主题，审题能力的训练指导是少不了的。审题就是分析研究文题，理解、把握文题的含义，明确问题要求的过程。在写作指导中，教师要帮助学生分析问题包含的基本义、引申义。只有准确理解文题含义，才能把握写作要旨。在审题立意训练中，要重视以下方面的训练。

第一，重点分析"题眼"。命题作文题中一般都有关键词。这些词就是所谓的"题眼"。把握住题眼，也就抓住了文章要突出的重点，了解了写作要避免的误区。尤其要注意题目中的修饰词语、限制词语和补充词语，因为这些词语对写作范围起着约束限制的作用，是文章特殊要求的标志。

第二，注意副词隐含的信息与要求。"最""也""还""再""更""其实"等副词出现在题目中，都不是可有可无的点缀，而往往是学生极易出现的问题。例如，《我最好的朋友》中的"最"就规定了笔下作为主角的朋友只能有一个；《这也是课堂》中的"也"就规定了所写的内容不能是平平常常的某一节课；《其实并不是这样》中的"其实"很重要，应写出"误认为是'这样'"——"意识到不是'这样'"的过程。如果缺少这层转换，文章就会偏题。

第三，要完全理解比喻意义。这类比喻性题目前往往有一段精心设计的提示语。学生审题时须认真阅读这些提示语，学会由"虚"而"实"，在自己熟悉的生活素材中确定与这一比喻义匹配的本体，写作时方能做到紧扣题目。例如，《暖流》《春风》等，则应注意其本体与喻体之间的关系，挖掘出这些题目背后的象征意义。

第四，把握文字较长或句式复杂的题目的内在关系。这类题目往往有着因果、条件等内在联系，审题时必须辨别清楚。例如，《我拥有，我快乐》，"拥有"是"快乐"的前提和原因，"快乐"是"拥有"后产生的一种心理情感反应，两者紧密联系，不可分割。有的学生忽略了这一点，因果意识不强，下笔时只写"拥有"，不见"快乐"，缺少必要的抒情议论；有的则只见"快乐"，少见"拥有"，缺少作为"快乐"支撑的叙述和描写。

（2）指导学生选材剪裁。厘清文题含义，审清写作要求，有了好的立意后，下面就要开始选取材料构思文章了。

选材的意义在于可以深化写作意图。写作意图在最初形成时，由于还没有付诸表现形式往往比较朦胧。作者依据这样的意图去选材，在明朗写作具体形式的过程中，也会使写作意图逐步得到明确，粗疏之处可以弥补，偏颇之处可以纠正。选材过程就成了深化写作意图的过程。选材的意义还在于充实写作内容。选材的过程，是赋予文章内容的过程。内容的坚实与否，决定文章的生命力。认真选材就会使文章的内容得到充实。

选材的方法大致有两种：一是鉴别；二是剪裁。鉴别材料的过程，也是对材料加深认识的过程。鉴别材料要抓住两点：第一，真伪的鉴别，厘清它是否发生过存在过，是否在这样的条件下发生的，是否按这样的过程发生等；第二，程度的鉴别，同是真实的材料，对于表现一定的写作意图，还有深浅程度的差别问题。这个差别在有些材料中表现得很细微，难于一眼看透，但往往在细微之中才能显出文章的高低上下。所谓剪裁，也就是指剪掉次要的、非本质的材料，保留主要的本质的材料，删略材料中与写作意图无关的部分，突出与写作意图相关联的部分。剪裁大体有三种情况。一是截取。截取，是指从某类或某个材料中取出与一定的写作意图相关联的材料或材料局部。截取时要把握实质、注意完整，不能舍本逐末、断章取义。二是详略。详略的目的是为了突出重点、鲜明主旨，详略的意思就是把对于表现写作意图重要的材料详写，把对于表现写作意图关系不甚重要的材料简略地写出。三是侧重。侧重是按照写作意图，对材料内在的某种意义加以强调突出。

（3）指导学生谋篇布局。文章的结构，常称为"布局谋篇"。它是作者按照表达主题的需要，将选定的材料按一定的次序编织的一个有机整体的方式和方法。教师必须掌握每篇文章的编织方法和方式，并把它教给学生。文章好的布局体现在合理的结构上，要使作文达到结构合理必须做到以下方面。

第一，完整性。文章的结构，是部分与部分、部分与整体之间内在联系和外部形式的统一，是构思与表达和谐的外在表现。构成文章的各个局部应服从主旨表达的需要，相互协调构成完美的整体，部分之间除了有内在的联系之外，还要有巧妙的外在组合，相互间不能彼此孤立。要以线索、时空、逻辑或主旨来组合、统帅各部分材料使之浑然一体，体现整体的完美。

第二，严密性。文章全文应前后呼应、上下连贯，做到文脉畅通。要保持句子与句子之间语意上的连贯。它反映了思考与表述的连续性和逻辑性。如叙事必须体现事情的发生和发展过程，说明必须体现事物的特征和规律，抒情必须体现感情的产生或者变化，说理必须体现实际的论证过程，等等。

第三，层次性。安排有关材料总有一定顺序，先写哪些情节，后写哪些内容，怎样开头、结尾，怎样过渡、照应，要有条不紊地构筑文章。这些须在动笔之前就考虑周详。小到复句、大到意义段都存在内部和外部的次序和步骤；分句间的关系，句群中的逻辑推理，意义段的起、承、转、合等都要求有清晰合理的层次安排。

第四，灵活性。文章结构要富于变化，灵活巧妙，这包含两层意思。首先，各种文体有其相应的合理的结构形式。如记叙文一般按线索来安排文章的结构，而线索又可以是人、事物、事件、思想感情以及时间、空间等；说明文结构大致按时间顺序、空间顺序和逻辑顺序来布局谋篇；议论文的完形结构是由引论、本论、结论三部分构成，其中本论部分的结构模式又可以是并列式、对比式、层进式等。其次，写作中要敢于创新、巧于构思，既要会使用一定的结构形式，又要不拘泥于现成的结构形式，还要会创制新的结构形式，但要有利于表现自己的思想感情，不要因结构而损害文意。此外，要指导学生掌握谋篇布局的技巧，分为以下两个方面。

一是掌握文章的内部结构技巧。任何一篇文章，只要有一贯到底的思路、一脉贯通的逻辑，它就必然有一缕贯穿的线索和脉络。学生写作时，精心布局其内部结构至关重要，它可以使文章结构严密、条理清晰、流畅贯通。首先，安排好文章的线索。线索就是贯穿在整篇文章中思想感情发展的路线。这种情节线索和感情线索像链条一样，无形地连接着文章里全部的人物、事件和景物，构成一个严谨的艺术整体。线索的安排方式有以时间为线索、以人为线索、以物为线索、以事为线索、以感情为线索。其次，安排好文章脉络。脉络是作者观察、认识事物时思维活动过程的路线。文章的脉络是作者观察事物、分析问题思维活动的条理性在文章中的再现。脉络具有以下特点：①条理性，指思想脉络要有顺序、有层次；②贯通性，指思想脉络的表达，不仅要有顺序，而且各个次序内容之间要有严密的连接关系，如衔接关系、并列关系、总分关系、转折关系、因果关系等，不论哪种关系，都要合乎逻辑；③严谨性，指思想脉络细密，没有漏洞，提出论点，加以论证，论证过程要严谨，分析问题要合乎辩证法，防止片面性，这样，文章的内容在逻辑上才能周严缜密，无懈可击。

二是指导学生掌握文章的外部结构技巧。首先，安排好层次和段落。层次和段落既有区别，又有联系。层次着眼于思想内容的划分；段落侧重于文字表达的需要。一般说说，层次大于段落，即几个段落表达一个层次；但也有的时候，段落的划分恰好与层次一致，即"层次"等于"段落"。层次和段落是结构的重要内容，其划分是谋篇布局中的重要环节，必须认真对待。其次，过渡和照应。过渡，是指段与段之间的衔接；照应，是指开头与结尾的照应、前后文内部的照应、各部分与题目之间的照应。掌握过渡的方法和技巧。凡思路转换、景情变化、视角转换、叙述顺序、总分起止以及表达手法转化等处，都要安排过渡。段落之间，要用过渡词语、过渡句子、小标题或过渡段落承上启下。

（4）指导学生运用表达方式。文章有很多种表达方式，其中最常用的是记叙、描写、说明、议论和抒情。这五种表达方式能构成许许多多不同类型的文章，灵活运用，才能让这些表达方式发挥效果，使文章写得更好。

第一，记叙是写作中最基本、最常见的一种表达方式。它是作者对人物的经历和事件的发展变化过程以及场景、空间的转换所做的叙说和交代，在写事文章中应用较为广泛，作用也比较多。

第二，描写是把描写对象的状貌、情态描绘出来（包括心理描写、语言描写、动作描写、神态描写、外貌描写、环境描写等），再现给读者的一种表达方式。它是记叙文，特别是文学创作中的主要表达方式之一。在一般的抒情、议论、说明文中，有时也把它作为一种辅助手段。描写的手法运用得好，能逼真传神、生动形象，使读者如见其人、如闻其声、如临其境，从中受到强烈的艺术感染。

第三，抒情就是抒发和表现作者的感情。抒情是抒情文体中的主要表达方式，在一般的文学作品和记叙文中，也常常把它作为重要的辅助表达手段。

第四，议论就是作者对某个议论对象发表见解，以表明自己的观点和态度，它的作用在于使文章鲜明、深刻，具有较强的哲理性和理论深度。在议论文中，它是主要表达方式；在一般记叙文、说明文或文学作品中，也常被当作辅助表达手段。

第五，说明是用简明扼要的文字，把事物的形状、性质、特征、成因、关系、功用等解说清楚的表达方式。这种解说的对象，有的是实体的事物，如山川、江河、花草、树木、建筑、器物等；有的是抽象的道理，如思想、意识、修养、观点、概念、原理、技术等。

由此可见，使用以上五种表达方式，作为文章的形式要素，一定要为内容表达服务。一定的内容采用不同的表达来写作，可产生不同的效果，这就是所谓表达功能。五种表达方式按功能又分为两大类，即再现客观类和表现主观类。再现客观类，包括叙述、描写、说明，其共同点在于反映客观物象。换言之，在某地出现的事，写出来再传告到另一地方的人，一个行业里创造的成果再向其他行业传递。作者在观察、思考与表达时，多取客观态度，力求真实表述客观事物。表现主观类，包括议论和抒情。特点是表现主观精神。议论表达作者对客观事物的见解，抒情表达的是作者主观的情感。一般议论文的写作，是作者在观察生活发现有社会意义的问题之后，有题而议才写成文章。作者在体验生活过程中，产生独特的认识和感受，有感而发才写成一篇抒情文。

（5）指导学生修改作文。作文修改的内容一般包括语言文字是否规范、标点格式是否正确、主题题材是否统一、结构布局是否合理、逻辑修辞是否妥当等方面。

第一，修改语言文字。学生写作时注意力主要放在作文的内容上，因此，难免疏忽了书面表达，文中出现错别字、漏字、用词不当、搭配不当、语序不当、不合事理、重复累赘、成分残缺等毛病。要解决语言文字的毛病，就要注重语言文字的规范性。这样作文水平才会有提高。

第二，修改标点符号。标点符号是一种特殊的文字，在文章中起到十分重要的作用。

标点符号停顿位置不同，表意也相应不同。写作中，许多学生忽视了标点符号的作用。

第三，修改主题题材。主题是文章的核心，是作者通过文章的具体内容将要表达的基本思想，即文章的中心思想。例如，部分学生的作文虽材料丰富、线索清晰，文笔也流畅，但不分主次轻重详略，中心不明确，读后难以明白作者要表达的中心思想。

第四，修改结构布局。一篇文章审清题目，确定了主题，并围绕中心选好材料后，接下来的就是构思布局了。作文结构布局的修改，主要应从段落层次、主次详略、过渡照应、开头结尾等方面来考虑。一定要从宏观出发，整体把握，其关键是看材料和顺序安排是否合理。

第五，修改逻辑修辞。作文中常见的逻辑问题主要包括三种：①自相矛盾。如参加活动的人基本上全部到齐，"基本上"与"全部到齐"相矛盾；②前后不连贯。如，学生上课时应认真地听课，积极地思考和讨论问题，仔细地写好课堂记录。（"听课""做笔记"应同步进行，中间插入"讨论问题"语意不连贯。）；③语意有歧义。如，参加会议的有三个学校的领导。（"三个领导"呢，还是"三所学校"的领导？语意不明确。）

修改作文的方法包括增补法、删除法、调整法、改换法、阅读法、讨论法、依据批语修改法、对照中心修改法。

增补法：适用范围广，既可用于大的方面的扩展，亦可用于具体时间的填补，但不宜用得过多，不能处处增补，全面"开花"。运用这种方法的主要目的，是减少缺憾、弥补遗漏，所以修改时要注意服从重点、分清层次。

删除法：也是一种普遍适用的方法。操作时，应以体现文章主旨和表达意图为原则，凡是节外生枝的内容、重复累赘的语句、空洞乏力的议论均在删除之列，删除时，应注意保持文脉的畅通。

调整法：既适合于段落层次的调整，也适合于句群和词语的调整。在实际适用时，要注意瞻前顾后，整体把握。

改换法：即更换法，也是一种运用很多的修改方法。它主要适用于语言文字、标点符号方面的修改。对修改者的语言文字功底要求较高。涉及文字、词汇、语法、修辞、逻辑等各方面的知识。

阅读法：讲究阅读和修改的同步性，一般是边读边思边改，切实达到读改结合、读改同步。阅读法注重读和改的反复性。文稿的修改往往不是一次性的，而需要经过反复阅读和修改，直到满意为止。

讨论法：要求大家聚在一起，互相传阅、切磋商讨，然后由作者对大家的意见加以综合、取舍，在此基础上对习作进行修改、润色。这种方法适用于有代表性、争议性和疑难性的作文，其目的不只是修改一篇文章，主要是通过讨论明辨是非、开启思路、强化知识、促进学习。

依据批语修改法：主要适用于对文章做较大方面的修改。如构思立意、章法结构、详略取舍等，这种修改，一般要做较大文字改动。运用此法，一定要先认真阅读，仔细琢磨和领会老师的批语，进而对照文稿深入思考，最后动笔修改。

对照中心修改法：是一种着眼于宏观审视的修改方法，适用于各种体裁、各种形式的作文，其作用是从总体上把好中心点，确保文章中心不出偏差。一般而言，作文初稿完成后，首先是运用此法练习，对照在审题立意阶段确定的中心思想，看写成的文稿是否切题，是否符合原定的中心，并且是否突出了中心，然后据此修改。

3. 中学写作教学过程——作文批改

批改是指导的继续和深入，是对学生作文的全面调查和研究，是评讲的前提和准备，也是培养学生自改作文的示范和举例。传统的作文批改方式主要是教师批改。随着新课改的推进，学生主体地位的提高，教师也越来越注意发挥学生的主体能动性，因此现在的作文批改又多了一种新形式，即学生自己批改作文。现阶段的作文课上有很多作文批改的方式，常见的批改方式如下。

（1）教师批改。教师批改又有全批全改、精批细改、当面批改、直接批改与间接批改等。这是传统的批改方式，这类批改教师占据主体地位，所有的内容都是按照教师的思路进行，如果不加以适当讲解，学生就难以明白教师为何这样修改。

（2）学生批改。学生批改是现在越来越受欢迎的作文批改方式。把作文批改的权力交给学生，让学生修改自己的作文。这样既激发了学生写作的兴趣，又间接锻炼提高了学生的作文能力。常见的学生批改作文方式有：学生自改、学生互改、小组批改。学生自改是学生依据教师给出的参考标准自己修改自己的文章。这样的批改方式有利于学生意识到自己作文的优缺点并改正。学生互改与小组批改是学习的一个过程，通过批改别人的文章，可以了解其他同学的写作思路，可以扩大自己选材的范围。

学生批改作文在很大程度上发挥了学生的主动性，但在批改的过程中需要教师的指导。如果是毫无章法地乱改，也不能提高学生作文批改的水平。

（3）师生互动批改。语文课程标准指出，写作是运用语言文字进行表达和交流，是认识世界、认识自我、创造性表述的过程。批改作文就是师生间的沟通交流。在师生互动批改过程中，教师可选取一篇或几篇具有代表性的文章与学生一起分享讨论，在讨论的过程中要总结出议论的中心，让学生举一反三，学会从别人的文章中理出自己需要学习的东西。

第一，读改结合，以读促改。阅读教学是语文教学的重要组成部分，也是教师培养学生作文修改能力最有效的途径。教材中的文章，都是作者潜心构思、字斟句酌过的。每一句话、每一个词，都凝聚着作者心血。教师平时在阅读课文的教学中，可以有目的地让学生了解作者布局谋篇、遣词造句等多种方法，并且运用学习迁移的规律，让学生将学到的方法运用到修改作文中来，提高修改作文的能力。

第二，双边批改，以批促改。批是改的基础，批为改服务，改是批的目的。但是大多数教师没能明白批和改的关系，没有很好地处理批与改的关系，包揽了批改工作，致使学生失去了改的能力。首先，教师批，学生改。在作文批改中，要把批与改分离。教师对学生的习作进行书面批阅过程中，发现需要修改之处可以做上各种符号或加以眉批，引导学生自己修改。其次，面批面改。面批是作文教学中最典型的因材施教的方式，并能很快地反馈给学生修改情况。教师在书面批阅的基础上，将学生请到面前，让他们边读自己的作文，边对标出的错误之处说出修改意见。另外，教师可以当面说明具体的修改指导意见，帮助他们分析，指导修改，为培养学生修改作文奠定基础。

第三，互批互改，以批促改。学生写完一篇作文后，限于水平，往往对自己的文章已形成定势思维。教师可以先大概批阅，指出较明显的缺点，然后让学生通过互评互改来提高修改作文的能力。互改有两种方法。首先，组成四人批改小组，多项互改。一人读自己的习作，其他三人听后讨论，提出修改意见。这样逐一轮流讨论、修改。其次，优劣互改。把优等文给写作较吃力的学生改，让他们有榜样可学，修改时也不会感到太吃力；把劣等文给写作能力较高的学生改，让他们有施展自己才干的机会，并能在互改中提高评改水平。

当然，光要求学生修改是不行的。教师应该及时对照查看他们的修改情况，对誊清后的作文再次批阅，然后根据修改情况批上成绩，并进行第二次集中评讲，着重表扬对作文进行认真修改的学生，推荐改得好的篇章和片段。这对学生认真修改作文是一种肯定和鼓励。

4. 中学写作教学过程——作文讲评

作文讲评是作文教学的最后环节，也是继作文批改后的关键环节。在作文教学实践中，教师对作文讲评课的意义和功能认识不足。传统的作文讲评课以老师为主，学生参与度低，有的老师的作文讲评课也是泛泛而谈，内容空洞，对学生个体创作的提高没有多大益处。

作文讲评课也可以根据学生的作文的实际情况和每次作文的具体要求确定其内容和程序，旨在指导学生认识自己作文的优点和不足，以提高其写作水平。在作文讲评课中应注意以下方面的问题。

（1）目的性。教师在制定讲评目标时要依据两方面的内容，一方面是根据之前制定的作文教学总目标有计划地进行；另一方面要根据本次写作训练中出现的问题有目的性地进行。教师在上作文讲评课前要制定好教学目标，要有目的性地上作文讲评课，同时要重难点突出，对学生写作中出现的问题有针对性、有选择性地讲解，使学生有实质性的收获。

（2）层次性。由于学生的作文能力的差异，写出来的作文也有好、中、差之分，因此，教师在讲评的过程中，也应该分层次进行。但在现实作文讲评课上，有的教师对学生的作文一概而论，对学生个体的写作不能区别对待；还有的只是以优秀学生的优秀作文作为讲评文本，对其他学生作文中出现的问题一字不提。这样的讲评模式如果长期持续下去，会降低一些学生的写作动机，减少他们的写作兴趣。

（3）延续性。教师在作文教学过程中往往忽视讲评后的再写指导，这其实是较为重要的环节，讲评后的再写与初次作文有较大的不同。初次作文是写作前在教师的指导下进行的，那时的写作完全是学生根据自己的想象创作的，写作思路可能还有些模糊，但上过作文讲评课后就不同了，通过教师的讲解，学生明白了自己作文的优势与不足，可以有针对性、有目的性地修改、重写。趁着写作课上的热情，可以把新学到的技巧运用到文章中，改正作文中的不足，使自己的文章增色。

二、中学语文写作教学的目标设计

（一）写作教学目标设计的过程

设计写作教学目标，首先要认真研读语文课程标准，依据新语文"课标"中的写作课程总目标和教学对象所处学段的写作课程目标来确定教学目标的基本框架——主要学习结果类型及其认知和情感的层级；在此基础上，结合学生的学习实际、写作水平和生活经验，对有关写作课程目标进行有的放矢的选用和重组，使之转化为符合学生实际的写作教学目标。此外，设计写作教学目标时还应该注意以下方面。

1. 写作教学目标的类型与核心

现代教学论主张，教学目标的实质是对学生学习结果的预期。所以，学习结果既是制定教学目标的重要依据，也是教学目标的主要内容。教师在设计写作教学目标时，可以根据写作学习结果的分类对写作教学目标进行分类。中学语文学习结果可以分为四类：语文内容知识、语文技能、语文高级技能（认知策略）和情感态度与价值观。据此，我们可以将学生写作学习结果分为四种类型：写作内容知识、写作技能、写作策略性知识和情感态度与价值观。在设计写作教学目标时，相应也可以把写作教学目标分为四种类型，即写作内容知识目标、写作技能目标、写作策略性知识目标和情感态度与价值观目标。

确定了写作教学目标的类型以后，教师还要进一步明确写作教学的主要目标或核心目标是怎样的。一般而言，设计教学目标理所当然要全面反映学习结果，然而，对写作教学而言，设计教学目标时又必须考虑写作活动的特殊性。因此中学写作教学就应当着重指导学生解决"怎样写"这个问题，至少要为他们解决这个问题打好必要的、坚实的基础。"写什么"的问题与陈述性知识有关，"怎样写"的问题与程序性知识和策略性知识有关。因此，设计写作教学目标应该把重点放在写作技能和认知策略之上。

写作技能和认知策略本质上均为运用写作规则进行构思表达和修改，所以，写作规则的学习和运用应该作为设计写作教学目标的依据，成为写作教学目标的主轴和核心。一些优秀语文教师在写作教学实践中所设计教学目标就是以写作规则为核心来安排三类知识的教学的。

2. 写作教学目标的主要层级

用学习层级论来看，规则有子规则和上位规则之分，子规则的概括程度或包容水平要低于上位规则；上位规则一般由若干子规则组成。构成写作技能和认知策略的写作规则也不例外。

例如描写人物要抓住人物的特征这一写作规则和描写肖像要抓住人的长相、表情、衣着等外貌特征；描写行动要抓住人的手势、姿势、速度等动作特征；描写语言要抓住人的语音、语调、措辞等言语特征等写作规则相比，前者就是上位规则，后三者则是子规则。当然，这种界定是相比较而言的，例如，当描写人物肖像要抓住人物外貌特征与描写不同性别人物的肖像要抓住不同性别人物的外貌特征；描写不同年龄人物的肖像要抓住不同年龄人物的外貌特征；描写不同民族人物的肖像要抓住不同民族人物的外貌特征等规则相比时。前者则成为上位规则，后两者则是子规则。

既然写作教学目标以学生写作规则的习得和运用为核心，那么，写作教学目标必然也有不同的层级。如果我们把根据写作上位规则的学习和运用设计的写作教学目标称为上位目标，那么以写作子规则的学习和运用为依据而设计的写作教学目标则称为子目标。在进行写作教学目标设计时，设计者必须弄清所设计的教学目标属于哪个上位目标的子目标，它自身又是由哪些子目标构成的。

一般而言，在设计每个学期的写作教学目标时，应该把语文课程标准中为该阶段写作教学所制定的总体写作教学目标作为上位目标，而把本学期分布在各个单元之中的教学目标作为子目标。在设计每次写作教学目标时，则应把本学期的目标作为上位目标，而把构成本次写作教学目标的若干子规则作为子目标。

3. 写作教学目标体系的序列

要确定目标体系的序列，关键在于理顺相关关系。一是目标与目标之间的关系。目标与目标之间的关系实质上是同一层级上的写作规则之间的关系，它们之间的关系是一种并列的或交叉的关系。如从文体角度看，记叙文、说明文、议论文、应用文和文学作品的写作规则就是这类关系；从表达方式角度来看，叙述、描写、抒情、议论、说明等表达规则也是这种关系。二是目标与子目标之间的关系，这种关系实质上也是一种上位规则和子规则之间的种属关系。如叙述的规则和倒叙的规则之间即存在这种关系。三是子目标与子目标之间的关系，是指共同归属于某一上位规则的子规则之间的一种并列关系。如从表达方式角度看，插叙的规则和倒叙的规则之间的关系就是这种关系。将上述关系理顺之后，要对这些关系中涉及的上位规则和子规则按照一定顺序进行排列组合。

例如，语文知识树就是将规则和子规则进行科学的排列组合而形成的语文教学目标系统。将语文知识这棵"树"分成基础知识、文学常识、文言文知识、阅读和写作四大支干。在阅读和写作这一支干上，又进一步分为中心、结构、语言、材料、表达、体裁六种杈，然后对各杈再做如下划分。

中心：集中、深刻、鲜明、正确。

结构：段落、结尾、照应、层次、开头、过渡。

语言：通顺、生动、准确、简练。

材料：生动、典型、围绕中心、新颖、真实。

表达：抒情、议论、记叙、描写、说明。

体裁：剧本、诗歌、小说、散文、应用文、说明文、议论文、记叙文。

通过上述划分，每个阶段的教学重点、阶段与阶段之间如何有机联系起来等也就一目了然了，这样就可以避免写作教学陷入随意和盲目的境地。

（二）写作教学目标设计的陈述

现代教学论有关教学目标陈述的研究主张，陈述教学目标要克服含糊性和随意性，力求明确具体、便教利学。

第一，表述学生外在表达行为和内在心理变化。就现代心理学而言，写作教学目标其实是对一个知识点或训练点的教学活动之后学生表达行为和写作心理变化的预期。因而，教师要在教学目标中反映出学生的行为和心理将会有怎样的变化、应该符合哪些要求、达到何种程度。要做到这一点，教师先必须厘清内在写作能力、情感态度同外在表达行为之间的关系（直接的和间接的），在此基础上力求通过描述表达行为的变化来反映写作心理的变化，使教学目标既不会抽象笼统，又能够充分体现学生学习写作的特点。

第二，写作教学目标需要分类分层陈述。确立写作教学目标的基础是写作规则（一个个知识点）；但是，这些写作规则又不是抽象的，而是贯穿于一篇篇例文之中。就系统观点而言，每一篇例文都是一个独立的复合系统。在这个系统中包含着多种要素，各要素之间的关系纵横交错，形成一个立体网络。从横向来看，有字词句篇语修逻文的知识因素、听说读写的能力因素、思想情感的态度因素、方法技巧的策略因素等；从纵向而言，各个因素不是处在一个平面，而是有高低之分，共同构成了有诸多层级的"宝塔"。

第三，写作教学目标的措辞要明确具体。模糊的语言必然使表达的内容模糊不清。传统的写作教学目标中，过多地使用认识、理解、掌握、领会、把握、培养等抽象笼统的词语，是导致写作教学目标陈述含糊的一个重要原因，因此，教师在描述写作教学目标时，要尽量避免使用这类词语。写出、详述、选择、剪辑、合并、划分、使用、运用、应用、叙述、阐述、阐明、描述、描写、描绘、说明、介绍、刻画、塑造、表明等行为动词对学习的结果则做了明确具体的规定，可以观察、测量，操作性强，在写作教学目标陈述中宜多用这类词；辨别、区分、分析、比较、归类、综合、概括等虽然反映的是内心活动，但是有相对应的外显行为，因而也是比较明确具体的。教学目标的语言当然要简洁精练，但是，必要的限制性词语是不可随便省略的，例如对行为方式、活动条件、学习程度和数量等方面做出严格规定所需要的词语是不可或缺的。总而言之，要力求全面、准确而具体地将预期的学生学习结果表述出来。

三、中学语文写作教学设计的策略

不同的写作教学设计背后是不同的写作教学理念。教师中心的教学理念下的写作教学设计，重视写作知识的传授，试图让学生掌握写作活动的相关知识，从而能在写作活动中运用这些知识，写出符合写作规范要求的好文章。这样的作文教学设计在作文教学实践中依然存在。学生中心的教学理念下的作文教学设计，重视学生的自由写作，培养学生的写作兴趣，使学生在写作中自己摸索，体验写作，学会写作。这样的作文教学设计越来越多。因为新课标的作文教学理念是偏向学生中心的，主张激发学生的写作兴趣，提高学生的写作水平。在这种作文教学理念指导下的作文教学设计，自然更关注学生主体的感受和经验，以培养学生写作的兴趣和习惯为中心。

（一）写作教学设计前期的需求分析

写作教学设计有两层含义：第一层含义是整体的写作教学设计；第二层含义是具体的写作教学设计。整体的写作教学设计是对某一学段的作文教学的总体设计，具体的写作教学设计是对某次写作教学的设计。一线教师比较注重的是一次作文课的作文教学设计，就属于这一类。具体的作文教学设计服从整体的作文教学设计，是整体作文教学设计的具体化，这两种作文教学设计是在一定的作文教学理念指导下，针对学生发展的情况，根据教学环境条件的变化，综合考虑师生双方的现有条件和可能的发展空间来设计的。

写作教学设计前期的需求分析之所以必要，是有理论依据的。根据泰勒原理，课程规划者应当通过从三种资源收集资料来确定一般目标。这三种资源是学习者、学校外的当代生活以及科目主题。在确定了大量的初选的一般目标以后，规划者应当通过学校的教育哲学、学习心理学两个维度，通过分析筛选来推敲提炼它们。成功通过两个维度筛选的初选的一般目标就成为特定的教学目标。在写作教学中，教师在写作教学设计前，需要收集这三种资源：一是学生的写作需求；二是当代社会发展所需要的写作能力和写作态度；三是课程标准对作文教学的要求。第三种资源，科目主题，即语文课程标准对作文教学的要求。另外，在写作教学中，有两个维度：一是指学校对作文教学的要求；二是学生的写作心理规律。以下分别探讨。

1. 学生写作的需求分析

（1）学生写作指导需求分析。一般而言，学生写作指导需求可以从两个方面加以分析：一是否需要指导；二需要哪方面的指导。学生需要教师在写作思路、写作方法方面提供更加切实的指导。学生对教师作文指导的不满意主要是教师的指导方式和学生的指导需求严重背离。教师的指导遵循的是自己的作文教学思路，关心的是作文教学任务是否完成，是否能保证学生在考试中能写出好文章，得到好的分数。而学生需要的是教师能让他们对作文课感兴趣，能让他们写自己喜欢写的文章，能让他们有足够的时间去写。教师的作文教学设计不是基于学生需求的分析，就很有可能导致并加剧这种背离。

（2）学生写作环境需求分析。学生生活的社区、家庭、学校对写作能力很重要。生活在不同的社区、家庭、学校的学生对写作的需求是不一样的。不同的生活环境造就学生不同的写作需求。写作教学设计之前如果不重视学生写作环境需求的分析，其设计的写作教学目标就很有可能不切实际，不能被学生接受。

（3）学生成长需求分析。不同阶段的学生，处于不同生理、心理发展阶段，具有不同的写作、娱乐爱好和需求。在写作教学设计之前，可以先对这些需求进行调查和分析。中学生有了比较强的自我意识，他们渴望得到成人社会和同伴的认可，而写作是自我表达的工具，是他们进入社会交际情境的工具。如果他们觉得这种表达方式能让他们感觉到自己的存在价值，或者能在写作过程中感受到愉悦、成功，他们的写作需求就会得到强化。学生写作需求不仅因人而异，而且因时而异。不同发展阶段的学生写作需求是在不断发展变化的。因此，了解学生的成长需求是一个持续的、长期的任务。

2. 社会发展需要的写作能力与态度

就作文教学而言，语文教师在设计作文教学目标的时候，也要考虑社会发展对作文教学能力和态度提出的要求。例如，快速作文的水平和能力，不仅在考场上需要，在现实生活中更需要。因为生活的节奏加快了，写作的速度也要加快。所以就产生了快速作文训练的需求。

当代社会是知识经济社会，知识经济社会不仅需要培养高素质的人才，也需要高素质的劳动大军。不管是高素质的精英人才，还是高素质的一般劳动者，都需要具备社会生活需要的写作能力和写作态度。各种行业的应用文写作能力的需求就明显增加。

当代社会还是信息化社会，对写作的要求还包括网络化写作。作文教学就面临网络化的挑战。在网络社会中，学生要能利用网络信息平台进行写作训练，能胜任网络平台的信息交流和分享工作，能在信息交流与分享中体验成长的快乐和自身的责任与义务。这种需求是传统的作文教学无法满足的，必须在信息社会的环境中不断去摸索、创造。

3. 学校对作文教学的需求

在作文教学中，教师要把学生的作文需求、社会发展对作文教学的要求、语文课程标准对作文教学的要求与学校的实际情况结合在一起综合考虑，确定适切的作文教学目标。

（1）本校学生的作文需求。学校之间是有差异的，各个学校的学生学习能力也有很大差异，这就决定了学生作文需求的差异客观存在。要满足本校学生的作文需求，就要考虑本校学生的特点。乡村中学与城镇中学，示范性学校与非示范性学校，学生的需求是不同的。作文教学设计之前，语文教师应该通过问卷和访谈，对自己学校的学生进行作文需求的调查研究，以拟定适应本校学生实际情况的作文教学目标。

（2）本校发展对作文教学的需求。每个学校都有自己的发展规划。这些规划对作文教学的制约作用也是教师需要考虑的因素。学校的发展受制于社会政治、经济、文化的发展，一定地域的社会政治、经济、文化的发展是不平衡的，有地区差异。学校的发展规划既要与社会大环境的发展相适应，同时又必须立足于自身的环境和条件，从实际出发。作文教学也是如此，既要考虑社会发展对学生作文的需求，也要考虑特定的学校发展对学生作文的要求，拟定有校本特色的作文教学目标。

（3）语文课程标准校本化对作文教学的需求。语文课程标准是面向全国基础教育学校的，有普适性的特点，表达的是国家对语文学科教学的基本需求。学校的语文教学有自己的历史传统，有一定的条件限制。它实际上不可能完全按照语文课程标准去实施，因为语文课程标准实施的条件它不可能都具备，因此它只可能在自己具备条件的情况下，实施语文课程标准，也就是让语文课程标准校本化。事实上语文课程标准因为它的普适性，所以它只能是一种抽象的行动纲领，可操作性并不强。因此，教师在进行作文教学设计时，照抄语文课程标准中的作文教学目标，在教学实践中是行不通的。它必须结合本校学生的实际情况，才有针对性，才会让学生胜任愉快。

4. 学生写作的心理规律的需求分析

在作文教学方面，必须遵循中学生写作心理原则，尊重学生自然的秉性，让学生的个性在作文教学中得以发展。

（1）中学生写作心理原则。作文是一种创造活动。学生的创造才能处于潜伏期，需要适当地刺激才能引发。他们创造才能更多的是体现在对新颖的接受，对陈旧的反感、排斥。在作文命题、作文指导、作文批改、作文讲评阶段，都需要教师根据学生的实际情况，结合社会发展的需要进行新颖独到的设计，带领学生走进创造的世界。

作文是一种自我表达。自我表现欲存在于每个人身上，在学生身上表现得尤其突出，这一点我们在前面的问卷中也提到过。重视自我表现心理是教师对学生能力的承认与尊重。学生在受到环境保护的自我表现中会灵感喷发，阐发一些精辟的见解。如果教师鼓励这些见解，让这些见解得以展示，学生会产生自我实现的成功感和愉悦感，就会使学生兴趣倍增，喜欢写作文。

作文是一种交际活动。教师作为学生作文的交际活动对象，如果对学生的作文给予积极的评价和充分的肯定，学生写作的意愿就会提升。因此，作文教学设计应该满足学生作文的交际需要，设计更多的师生互动环节，让学生在作文教学活动中有更多的机会与教师进行平等的、温暖的、诚恳的对话和交流，学生写作的需求就会更强烈。

（2）尊重学生的自然秉性。学生是未成年人。他们的社会化有待完善，这个完善过程需要学校教师的积极参与。作文即做人。教学生作文实际上就是教学生做人。既然是教学生做人，就必须把学生看成未成年人，不能以成人的标准去要求学生，而应该采取宽容的态度，允许他们自由表达，但同时引导他们认识到尊重他人和理性化同样是一种必备的修养。

（3）发展学生的个性。大自然造就的每一个人都是独特的。教育应该帮助学生完成成为一个独一无二的个体，必须尊重学生的个性。性格是在先天、后天条件的影响下形成的。教育虽然不是万能的，不可能完全改变学生的天性，但是在学生性格的形成中教育的作用是不能低估的。在教师的教导下，学生作文过程在一定程度也可以变成顺应天性、塑造性格的伟大工程。

（二）写作教学过程的设计策略

当前，在新课程背景下又出现了各种各样的写作教学策略，无论是传统观念推崇的强化写作训练，或是新思维倡导的无命题写作，无外乎是对新课程标准内容的贯彻。在各种模式的写作教学过程实施中，要实现更好的写作教学效果，需要的是写作教学策略的调整。

1. 激发学生潜在的写作动机

学生的写作动机包括两类：一是自我情感表达的需要，即自身需求；二是外界要求，主要是来自教师或考试需要。因此，教师既要提出写作任务，又要设法使之贴近学生自身需求，激发学生对写作的热情。

提出作文任务的方式多种多样，可以是命题作文、半命题作文、无命题作文，也可以是材料作文、话题作文等。但无论是哪一种方式提出的作文任务，都要做到以下方面。

（1）教学中的习作要求要尽可能地贴近学生生活，融入生活元素，让学生在体验的基础上有话可说、有感可写。在设计习作任务时，要选择学生有体验、有感受、经历过的内容，使写作文变成对自身经历切身感受的一种自然表达。作文要求和生活结合越紧密，学生想要表达的情感就越丰富。

（2）写作教学中减少写作要求，让学生乐于表达，写其所想。有了写作动机，看到作文题目后让学生有话可说只是写作教学的前提；减少（或降低）写作要求，让学生乐于表达，写其所想。具体操作是：给出话题，而不强制更多的条件，如文体、题目等。只有减少了限制学生写作的条条框框，才能给学生更加广阔的构思空间，才能真正做到畅所欲言，写"真"作文。但是减少了写作的条件，并不是不加任何限制，在写作教学的实践中，要强化学生对习作技巧的运用。在写作教学的实践中减少对作文理论知识的讲解，而要加强学生对写作技巧的练习。

2. 提高学生写作水平

在写作教学实践中，学生作为学习者，要做到顺畅地表情达意，除了掌握作文的普通规范，还需要教师提供有针对性的专项指导。具体而言，专项指导可以从三方面着手：主旨指导、作文材料专题指导、结构指导。

（1）主旨指导主要从审题、拟题、确立主题三方面对学生进行指导。关于审题，就是要针对作文题目，准确把握作文要求，分析判断、确定主题。审题既是构思的第一步，也是立意的第一步。没有准确地审题，作文就可能偏离要求，所以准确审题是准确确定主题的第一步。常见的作文主题大概可以分为三类。

第一类是话题多元类作文。这类话题作文要求相对宽松，容易促使多元化思考，这时就需要有创意的审题角度。可以启发学生从多个角度进行思考，也可以促使生生之间的讨论，形成学生之间相互启发的局面。第二类是主题隐藏类作文。一般是让学生通过审题和主动思考将主题挖掘出来。给出的题目有一定的指向性，如寓言、象征类的作文题目。第三类是主题明确类作文。指向性明确，只需要学生根据审题并按要求作文即可。如命题作文、半命题作文。这类题目比较容易把握。

关于拟题，就是学生思考后自拟题目。语文新课标提倡学生自主拟题，尽量少写命题作文。提倡学生拟题是为学生自主作文提供有利的条件和广阔的空间，减少对学生思维的束缚，鼓励自由表达和有创意表达的重要措施。然而自主拟题看似对学生的要求降低了，实则是对学生语文素质要求的提高。好的题目可以揭示主旨、概括主题、提示线索、引人兴趣，所以拟定好的作文题目难度不小。

一般拟题需要注意两个方面：一方面，是要符合作文题目的基本要求，题目要准确贴切，不可文不对题或者含糊其辞，最好要新颖独特；另一方面，从问题角度出发，不同的文体在拟题上也要有所区分，让人一眼就能看出来，如记叙文以记叙要素为题、以人为题，也可以事为题，或者以时间地点为题。

关于确立主题。要考虑到学生面对作文任务时，其初始感受可能是一句话、一个人或者一个画面。这时候就要确立正确的主题：要正确、要集中、要有新意。要正确是指取向正确，体现真善美。

（2）材料专题指导可以从材料积累、使用等方面向学生提供帮助。在写作教学实践中，材料可以分为三类：直接材料、间接材料和发展性材料。直接材料就是亲身经历、观察等。这类材料学生比较容易获得，但大多是混乱的，需要指导他们将亲身获得的资料进行归纳和思考，使杂乱的原生态材料得到梳理，同时要特别指导学生从多角度观察、体验和思考。间接材料就是来自各种媒介，包括纸质媒体、网络等。这类材料需要教师介绍积累的方法，如摘录、写摘要、反复背诵等。发展性材料则是学生对直接和间接材料的加工思考的结果，所以要求学生养成多观察和思考整理的习惯。这是获得和积累发展性材料的基本途径。

关于材料的使用，主要是裁剪和组合。裁剪就是对作文材料进行取舍和详略处理。在作文中，对材料的详略处理尤为重要：对表现主题起主要作用的材料要详写，辅助材料略写；新颖的材料要详，老旧的材料要略；突出强调的要详，含蓄委婉的要略等。同时要让学生特别注意的是，略写的材料并不是可有可无。因为如果没有了略，那么就无所谓详了。组合就是根据所选使用材料的相互关系，将它们相互配合、组织，目的是为了增强文章的整体效果。要引导学生特别注意材料之间的内在联系，使文章材料相互支持，而不产生排斥效果。

（3）结构指导主要是引导学生掌握基本的结构模式。结构不仅仅是形式技巧的问题，结构的核心反映思维。要引导学生掌握基本的结构模式，鼓励学生综合运用各种模式，最终具有创新意识，突破模式。一篇文章总要安排先写什么、后写什么，如何安排文章的顺序，便是在结构方面需要的指导。

对学生作文结构的引导，就是对学生思维的引导。具体而言，就是要引导学生通过安排文章结构，更好地为表达文章主题服务。教学中，既要为学生提供一般的作文结构模式，又要力求鼓励学生综合运用多种结构模式，使之在结构模式上有所突破，进行创新。然而专项指导并不是单独进行的，作文教学实践中在进行专项指导时，既要有侧重又要全面兼顾。

3. 尊重学生写作成果

作文的评改方式多种多样，如学生互批自改，师生集体批改，教师当面批改，等等。在作文教学实施的过程中，教师应该充分尊重学生的写作成果，倾听学生的心声，对学生的作文做出积极正确的评价。在教师批改作文时，应接纳学生的新颖见解，思考学生写作的合理性，而不要总是企图将自己的价值观强加给学生。给出的批语以激励为主，要有启发性，使学生获得成就感，利于激发学生对习作的热情。

学生之间相互批改更具有交流意义，学生之间作文互相批改，然后自己的作文自己修改。学生在享受写作过程之后收获自己的快乐，互相批改让学生在接受他人的鼓励和建议时也给予别人赞赏和建议，彼此间互相启发，共同进步，从而获得写作能力的提高。这是在新课标的背景下实践中较为受欢迎的作文批改方式。第一，对他人的文章评价可以激起学生的兴趣；第二，对别人的作文进行全方位的评价时，比较容易发现别人作文的优缺点；第三，在评价他人作文时，潜意识会与自己的作文进行对比和评价，这样对自我作文的评价是全方位的；第四，评语也是小作文，是最直接的书面表达方式；第五，面对同学对自己作文的评价，学生容易形成讨论甚至争论的局面，对问题的讨论有利于作文水平的共同提高。

第三节 中学语文口语交际教学设计

一、中学语文口语交际教学概述

（一）口语交际教学的特点与内容

口语与书面语相对应，是人们在口头交际时所使用的语言，它在言语表达上有以下特征：有大量辅助的言语手段参与（如眼神和手势等），充分运用多种语音手段（如重音和停顿等），多使用通俗易懂的生活化词语，句子形式灵活简便，话题的中心比较随意。相比之下，书面语表达语序结构相对固定，多选用书面语词、术语和文言词语，句子结构较为完备，话题中心突出。

口语和书面表达诸多差异中的最大不同，就在于口语交际中言说者和交流对象的同时"在场"，在于现场的"交互性"。言说者直接面对特定的场景和受众，言说的效果好还是不好，是即时产生的，是一过性的，即所谓"酒逢知己千杯少，话不投机半句多"。交流对象的反应，言说者是当场就能直接感受到的，如果不能形成良性的互动，交流效果就很差，甚至导致交流中断，无法持续下去。而书面表达则不同，作者一般不在场，文本对读者产生的作用，可以是即时的，也可以是缓慢、长久的。读者看一遍不解其意，还可以先搁着，等以后再慢慢琢磨，不必急于发表自己的意见。读者发表了意见，作者也未必能知道；即使知道了读者不好的反应，作者还可以置之不理、照写不误。因此，口语交际能力的核心便在于言说者的现场感，言说者所说的迅即为受众所接纳，或产生对话的愿望，这是交流成功的前提。因此，这也是口语交际教学的重点。

1. "听说"与"口语交际"的差异

（1）从知识能力课到实践活动课的转型。听话、说话是知识能力型的，强调课堂情境下获得听说的知识和能力。在语文教学中，把听话、说话进行知识点量化，注重在课堂情境中听说知识的传授，多采用看图说话的形式进行。口语交际是实践活动型的，注重在实践情境中的交流和互动，强调培养学生的交际能力，强调调动学生的生活经验，培养学生在有一定实践意义的交际活动中学会交往，学会人与人的沟通。教科书中往往只给师生提供一个贴近学生生活的话题，以便从这个话题出发设置相应的交际情境。至于教科书中出现的图，往往只是虚拟情境中的一个定格，教学中不必囿于这幅图来讲授看图说话的知识。

（2）从静态课到动态课的转型。从静态课到动态课的转型表现在以下方面。

第一，听话和说话训练学生如何听、如何说，课堂上的操作或一问一答（要求学生当众说话，口齿清楚，声音响亮），或只说不答乃至只听不说（如听广播）。学生有时是"自听自学"，有时是"自言自语"。由于缺乏交际意识，不需要一定的交际情境，更不需要一定的交际对象和交际目的。而口语交际特别强调真实交际意识和交际行为，交际的双方要不断发出信息、接收信息，听者和说者的地位要随着交际的需要不断转换。他们既是听者，同时也是说者。说者要根据听者的情绪反馈，即时调整自己的语气、语调和语言材料；听者得根据说者的表述即时做出应答。双方的表达是相互的，双方的交流是不断的。

第二，听话说话在教科书呈现的内容与方式基本上已经框定，体例相对较为封闭。口语交际在教科书上呈现的主要是提供一个话题，有的要靠课外的信息加工才能完成。

（3）从单向的线型的语言活动到双向互动的语言实践活动转型。听话说话教学的重点在于对自然语言形式特征的刻画上，突出语法特点，不包括实际情境下的真正运用。语言现象多半是被当作数据来处理，而是否适用语境则不予考虑。强调从命题逻辑来考虑语言的指称意义，而不考虑语言的社会意义。实际上，这种听话说话是一种单向的自我式的线型语言活动。口语交际在教学中强调语言形式的信息传递功能，通过功能范畴组织语言，实现语言的最终目的：在人与人之间进行有目的、有实效的交流，它优先考虑的是"言语"而非"语言"，是功能而不是结构，是语境而不是信息本身，是语言的得体性而不是任意性。与听话说话相比，口语交际是一种双向互动的语言实践活动。

（4）从知识能力的总结性评价到包括情感态度在内的过程性评价转型。听说教学很少对学生的听说能力进行及时评价，而是把这种评价放在期末进行总结性评价。评价的内容多是知识与能力方面，缺乏对情感态度价值观方面的评价。而口语交际教学更注重教学过程中的形成性评价，这种评价不仅衡量学生实际运用语言的水平，还对学生的交际意识、情感态度、思想风貌等做出评价。口语交际教学还应充分考虑学生是学习的主体，让学生参与到评价中来，培养他们的参与意识。

2. 口语交际教学的注意事项

（1）日常生活中使用的口语和进入教学的口语交际课程的口语交际是有区别的。

第一，全面性。体现在两个方面：作为个体的学生所要经历的操练，将涉及个人潜质范围内所有口语交际形式，体验不同场合和文化中的交际行为；而作为整体的受教育群体，学校是学生基本的生活环境，也是绝大多数学生接受口语交际能力系统训练的主要环境，因而有必要为所有学生提供各种有效的学习机会。日常口语则无法体现这样的全面性。因为学生个人的日常生活是由众多客观和主观的偶然因素决定的，很难保证每个人都有机会尝试所有的口语交际行为。当然，全面性是一种理想化的要求。换言之，有关各种口语交际能力的训练，口语教材都应该提供指导，而教师也应该全面熟悉。但在具体的教学活动中，可以根据教材、教师和学生的情况，有选择性地进行，可有的放矢、因材施教，不必面面俱到、平均用力。

第二，反思性。这也是日常口语交际与口语交际课程之间本质的区别。所谓反思性，是要求学生在具备口语交际实践能力的基础上，还要具备感知、概括、分析和研究的能力。例如，提炼一些口语交际的规则，理解文化体系对有效口语交际的作用，学习分析语言和环境之间的问题，等等。在学校教育的不同阶段，要求学生反思的内容当然有所不同。"反思"这一步骤在日常口语交际中却不一定是必需的，人们没有必要在每次口语交际行为之后都理性地反思其中的规律。强调口语教学的反思性是因为这种反思能力是个人母语能力的重要组成部分，它帮助我们获得、巩固和发展我们对母语的语感，成为我们离开学校之后能够应对语言与环境问题的基本能力。反思过程还帮助学生逐步形成普遍意义上的语言技能。只有拥有良好的母语语感，学生才能更快速和更深刻地学习、理解其他语言。

第三，思辨性。口语交际教学还承担着一个日常口语无法完成的任务，那就是对学生思维能力的培养——这是由语言素养的性质决定的。一个人的语言素养，不仅包含听、说、读、写的综合能力，还包括他在日常具体活动中熟练地解决各类问题的能力。这就要求人们在不同条件下，通过听说快速整合信息，找到解决方案，其中的思维方法当然是需要培养的，而带有反思性质的教学活动无疑是较为快捷和系统的方式。只有通过这样的思维训练，学生才有可能自信地听说，富有创造性地表达，成功地与他人交流，从而成为热情的、有批判头脑的语言使用者。

（2）口语交际教学与读写教学的区别。口语交际教学的特点决定了它明显区别于基于文学鉴赏和文化传承的整体感悟性的读写教学。

"口脑一致性"，也就是指口语与逻辑思维之间存在同构关系，这是由于语言是思维的再现形式，思维训练无法摆脱语言训练而单独完成。正确的口语表达需要大脑正常的活动方式来支持，这使得口语交际的训练更偏向于一种强调操作性的语言教学而不是强调经典解读的文学教学。当然，这并不等于说口语交际教学排斥感悟性的内容，反之，训练学生自如得体地表述自我的心灵感受，也是口语交际课程题中应有之义。我们都知道，人的大脑左半球具有语言生成和理解的各种能力，如说话、口语理解、阅读和书写等；而大脑的右半球具有情绪的表达和识别功能。在训练学生成功地进行日常的口语交际之外，对思维的全面训练以及充分整合大脑两个半球的思维活动，也是口语交际隐含的但却是最终的目的之一。

（3）口语交际教学与戏剧教学的区别。在语文课上有不少教学方式都带有戏剧教学的性质，如朗读、背诵课文，分角色朗读，戏剧表演等。由于这些都是以口头形式来进行的，因而有的老师会误以为这些内容就是口语交际教学的全部了。显然，所有这些形式对学生而言，都必须忠实地依据蓝本，而不是原创性的口语活动。采取这些方式进行训练的目的，不在于交流信息和处理事件，也不针对现实生活。它只是口语交际教学中的一个特殊部分，是一种可以利用的手段。因为它用一种非常夸张的形式再现了口语交际中的诸多环节：学生需要用语言和行动探查和表明情境；树立形象并保持角色的连续性；用各种方式表现事件、性格和气氛；鉴赏场景、剧本、表演和效果。学生通过参与这些戏剧活动，学会富有想象力地使用语言，表达自己的观点和情感。所以，应该鼓励学生参与各类戏剧活动，但同时也应该意识到：这只是口语交际诸多教学形式中的一种而已。

（4）口语交际教学与口头练习的区别。口头练习虽然也是口语交际中的一种形式，但却是较为低级的表达，不能代表口语交际的全部内容。我们所说的口语课是强调交际性的。所谓交际性，就是注重过程、互动性、应对和调整，既注意风格、语言变体和语音词汇等言语因素，也关注体势、空间距离等非言语因素；既注重言语本身的表达练习，又注重人际礼貌、身份协调和跨文化冲突等交际规则的领会。换言之，口语交际非常重视在语言能力训练的同时加强语用能力的培养。口头练习和口语交际教学的差异主要体现在以下方面。

第一，口头练习时问题或话题一般都是老师指定的，说的内容是可以预料的；而口语交际训练时说话人需要表达自己的愿望、观点和信息，自己控制谈话的内容，而且这些内容是不可预期的。

第二，口头练习是完成老师的指定要求；而口语交际训练存在着信息落差，交谈者因为某些社会的或个人的理由而进行交际。

第三，口头练习只是完成作业；而口语交际训练后学生得到了信息、交流了感情，完成的是交际目的。

第四，口头练习时听众往往只有老师，老师关注的是答案对不对；而口语交际训练总是在小组中的几个人之间进行，大家关心的是内容而不是对错。

第五，口头练习时老师往往以标准的语言形式来要求学生；而在真实交际中，语言往往是变异的、不完整的甚至是不合语法的，但却是有利于交际的。

（5）口语交际教学与普通话教学的区别。例如，部分教师误以为教给学生规范的普通话，包括语音、词汇、语法和修辞这些内容，就是口语交际教学的全部了。然而，口语教学的最终目的却并不在于教普通话。我们也可以这样理解，从课程设置上来讲，普通话教学和口语教学应该是两门课。任何学校的语文课中都需要包含口语训练，然而是否要有专门的普通话教学则要视当地的语言状况而定。

（6）母语的口语交际教学不同于对外汉语的口语教学。由于对口语交际教学的定义认识不清，有些教师设计的口语教学活动更接近于对外汉语（汉语作为外语）教学的口语练习，甚至变相为社会常识课或者德育教导课，而不是母语教学（汉语作为母语）。

综上所述，我们可以清楚地看到口语交际教学明显区别于日常生活中使用的口语、读写教学、戏剧教学和对外汉语的会话教学，也不能等同于口头练习、书面语的口头表达和学习普通话。口语交际教学是一门独立的有着特定教学目的的课型。当然，它与语文教学中的上述内容及其他部分，如读、写和研究性学习等都有着密切的关联。正式场合下的口语交际非常接近于书面语的口头表达，严谨和翔实的内容都必须以扎实的读、写能力为基础，而整合思路、发掘素材、得出观点的思维途径和方式又与研究性学习是一致的，交际的效果又和个人表达的语音面貌直接相关。

（二）口语交际教学的内容构建

1. 口语交际态度

良好的口语交际态度表现在以下方面。

（1）耐心专注地倾听。耐心，指听话人尊重说话人发表意见的权利，耐心地倾听，不随意插话和打断对方的话，即使不同意对方的意见，也要有礼貌地等对方把话说完。如果听话的不止自己一人，还应尊重别人说话的权利。

专注，指听话人必须高度集中注意力。由于听话不是简单的听觉活动，除了接收声音信息外，还要通过思维活动，吸收、理解所接收的信息，并对这些信息的价值做出判断。听话时注意力集中才能听清话音、听懂话意。况且，这些声音转瞬即逝，必须快速听知，听话活动比通过阅读或其他方式获取信息更需要集中注意力。要专注于谈话的内容，注意谈话人的表情、手势等，并及时用情态态度或简短话语向对方传递反馈信息，表示自己正在倾听或理解对方的意思，抑或尚未理解而急于知道等。听别人谈话时左顾右盼、漫不经心、随便插嘴等，就是有意无意地流露出对说话人的不尊重和不礼貌，给人一种缺少教养的印象。听别人说话还应有一种客观、求实的态度。要忠实于说话人的本来意思，不能想当然，更不能用自己的主观偏见曲解别人的意思，这样才能准确无误地理解对方的观点和意图。

（2）自信负责地表达。帮助学生克服怯于讲话的心理障碍，培养学生说话的勇气和自信心。通过提高认识、鼓励评价等方式，培养学生健康的表达欲，使学生有话想说、有话敢说、自信大方地表达。说话者要对自己的表达负责、对听者负责。说话前尽可能有所准备，说话要诚恳、有根据，要从实际出发、实事求是。口语表达往往需要借助表情和姿态来传情达意，以加深听者对说话的理解，这就要求说话者语态自然、大方、得体、适度，做到姿态语言和有声语言的有效配合。说话时目光应朝向听者，喜怒哀乐应通过眼神和表情自然地流露，并适度注视着对方的面部和眼神以了解听众。

话语中的谦虚和傲慢，是非常容易觉察到的。听话中要善于发现他人的特点，吸取别人的长处。说话要善于自控，发现错误要及时纠正。向别人提出批评意见时，态度要冷静，要在不伤害对方自尊心的情况下，以商讨的口气提出看法，讲清道理，不要奚落别人、讥笑他人。

2. 语音辨识力

倾听是由听觉器官获取声波所负载的语言信息符号，通过大脑的思维加工而获得意义的感知、理解过程，同时也是提高思想、陶冶情操和形成技能技巧的综合实践过程。口头语言是语音和语义的结合体。人们听话首先从听到语音的声波开始，然后才能理解对方所表达的思想内容。对语音进行分析，了解它在语词中的意义，是感知语言的首要条件。每种语言的语音都有其特定的结构法则和组合序列，不同的语言还有不同的音波、音高、音强、音长等，代表着不同的语义、感情色彩及个人风格。音波具有瞬时性，所以听话时需要具备对语音序列、语音音波和语音特质的辨识能力，学会在短暂的时间内，把声音听清楚、听准确，并能辨别出语气的轻重缓急、语调的升降高低，还要能从上下句的关系中迅速而准确地判断出同音词的含义。

3. 话语理解力

听话不只是听见，更重要的是听懂。对语词、语句、句群以至整个话语的意义的理解与把握，是听话能力的核心。倾听时不仅要用耳，还要用脑，边听边思考接收到的各种语言信息。在汉语中，由于同音、近音字很多，同音节的语音常常代表着不同的词，必须依靠句法和语义，并通过具体语境把握词义。由于口语语句短小，成分易于易位，加之定语又少，因此在注重一般词义的同时，一定要尽可能迅速地抓住关键词语，才能正确地理解整体话语的意义。在快速流逝的语流中，听话人并不是在听声音，而在听思想。除了对词句的听辨外，还要注意语音表现中的语调、语气、重音、停顿等种种因素。

4. 话语记忆力

口语的特点是一闪而过、稍纵即逝，听话人必须迅速地捕捉对方发出的每一个语音信息，并且立即将其储存到大脑皮层里，作为理解和品评的基本素材。听话时有明确的目的、强烈的感情、有意注意的积极参与，才能记下比较长的讲话内容。话语记忆力是可以通过训练加强的。特级教师张富通过听记有关课文内容问题的形式训练学生的话语记忆力，取得了很好的教学效果。

5. 话语评判力

评判力是听话能力的高层次要求。任何人说话都有一定的目的，或申明自己的观点，或表明自己的态度，言谈话语中往往寄寓着自己的感情。听话时就要依据场合、对象、情感的不同以及说话人语气语调的变化，品评出对方言语中的感情色彩。品评话语包含两个层次：一是判断正误真伪，即对说话人的语音、语气等进行评价判断，鉴别出内容的真伪，分析其观点的正误，听出话语的本意，也听出言外之意、弦外之音，从而决定听话人自己所应持的态度和应做的反应；二是品味话语的高下优劣，即对说话人的说话特点、表现手法、说话艺术进行品评体味，从而决定是否吸收甚至仿效。在培养评判能力时，要学会吸纳对方有用的信息、原谅对方过激的言辞、欣赏对方独特的见解、质疑对方有误的信息。

6. 口语表达能力

口语表达能力是信息的输入、储存、处理、再生、输出的过程，大致反映了说话活动中"思考—造句—表达"的完整过程，是一个密不可分的有机整体。其中包括以下方面。

（1）内部组码能力，即组织内部言语的能力。人们在说话时一般是先想后说，或者是边想边说。这里的"想"就是组织内部言语，即思考为何说、对谁说、说什么、怎么说，明确说话的意思和要点。想得好，是说得好的前提。这个过程可分为确定话题、产生"语点"、形成思路三个方面。确定话题，要灵活、恰当，有针对性，在尽可能短的时间内了解对象和具体要求，定下说话的重点内容。"语点"是压缩了的内潜的言语信息，有一定的模糊性和跳跃性。产生"语点"就是确定与话题密切相关的压缩信息，组成比较明晰的语义体系，即想说的内容要领。内部语言的生成、组织编排能力是构成说话能力的第一要素。

（2）语言编码能力。人们说话的过程，就是把内部言语经过扩展进行编码的过程，也就是把"语点"按照语义加以扩展，同时编码为一定的词语句式表述出来，这个过程非常短暂，经过扩展的言语信息本身就包含着一连串有内在联系的词语句子。在边扩展、边编码、边说话的过程中，又受到语言环境、说话人的动机、话题的潜在内容、话题与其他事理的联系以及观察听者的反应等多种因素的复杂影响，使话题不断展开，话语的内容不断丰富。使语言顺利进行编码的条件有两个方面：一是要有丰富的语汇储备做基础。这是言语编码的符号材料，是转化为外部语言（有声语言）的重要条件。如果说话人口语词汇、句式储备多，那么编码时选择词语的可能性就越大，说话就讲得清楚、生动、流利；二是掌握正确组合语词次序的语法规则。这是言语编码的结构法则。

（3）定向发码能力，将思维转化为有声语言。将体现思维的语句转换为有意义的声波发送出去，变成有声语言，对方才能接收信息，语言交际才能正常进行，这种能力主要表现在两个方面：一是快速准确地造词，即在说话一瞬间，要恰当地选择表现力强、能揭示事物本质特点的词语；二是快速准确地造句，即要从大脑中储存的各种句式中熟练自如地选用最能表达要说的内容。把将要释放的语义信息借助言语符号组织成有一定逻辑联系的语流，力求有序和畅达，在这个过程中思维和语言同时发挥作用，思维越敏捷，组码和编码越快，意义愈明确，思路愈清晰，说话能力就越强，客观效果就越好。同时，说话人只有正确运用语音、语调、语速、语量的变化来表情达意，才能做到言之有物、言之有理、言之有序、言之有情、言之得体。要求说话者具备一定的驾驭语言技巧的能力，学会科学发声的方法，发音准确、吐字清晰、语流顺畅。还要求说话者具备一定的运用态势语的能力，通过适宜的眼神、姿态、动作和表情等，增强口语表达的效果。

7. 口语应对能力

在口语交际过程中，说话人往往需要随机应变，根据对方的谈话内容或已经变化的场景，如场内气氛、秩序、听众情绪、注意力是否集中等，机敏地改变思维路线，调整说话内容与方式。要细心观察对方的面部表情和动作，及时调整自己表达的内容和方式。此外，要特别注意培养学生的应变能力，即口语交际中对意外出现的变故的处理能力。这种能力与人的心理、思维、学识紧密联系在一起。具有较强应变能力的人，在口语交际中能临事不慌、处变不惊、沉着应付。出现意外变故的情况大致有两种：主观变故和客观变故。主观变故指口语交际中表述者由于各种原因产生的表述失误，如单项口语表述中忘掉了词、说错了话、不能自圆其说，如果不及时调整，则出现张口结舌、令人难堪的场面。客观性的变故会给人的应变能力造成更大的挑战，是指不为表述者愿望而出现的突然性变故，这时如不随机应变，就会措手不及、陷入困境。如演讲、报告时，观众反应强烈、议论纷纷，或拂袖而去、或当场质问。如何说服听众使秩序正常将显示一个人的应变能力。应变能力的提高，主要在于个人在长期的口语交际实践中，见多识广、经验丰富，以广博的知识做基础、以良好的心理素质做后盾，在出现变故时方能胸有成竹、思维敏捷、语言巧妙、应付自如。

二、中学语文口语交际教学的设计要领

口语交际是交际双方运用口语交际知识和交际技能，在具体的活动中实现的。要想培养学生的口语交际能力，必须有相关的知识和活动为基础，尤其在讨论、演讲、辩论、采访这类组织中的口语交际活动中。口语课程的构建需要从交际学知识、口语知识、口语文化背景相关知识以及学习者学情等多维度着手。这些知识通过学习者的主体活动内化、积淀为学习者的口语素养。

关于口语交际有哪些训练形式，目前尚无统一的说法。从语言表达角度分，有质疑、求助、采访、答问、评价、介绍、接待、探访、请求、汇报、演讲、辩论等；从实践运用角度分，有对话、演讲、辩论、谈判等。根据学生实际的口语交际使用范畴，还可以设计以下口语交际训练形式：自我介绍、口述见闻、工作汇报、祝贺感谢、接待客人、求助于人、自由议论、争辩问题、主持会议、交易商谈。根据上述不同的口语交际训练形式，可以将口语交际教学分为三种类型：独白型、对话型、表演型。

（一）独白型口语交际教学

独白型口语交际在日常生活中运用广泛。培养学生独白型口语交际的能力是语文课程

标准口语交际教学的基本任务。独白型口语交际教学主要从以下方面探讨。

1. 独白型口语交际教学的意义

口语交际是一个内化和外显的过程。内在的思维活动是外在的言语表达的基础；良好的言语表达则反映了缜密的思维品质。从心理学角度看，思维的缜密性建立在对所要表达的言语内容有本质和规律性认识，并充分掌握其逻辑规则的基础上，是通过对有关语言材料进行分析、综合、比较、抽象、概括等一系列的思维过程，主要表现在表达的条理性和逻辑性两个方面。而独白型口语交际教学，重在学生思维和语言的双重发展，对学生形成缜密的思维品质、良好的语言表达能力有积极的意义。

语文课程标准十分重视学生的言语表达。口语交际总目标提出了"学会倾听、表达与交流"的要求。各学段目标对独白也分别提出了具体要求：第一学段"听故事、看音像作品，能复述大意和精彩情节""能较完整地讲述小故事，能简要讲述自己感兴趣的见闻"；第二学段"能清楚明白地讲述见闻，并说出自己的感受和想法"；第三学段"表达要有条理，语气、语调适当""能根据交流的对象和场合，稍做准备，做简单的发言"等。这些目标逐层渐进，螺旋上升，从内容、要求、方法等方面要求教师在教学中落实言语表达的目标任务。而独白型口语交际教学，为落实以上教学目标提供了可能，能有效促进学生口语交际能力的提高。

2. 独白型口语交际教学的特点

独白型口语交际的主要特点是以说话者为口语交际的主体，口语交际目标一般为事先预设，指向明确；交际的内容相对单一、独立；结构比较严谨、完整。例如，自我介绍：口语交际的目的就是为了让别人了解自己，交际的内容集中，一般不涉及和"我"无关的内容，介绍时需要有开场白，还需要分多个方面介绍"我"的个性、特点、爱好，最后还应该有结束语等，整体结构比较严谨、完整。

3. 独白型口语交际教学的内容

独白型口语交际指独自进行较长而连贯的言语活动，听众与说话者没有直接的语言交流，一般通过表情、气氛回应。独白型口语交际教学内容包括以下方面。

（1）介绍：自我介绍、介绍朋友宾客、介绍家庭、介绍家乡、介绍一张照片、介绍一座城市、介绍一处名胜古迹或世界名城、介绍一种动物。

（2）陈述：说个人的观点、说自己的奇思妙想、说自己的愿望、说读后感观后感、说经验谈教训、说目击情况、发布小小新闻。

（3）演绎：说笑话、说故事、说相声、说广告、朗诵诗文。

4. 独白型口语交际的训练要领

由于独白型口语交际侧重信息输出，主要目的是为了向别人介绍一个内容、陈述一件事情、说明一个道理，使其明白、理解，因此对表达的要求较高。交际时，不仅要求内容正确、避免科学性错误，还要求表达有层次、有条理，选取的材料能反映表达的主题。在进行独白型口语交际教学时，应当掌握以下要领。

（1）确定主题。唐代杜牧在《答庄充书》中曾说："苟意不先立，止以文采辞句绕前捧后，是言愈多而理愈乱。"这段话说明了"意"对"言"的决定作用。口语交际的表达并不是说得越多越好、辞藻越华丽越好，而应当根据确定的主题，精选表达内容。假如不围绕主题展开口语交际，必定会出现"言愈多而理愈乱"的现象，让听者觉得一头雾水，产生头绪纷乱、不得要领的感觉，无法接受正确、有效的信息。因此，为了更好地把信息传递给别人，让人听清楚、听明白，在表达时，要注意"意"在"言"先，不能随心所欲地漫谈，也不宜经常变化主题。在进行独白型口语交际教学时，教师应当引导学生在表达前确立一个主题，然后围绕主题展开交际，不要左顾右盼、旁枝斜出。如，进行自我介绍，可以让学生明确口语交际的主题是"介绍自己"，应当选择和自己有关的内容，通过介绍让别人能迅速地了解自己，与此关系不大的内容不应当在介绍中出现。又如，介绍某一处风景名胜，则应当明确意识到介绍的主题是某处的"风景名胜"，而某处的工业、农业、经济建设等情况就不用介绍了。

（2）明确对象。语文课程标准第三学段目标指出"能根据交流的对象和场合，稍做准备，做简单的发言"，因此，独白型口语交际教学应当引导学生形成对象意识。表达者不仅要根据信息受众的不同年龄、身份、职业等采用不同的表达方式，还应当根据口语交际场合、目的的不同，选择适合的表达方式。例如，进行竞选发言时，就要注意听众中既有同学也有老师，可能还会有家长代表，发言的内容应当适合这三个不同的群体。由于竞选场所的严肃性，还应当采用严谨、规范的表达方式，言语可以适度幽默，但不宜过于轻佻，否则会给人留下虚浮、不稳重的感觉。

（3）选择内容。进行独白型口语交际教学时，应当注意表达的内容要切题，凡是能够说明、突出、烘托主题的就选用，否则就舍弃。表达的内容要典型，应当选择最有特征、最有代表性的材料。能说明主题的材料很多，没有必要，也不可能把与主题有关的材料都表达出来，因此教师应当引导学生进行适度的精选。例如，魏巍在写《谁是最可爱的人》之前，曾写了一篇《自豪吧，祖国》的通讯，里边用了二十多个生动的例子，之后写《谁是最可爱的人》，只从中选择了五个事例，后来又删掉了两个，只精选了三个事例，分别表现中国人民志愿军对待敌人、对待朝鲜人民和对待自己的不同态度，从而揭示了"最可爱的人"的本质特征。口语交际教学也不例外。进行独白型口语交际教学时，还应当选择新颖的内容。这样才会给听者耳目一新的感觉，才能引起倾听的兴趣。

（4）谋划结构。进行独白型口语交际教学时，为了使表达的内容更有条理，在表达前应当设计合理的结构。一般说来，事件有发生、发展、结局几个阶段，问题有提出、分析、解决等过程，人物有成长变化的具体经历，场景有空间位置的分布格局等，依据这些可以把结构安排好。口语交际表达的基本结构有以下方面。

第一，横向结构。横向结构或是按事物的几个方面展开，或是按事物的性质归类展开，或是将所要表达的中心分成并列的几个要点分别阐述，从不同侧面、不同角度来具体展现基本内容。运用横向结构，可以使基本内容眉目清楚、形式整齐，便于理解和记忆。

第二，纵向结构。纵向结构是按照表达内容的内在逻辑脉络，根据从现象到本质、由因及果或由果溯因等逻辑联系，将所要表达的意思由浅入深、由表及里，层层深入、逐渐递进，以充分表达自己的观点。

第三，时间结构。时间结构是根据时间顺序，按照不同的阶段来展示表达的基本内容。时间结构的优点是脉络清晰、井然有序，弊端是容易出现因平铺直叙而枯燥无味的状况。

第四，空间结构。空间结构是以事物的空间位置为顺序来展示表达内容。运用空间结构，首先，要确定一个立足点。其次，要找出合理的顺序，从东到西、从左到右、从上到下、从内到外、从前到后、从高到低，或是从整体到局部、从局部到整体等，采用这样的表达方式，能让听者清楚明了，有身临其境的感觉。

以上是表达常用的四种基本结构，教师既要引导学生按照一定的顺序有条理地表达，又不能机械呆板地拘泥于某一种结构，要根据需要，合理地谋划表达的结构。

（5）有效表达。有效表达就是要引导学生准确、流畅、生动地表达。表达准确不仅指所用的语言应当符合一定的口语交际规范，还表现在选用的语言能准确地表达自己的原意和客观事物；表达流畅指中心突出、说话流利、辞达意畅；表达生动指说话语汇丰富、句子灵活多变、表达方法多样，有启发、有感染力，这是比较高的要求，能极大地提高语言的表达水平。语文课程标准在第一至第三学段中先后提出了"较完整地讲述""简要讲述""清楚明白地讲述""表达要有条理，语气、语调适当"等语言表达的要求。教师应当遵照课标制定的目标实施教学，不要拔高要求，使学生产生畏难情绪。

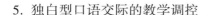

5. 独白型口语交际的教学调控

独白型口语交际教学要激发学生口语交际表达的兴趣，培养口语交际能力，丰富口语表达形式。

（1）设计活动载体，激发口语交际表达兴趣。由于独白型口语交际以单向的言语输出为主，形式相对比较单一，当个人表达时间过长时，会引起听者的疲倦，因此设计恰当的活动载体，以任务驱动的方式引发学生的自主表达就显得十分重要。如进行自我介绍，就可以设计"找朋友"活动，让学生通过倾听同学的自我介绍，寻找情趣相投的好朋友。如介绍世界名城，就可以设计"世界真奇妙"活动，让学生在活动中了解世界名城。如讲故事，可以设计"故事大王"评选活动，让学生不仅听故事，而且进行互动评选，激发学生的参与兴趣。总而言之，尽管独白型口语交际教学是以表达者为主体的言语交际活动，但还是要丰富活动的形式，设计恰当的载体，使学生在饶有兴致的过程中提高口语交际能力。

（2）重视语言训练，口语交际教学内容应当密切联系生活实际，使学生在熟悉的日常生活中习得口语交际能力。但是，口语交际的教学要求应当有别于日常生活的口语要求，因为学生通过口语交际教学应当发展语言而不是将日常生活语言简单"回放"。独白型口语交际教学，应当十分重视学生语言能力的提高，要按照课程标准提出的学段要求进行必要的训练。由于口语交际的规则和所使用的符号系统是"约定俗成"的，而语言能力的形成又是一个渐进的过程，因此示范与模仿是学生提高言语表达能力的一个重要途径。心理学研究表明，模仿是儿童的天性。在学习中，由于儿童知识、经验的缺乏，模仿就成了他们的心理需要。通过模仿，学生可以掌握口语交际的基本技能，学习和借鉴不同的表达方式，从而提高自己的口语交际能力。

（3）采用辅助手段，丰富口语交际表达形式。进行独白型口语交际教学时，要引导说的学生恰当地运用体态语，特别是用恰到好处的手势来表达情感，增加感染力；还可以适度采用多媒体辅助手段，选择相关的音像资料来丰富口语交际的表达形式。同时，要引导倾听的学生注意说话者的身体姿态、表情，保持专注的精神和入神的姿态。当对所听的内容产生感情共鸣时，还可以引导学生通过表情，如点头、微笑表示接受，同意、赞赏，给说话者以及时的回应。

尽管独白型口语交际以学生个体的单向活动为主，在教学时还是要调动更多的学生参与。当学生说完后，要有评议的过程，形成听、说、评、议、改的良好氛围，打通学生与学生、学生与教师之间的交际通道，形成顺畅的信息流。

（二）对话型口语交际教学

口语交际是听话、说话能力在实际交往中的应用，"对话"是其中的重要组成部分。对话型口语交际教学的设计要求适合现实生活，做"生活化"的对话型口语交际教学，避免无意义的"假对话"。对话型口语交际是由两个以上的人参与的、双向性或多向性的、以口语为载体的信息交流活动，也是人际间使用最广泛、最直接、最灵活、最简便的言语交往形式。对话型口语交际以对话为主要方式，包括道歉、做客、祝贺、待客、转述、劝阻、商量、请教、赞美、批评、安慰、解释、采访、辩论、借物、购物、指路、问路、看病、打电话、邀请等等。

对话型口语交际教学以对话为核心，是一种人际交往，体现交际双方的互动过程，需要双方互相配合进行言语活动。参与对话的人既要认真倾听，还需要根据对话表达自己的想法。因此，对话型口语交际一方面培养的是学生的"听话"能力，让学生学会认真听别人讲话，并努力理解对方讲话的主要内容；另一方面，对话型口语交际教学还培养学生"说话"的能力，即表达能力。

在实际的口语交际过程中，"听"对口语交际的成功与否发挥着相当重要的作用，只有听清了、听全了、听懂了，才能更好地做出应对。因此，在很多情况下只有听得好才能说得好。听话能力包括对话语的理解能力、分析能力、鉴赏能力等，每一种具体的能力又包含许多不同层面的内容。例如，听话时的注意力、听记力、听辨力、组合能力等。"听"的教学是一个循序渐进的过程，必须遵循学生认知的发展规律，因此，此环节的教学设计可以从以下方面进行。

第一，训练"听"的能力。相对而言，由于初中生的注意力较为集中，因此，有必要学习专心"听"。义务教育阶段听写字词，在较高年级已经不常见了，可以通过其他的方式训练学生"听"的能力。让学生听一些简单的新闻录音，然后各自提取自己听到的信息内容；或者让学生听一些采访录音，从中获取被采访者的相关信息。

第二，理解"听"的内容。听了对方的讲话后，还必须理解其意思，才能很好地做出回应，从而完成一个完整的口语交际。理解听到的内容，主要针对较低年级的学生而言。低年级学生没有太多的生活经验、学习积累，尤其是一些生僻字词、典故、成语等。

第三，鉴赏"听"的结果。鉴赏是在理解的基础上进行的。中学生已经具备了鉴赏的能力，第四学段（7~9年级）的对话型口语交际学习不应该仅仅停留在听懂的层面，而是要更加注重鉴赏和积累。在这个阶段的口语交际教学设计可以让学生欣赏一些交流视频或辩论实录，并让学生自由发言，各自说说觉得其中哪些对话说得妙、妙在哪里，从而学会积累一些经典的对话，并能灵活运用于日常生活中。"听"的动作之后便是"说"，也就是表达。表达要有条理，语气、语调适当，学习文明得体地交流。表达方面的教学主要有以下内容。

首先，良好的语音能力是顺畅表达的基础。由于口头语言主要借助词汇语音及其变化来传达说话者的信息，因此，在口语交际中要求具备良好的语音能力，必须准确地运用语音表达。良好的语音能力需要长期训练。可以根据不同年级，选取一些合适的绕口令结合语音进行学习，让学生养成良好的发音习惯。在平时的语文课堂中，让学生朗读字词、课文，都是很好的训练机会。

其次，思维能力在对话型口语交际中起着举足轻重的作用。思维能力在口语交际中的表现是能否在听到对方的讲话后立刻做出合理的回应。这就要求学生具备敏捷的思维，在听的过程中，能马上分析出对方话语中所包含的信息，并经由大脑思考，结合实际，立刻做出必要的回答。然而思维能力的培养并不能单单依靠语文教学，它有多种影响因素，既有先天的因素也有后天的因素。在语文课上尽量引导学生养成敏捷的思维习惯，做快速的思考和回答。在这方面，可以在口语交际教学中设计一些限时的口语练习，让学生在限定时间中做出恰当合适的回答。

最后，言语组织能力更是直接影响表达的结果。言语组织能力不但影响学生的口语交际，还会影响学生的写作能力的发挥。因此，言语组织能力是每个学段的"必修课"。当然，言语组织能力的培养在语文教学中很常见，从低年级的组词、造句到较高年级的作文训练，无不是言语组织能力的学习。

（三）表演型口语交际教学

表演型口语交际教学倾向于"表演"二字。口语交际课因"表演"而更显丰富多彩。表演型口语交际具有综合性的特点。例如，演讲不是一般的独白，必须有自己的观点，有一定的说服力，是一种直接的带有艺术性的言语实践活动。它要求演讲者在演讲前有所准备，还必须遵循一定的表演要求，附带一些有感染力的肢体语言等。再如表演课本剧。首先，需要将课本内容简单地改编为可以表演的剧本形式。这对学生的写作能力有一定要求。其次，需要进行简单的环境布置。这对学生的审美能力提出了一定的要求。最后，在表演的过程中，要运用独白叙事，或者对话交流等，整个交际过程内容丰富、形式多样。因此，在表演型口语交际教学设计中不能忽视其综合性的特点。

1. 表演型口语交际教学从实际出发

表演型口语交际教学切不可脱离了学生的学习、生活实际。口语交际教学教给学生的本应就是生活中实用的交际方法，因此，教学设计也必须贴合学生的学习和生活状态；同时兼顾学生的学习阶段，针对不同年级的学生设计不同的教学方式。但总体而言，表演型口语交际教学应该从生活中来，到生活中去；从学生中来，到学生中去；选择学生熟悉的、感兴趣的、对学生有教育作用的内容，进入表演型口语交际教学，使"表演"能切实地开展。例如，表演型口语交际教学中的经典文学作品演绎。文学作品在课文中并不罕见，在学生的学习生活中也为数不少。究竟应该选择怎样的剧本能让学生对"表演"感兴趣，这点值得注意。表演一幕剧，对于低年级的学生实为不易，那么，就更应该选择一些简单而富含教育意义的文本，童话便是一个不错的选择。在初中的课文中，还有一些童话寓言故事。许多童话富有梦幻色彩，是孩子们理想中的世界在书中的呈现，是孩子们的第二个世界。为孩子们所熟知的童话故事更是让他们对其中人物的模仿跃跃欲试，很容易吸引孩子们参与表演。

另外，童话故事大多包含一些生活常识、哲理等，是孩子们人生的必修课，在表演中快乐地学习这些小道理对孩子们再好不过了。设计表演活动还应当遵循循序渐进的原则。根据初中生的年龄特点和学习规律，依照各学段口语交际目标要求，所设计的表演应当难易适度，能为学生所接受。课本剧的表演能够丰富学生的课余生活，激发学生学习语文的兴趣，更能够训练学生的口语交际能力。例如，学生刚学习完《烛之武退秦师》这篇课文后，让学生把课文改编成戏剧、小品。同学们在充分理解文章人物、把握作品的时代特色后，发挥想象进行艺术创作，并且由学生自导自演。表演时，不但让学生注意行动、神态的表现，更要注意语言的准确性、条理性和生动性，从而有效地强化了学生口语交际能力的训练。然而，一旦脱离了学生的实际，超出或低于学生的能力，则往往事倍功半，教学效果达不到理想的程度。

2. 表演型口语交际教学因地制宜

随着社会的不断发展，我国地域差异越来越小，地区的发展水平差异也越来越小，但差异还是有的。我国地域辽阔，南北跨度大，自然条件迥异，致使南北经济、文化等发展存在一定差异，教育也不例外。我国教材的一纲多本、中高考的地区命题都体现了我国教育的发展遵循因地制宜的规律。教育的发展在一定程度上受制于经济的发展，北京、上海、广州等地的教育领先于我国其他地区。在这样的发展状况下，决定了我国教育的发展必须因地制宜，从地方实际出发。表演型口语交际教学也是如此。自然条件差异方面，众所周知，雪在南方极为罕见，生在南方的人，如果不走出去，一辈子不能亲眼看见下雪也是正常的。当然，我们成人也许可以通过学习积累生活经验，知道雪的一些基本特征，再经由想象之后也能对雪略知一二。人文发展的差异方面，我们不难发现，当今的城市文化与乡村文化相去甚远。公园、公交车等这类公共设施在乡村几乎没有，但却是城市生活的一部分。乡村学生在家乡长大、接受教育，也几乎不会接触到这类事物，但并非就不需要学习。

另外，在乡村学校，由于环境、硬件设施等条件的限制，学生的课外活动比较单一，文艺表演或者其他各种文艺比赛相对较少，以课堂学习为主；由此，学生们得到口语交际练习表演的机会较少，往往在乡村课堂形成一种学生对表演不感兴趣的现象。这就要求乡村语文教师在做表演型口语交际教学设计中充分尊重学生的主体地位，让学生成为课堂中的主人，教师参与少一点，学生参与多一点，才能使口语交际教学切实有效。此外，因地制宜，我们可以根据地方文化特色开展口语交际教学，让地方风俗走进口语交际的课堂，通过课堂以及课外的实践，丰富表演型口语交际教学的内容。

3. 表演型口语交际教学关注学生的个性

口语交际是语文课堂中与生活最为息息相关的板块之一，而表演则源于生活，高于生活。表演型口语交际就是挖掘学生在学习以外的闪光点的一个重要途径。这就要求教师在表演型口语交际教学中注重观察学生，及时发现学生的个性亮点、特长。首先，通过表演型口语交际教学，观察学生在课堂上的表演，我们可以看到学生的另一面，或是阳光，或是文静，等等，也是深入了解学生的一个重要途径。其次，通过表演型口语交际教学，发现学生的兴趣和特长所在，并在往后的口语交际教学设计等方面予以重视，以做出更受学生欢迎、喜爱的教学设计。最后，表演型口语交际教学在课堂中可以呈现的方式类型多种多样，如班级辩论赛、班级演讲、班级活动的小主持、课堂即兴的课文分角色表演等。在这形形色色的活动中，我们通过深入发掘，于表演型口语交际教学中发现学生的艺术特长并予以培养，同样不失为妙计。

三、中学语文口语交际教学策略的设计

重视口语交际教学策略的设计，就是要求口语交际教学要找到能够激发学生的交际兴趣的话题，能够创设让学生参与其中的口语交际情境。

（一）中学语文口语交际教学中兴趣激发策略的设计

源于学生熟知的生活，形式多样的口语交际形式容易激发学生的兴趣。

第一，口语交际要能激发学生的兴趣，必须选择学生熟悉的生活场景。动机源于需要。当学生感到口语交际是一种需要时，这种内在的潜力就会把积极性调动起来。例如，在教学中，学生不仅学习了外貌描写和转述的要点，同时也进行了思维训练。在口语交际教学活动中，学生还需要练习听到或看到的语言材料，经常用到的就是复述课文和讲故事两种方式。在开展复述活动时，教师对学生的复述要给予引导。复述课文是在理解、吸收原文的基础上进行概括、归纳、表达的过程，不能把复述搞成简单的、机械的、记忆性的背诵。讲故事可以不受原材料的束缚，有的地方可以详述，有的地方可以扩展，有的地方可以采用变角度、变表达的形式。

第二，从学生的最近发展区出发，激发兴趣。儿童有两种发展水平：一是儿童现有的水平；二是其在外力的帮助下即将达到的发展水平，这两种水平之间的差异，就是"最近发展区"。口语交际教学同样如此，教学设计低于学生的现有发展水平，难以激发学生的参与兴趣；太过高于学生的发展水平，又往往导致学生产生畏难情绪，同样达不到预想的教学效果。

第三，以游戏的形式开展口语交际教学，能提高口语交际对学生的吸引力。近年来，我们都时常在各类综艺节目中看到一些诸如"你画我猜""你说我猜"等之类的小游戏，同样，可以把这些小游戏搬到语文口语交际教学的课堂中。"你说我猜"的游戏就是在规定时间内，随机出一个词，首先由第一个人（说词人）对该词进行口头语言和肢体语言的描述（只有说词人才能看到词），描述的过程中不能使用被猜的词或其中的字，否则视为犯规；与此同时，另一边由一个以上的人根据第一个人的描述猜词，猜测者所猜的词要与原词完全相同才能视为过关；依次循环，直到规定时间结束，在规定时间内猜出词多者为胜。

把这样的游戏融入口语交际教学中，我们可以这样设计：教师事先准备一些学生曾经学过的成语或词语、短语，制作成卡片，然后在口语交际教学中，由学生自由组合，两到三人为一组，由一人描述，另外一人或两人猜词；在这里，我们可以规定，描述的同学只能对被猜词语做词义的解释，可以辅以肢体语言，但不拆词做断章取义的解释，游戏规定时间为60秒。如果课时比较紧凑，则可以设计这样的口语交际教学游戏：将全班同学分为四个小组。每个小组派两位同学在黑板上根据本组同学的说明作画，其他的同学负责说明。在这个练习中，每一个小组都是一个口语交际的共同体。作画的同学和说明的同学必须充分合作、彼此协商，不断交换信息；小组的同学之间要采取一切可能的手段来完成任务，包括使用所有语言的和非言语的方式，这样的口语交际课不仅实现了教学的自主性、合作性和探究性，还更受学生的欢迎。

（二）中学语文口语交际教学中话题选定策略的设计

话题是口语交际教学的主线。口语交际的话题应当符合学生的年龄特点，符合学生的认知水平。教师在选择口语交际教学话题时就应该注意有针对性、恰如其分，多强调交际技能的培养，使学生成为一个能说会道、善于倾听的人，从而完成口语交际教学的任务。

第一，话题选择必须贴近学生生活，这是基本的要求。贴近学生的生活才能使学生承担的交际任务真正具有"实际意义"。例如，在王荣生、王志凯的《口语交际教例剖析与教案研制》一书中有一个非常典型的案例：考试开始前学生会得到两份度假中心的广告，是一本旅游宣传画册中的两张彩色选页。内容包括度假中心的概况、地址及实境照片、旅游设施及专案、旅游日程及价目、娱乐活动详细资料的页码索引等。

第二，话题选定可以来自教材，但又高于教材。初中口语交际教学内容的编写与教材的阅读教学内容以及单元主题、文体有关。人教版初中语文教材一般按主题单元的方式进行编写，而每册每单元的口语交际教学内容一般是直接跟单元教学内容中某篇课文内容有关联，如七年级上册第四单元的"探索月球奥秘"的口语交际教学内容就和这一单元中朱长超的《月亮上的足迹》有关，七年级下册第二单元的"黄河，母亲河"和光未然的《黄河颂》有关，八年级上册第五单元的"莲文化的魅力"和周敦颐的《爱莲说》有关等，这些口语交际教学的内容编写都来自本单元阅读教学的内容。还有就是和教材单元主题相关。又如，七年级上册第三单元的"感受自然"的口语交际教学内容便与本单元自然主题相关。本单元围绕自然变化选入了朱自清的《春》、老舍的《济南的冬天》、梁衡的《夏感》以及何其芳的《秋天》。再如，八年级下册中第三单元的"科海泛舟"与本单元的科学类阅读题材有关，吴岗的《罗布泊，消逝的仙湖》、位梦华的《旅鼠之谜》都是属于科普类文章，等等。

（三）中学语文口语交际教学中情境创设策略的设计

在实际情境下进行学习，可以使学习者能利用自己原有认知结构中的有关经验去同化和索引当前学习到的新的知识，从而赋予新知识以某种意义。口语交际是在特定的话题情境中产生的言语活动，这种言语交际活动离开了特定的话题情境便无法进行。

口语交际是听说双方互动的过程，口语交际教学活动要在具体的交际情境中进行，在真实的情境中激发交际的欲望，依据教材创设口语交际的相关情境，形成与教材规定所需要的口语氛围，这是上好口语交际课的关键所在。例如，在上口语交际课《介绍家乡的景物》一课中，一位教师在播放了家乡美景的多媒体课件后，让学生两两互说。试教时发现学生观看课件时兴致很高，可在相互介绍时情绪低落。于是他对设计进行了修改，在播放同样的课件后进一步创设情境：让学生帮助老师对假期要来这儿玩的外甥女介绍这儿的景物，还像煞有介事地录了音，说是要把带子寄给自己的外甥女，结果学生的兴趣一下就被调动了起来。这样修改，就获得了截然不同的教学效果。因此，在进行口语交际教学设计时，必须创设贴近学生生活的、形式丰富多彩的情境，让学生在无拘无束中进行口语交流，使学生在整堂课中都有话可说、有话要说。口语交际教学设计的情境创设可以从以下几方面着手。

第一，从课堂、教室入手，结合生活丰富情境创设。在口语交际教学中，创设的情境既要有形象性、感染性，又要对交际具有挑战性和诱发性，特别是要注意符合生活实际。越是与实际生活相符的情境，越容易使学生有一种身临其境、似曾相识的感觉，交际的主动性就会被激发出来。例如，以"买文具"为口语交际话题，在教室中开展"买文具"活动，可以先让学生将自己的文具做好标记并标明单价，由学生自发组织、报名，分别扮演厂家、经销商、售货店员、买家。教师预先准备好相关道具，把教室布置成临时的文具销售店，然后开展一场模拟买卖交际活动。

第二，从学生的生活、学习状态着手，以学生当前的生活为情境创设背景。语文课对学生而言只是学习的一部分，其他学科的学习也在同时进行着。对学生而言，学习所有科目是一个整体。因此，作为整体中的一部分，语文中的口语交际也与其他部分密切相关。将口语交际教学与其他学习内容结合起来，使学生感觉到这是一个相关的学习，在似曾相识的感觉中学习新的知识。

第三，从学生的生活阅历着手，以学校和家庭为情境创设的背景。以学校和家庭为背景设计口语交际教学，让学生想象身临其境的感受，能促进学生对问题的思考。例如，围绕"学会祝贺"这一主题，我们可以设计一个春节拜年、互相祝贺的新年情景，并在教室讲台上贴上包含春节气息的对联，利用多媒体设备播放春节里的鞭炮声以及喜庆的音乐，让学生尽快进入特定的场合中，演绎不同的角色，给身边扮演其他角色的同学拜年、祝福。

第四，口语交际教学情境创设要保证适度的自由、平等，让学生有话敢说、能说。口语交际的重要标志，就是不同发言者之间的语言存在内在的联系。这种联系将对话者直接联系在一起，他们之间是对等的关系。可是，以往这种内在的联系都是通过老师来实现，老师总是不自觉地转述对话者直接的话，像一个传声筒一样，将对话的双向关系变成了三边，甚至是多边关系。所有交际的因素都要在老师那里进行中转。这样的交际已经丧失了应有的真实性，违背教学原则，实际的交际效果也是不理想的。

第四章　中学语文教学中的整合方法

第一节　中学语文教学中的比较法

　　语文学科是一门综合性学科，具有内容的多学科性和教育功能的多样性。在中学语文教学中实施比较法，不仅对学生的阅读能力有很大影响，而且对写作能力的培养也有很大的影响。在语文教学中，阅读是学生理解文本的最基本形式，而在阅读教学的课堂上，要让学生快速有效地抓住陌生文本的重点，教师可以实施比较的方法，同时也可使课堂知识得以向课外延伸。通过联想相似文本或者相关文本，然后进行比较，学生的思路和多种思维能力得以开阔发散。同时，比较法对写作能力提升也有积极的影响。此外，日常的听、说、读、写活动基本上都属于机械、死板式的，很容易使学生感到厌倦，而比较法则具有丰富性，可以把各种知识按不同方式组合起来，对锻炼学生审题选材时的发散性思维有帮助。学生在比较中不仅拓宽了写作面，而且可以根据比较法反省自己的文章，将自己文章的构思方式、角度与其他文章比较得出异同，从而找出自己文中的缺陷并修改，在比较、审察、分析、综合中提高自己的写作水平。

一、中学语文教学中比较法的实施

　　在比较法的实施中，学生通过比较阅读，激活了阅读的兴趣，把握了阅读的内容，提高了阅读的能力，掌握了学习的方法。而教师则在比较教学的实施中，将自己的财富转交给学生。

　　在中学语文教学的过程中实施比较法教学，要关注不同的实施步骤，采取多样化的方法途径，从不同角度使教学内容更加丰富、教学思路更为宽广。比较法下的语文教学既要开拓学生的思维空间，又要培养学生的想象和思维能力。在比较中，不仅要让学生掌握基础知识，还要注重学生技能的提升，锻炼学生的自主学习素养、创新思想和发散性思维。

（一）中学语文教学中比较法实施的步骤

比较法教学的"着力点"应放在学生方面，以提高学习效果为最终目的，因此在实施这一方法的过程中，要充分调动学习者的热情，提升他们对学习的积极性，这就要求教师要尊重学生的个性发展，给学生充分的思考空间，进而迸发出创造性思维。只有采取这一教学模式，才能从根本上摆脱传统的学生游离课堂的模式，从而达到运用纵横及综合的连贯比较，把握重点，突出文章精髓的效果。

1. 充分的课前准备是实施的基础

"充分的课前准备是掌握课堂知识的前提。学生的任何一门课程的学习都不是从零开始的，都是建立在学生或多或少的已有知识和经验基础之上的。高质量的课前准备从根本上可以提高课堂的质量和水平。"①

（1）教师布置预习时有意识地引导。教师应引导学生学会搜集资料。首先，教师要根据教学内容对学生搜集的资料给予具体指导和说明；其次，要对学生搜集资料的方式、方法给予指导，如可以通过报刊、网络、文献、电视、图书馆等多种渠道获得资料。同时，教者要设计科学的导入环节，设置层层递进的教学任务，促进学生乐于学习，善于发现问题，并能尽自己的最大努力解决困难，提升自身的学习素养。例如，苏轼的"一词二赋"是《念奴娇·赤壁怀古》《前赤壁赋》《后赤壁赋》。三者都是苏轼因"乌台诗案"被贬黄州之后，到黄州城外的赤鼻矶游览时写下的。面对相同的人文背景和自然环境，苏轼写下了内容和风格迥异的三篇作品。因此，在教学苏轼的《前赤壁赋》时，教师可以有意识、有目的地引入苏轼的《念奴娇·赤壁怀古》《后赤壁赋》，引导学生理解文本所表现的思想的差异性。

（2）学生有意识地学习呈现。自主学习是在教学条件下学生高品质地学习，强调学生主体能动性的发挥。只有给学生充分的自学、思考时间，才能让学生自己去读书、去感悟、去思考、去探究。学生在充分预习后形成自己个人的思路，然后和小组成员在组内互相交流。在有了课前阶段的充分准备之后，才进入课堂的教学，这样经过学生比较思考的预习，上课后首先是课前阶段的展示，让学生带着比较的成果各抒己见。在一番热烈的发言和交流之后，预习时的比较项目在表格上呈现多样化的思维结果，最后在黑板上形成一个表格。

---

① 宋学婷：《高中语文教学内容的整合运用研究》，吉林人民出版社 2019 年版，第 22 页。

2. 课堂教学是实施的关键

在课堂阅读教学中，如果进行课文的孤立学习，那么就不能准确掌握课文；如果可以将其与同种类型的课文对比，在相同处找出其不同点，在不同处找出其相同点，那么读物的本质特征就很容易辨别，我们称这样的方法为比较阅读法。

（1）选择比较对象，确定比较点。学生在进行新课文的学习时，应当将以往学过的课文联系起来，并将其转化为实际应用能力。例如，在《雨中登泰山》的阅读教学后，当教《长江三峡》这篇文章时，就可以根据两篇课文之间相似的特点，运用比较法进行教学。首先，让学生对《雨中登泰山》中的相关知识点进行回顾；其次，再阅读《长江三峡》，明确比较点，并进行比较分析，进而实现对新课文的理解。又如，在学习小说时，可以从小说的三要素——人物、环境、情节以及小说的主旨等方面列表寻找比较点；而学习说明文时，可以让学生从说明的对象、顺序及方法与事物属性等方面将比较点找出来，于比较中掌握知识要点，突出重点、突破难点，把握对象的本质，从而逐渐达到无师自通的境界。

（2）选择比较点，确定比较途径。以《雨中登泰山》和《长江三峡》这两篇文章的比较教学为例，它们都属于游记性的散文，有着明确的写景顺序。因此，选取通过"写景手法"进行比较的点，通过寻找异同点，深入掌握游记散文的写景顺序这一知识点。

3. 课后复习是实施的延伸

课后复习在教学过程中是极为重要的一部分，有助于加深与提升阅读教学。通过比较法进行复习，可以让知识归集起来，并使其条理化、系统化。

（1）教师给予方向的指引。课后的延伸内容纷繁复杂，资料多而杂，学生难以快速而有效地找到所需的延伸文本。但是，教师最清楚课堂上所讲课文的重点所在，所以教师应该在学生课后复习时给予方向的指引。例如，对小说中环境描写这个知识点的复习，为学生选取部分在环境描写上比较典型的课文，如《林教头风雪山神庙》《祝福》《林黛玉进贾府》等。并且，让学生在指定学习篇目中将与环境描写相关的段落找出来，同时与课堂知识点相结合进行理解。

（2）学生自主分析、比较。语文学习是有规律可循的，而提高语文能力，必须学会找寻其中的规律。叶圣陶先生强调，语文学习是以学生自己阅读与领悟为主。因此，课余时间学生自主分析、比较就是自己领悟的过程，也是找寻规律的过程。例如，以小说的环境描写这个知识点的复习为例，学生通过其他两篇文章与《祝福》进行分析、比较，可以找到《林教头风雪山神庙》中也有很多地方进行了风雪描写，有正面的，也有侧面的，这些描写都充分体现出悲凉的气氛，不仅体现出人物性格，更推进了情节的发展。

（3）小组综合、归类，展示课后成果。学生个人在进行课后复习后，还可以小组合作，补充完善自己的知识体系。例如，对以上几篇小说的关于环境的描写进行异中求同与同中求异等，可以将环境描写在小说中起到的作用总结出来。

第一，环境自身的作用：起到对小说氛围渲染烘托；对小说时代背景进行交代。

第二，环境对人物形象塑造的作用：为人物提供活动的背景；表现人物的性格；烘托人物的心理活动。

第三，环境对情节发展的作用：为故事情节做铺垫；直接推动故事情节的发展。

第四，环境对小说主题表达的作用。暗示主题；深化小说的主题。

总而言之，比较对于认知事物具有重要意义。因此，所有教师都应当关注这种教学方式，并将其提升为语文教学水平比较有效的办法。通过比较，可以对学生的学习兴趣进行引导，激励他们不断学习新的知识，逐步提升其学习能力及学习素质。

（二）中学语文教学中比较法实施的途径

在中学语文教学领域中，比较也是提升教学品质与效率、拓展学生思路的一种有效方法。比较思维是确定比较对象的共同点和不同点，从中掌握一般规律，认识特殊现象的一种思维活动。比较有教学内容方面的比较，也有学习方法和教学方式等的比较。比较过程中求同的目的是找到事物的相似点，使学生能掌握一般意义上的特点，总结归纳出一般规律；而比较过程中的求异的目的则是找出事物间的不同之处，使学生能够迅速、准确地辨别并把握事物的特点或重点，总结认识特殊现象。

（三）中学语文教学中比较法实施的角度

在实施比较法教学时，应该做好两个方面：一是比较范围要明确、范围的确定要科学合理，没有可比性的文章就不需要进行比较，因此具有可比性的文章具有同类性质，在题材、体裁、主旨等方面有共通点；二是比较点要找准。比较点要扣准问题的实质，使人对问题有更清晰、透彻的认识，一般而言，文章可以从人物、景物、主题方面比较，也可以从结构、写法以及语言表达等方面进行比较；三是比较结果要表达清楚。

1. 标题内涵比较

当学生学习一篇课文的时候，首先接触到的就是文章的标题。文章的标题是一篇文章的核心，可以分为三类：一是点明文章主要写作内容的；二是暗示文章写作形式的；三是交代文章的主旨和情感的。从比较标题来导入教学，能更好地激发学生的学习兴趣。

（1）换题比较领悟作者用意。例如，在教沈从文的《边城》时就可采用此种方法：《边城》讲述的是少女翠翠和天保、傩送两兄弟的故事，但是沈从文先生却没有将题目定为"翠翠的故事"，而是采用"边城"来命名。比较这两个题目，哪个更好呢？当学习完这篇文章后，我们明白了作者的用意：《边城》寄托了沈从文对故乡美好的感觉，它不单单是讲翠翠的故事，更是借此表达对边城淳朴风情的喜爱与留恋，翠翠只是其中的一个人物而已，以她为题有失偏颇。通过比较文章的标题，学生就会提出疑问，当他们在阅读小说的时候也会认真思考这个问题，从而使兴趣逐渐被激发。

标题在一篇文章中起着提纲挈领的作用。学生要学会审题，第一步就是要通过比较标题内涵，了解标题之间的区别，使学生更好地领会作者命题的严谨，同时还可以从标题中对文章有大概的了解。

（2）同题比较发展多向思维。中学语文教师在课堂教学的过程中，为了提高学生同题多种写法的能力，可以选择有一定联系的文章的标题与所要讲述的文章标题进行比较，如可用题目相同、写法不同的课文，引导学生积极分析，充分发表意见，相互辩论，从而使学生的审题能力得到提高。

比较的关键是教师应从作者的构思立意、选材的重点与不同的角度、写作技巧、风格分析原因。综合思考时，教师要引导学生从两作品反映的主题、写作方法等进行思索，使学生从中受益，使学生在认识客观外界物体时，能归纳出规律性的东西。

（3）同作者异题比较总结创作规律。作家的创作规律在他的作品中无所不在，可以渗透到任何一个文本的标题中。因为它反映了作家的全部生活积累，包括其思想、经历和表达习惯，所以必然体现在其创作中。因此，我们可以通过比较该作家的不同作品标题，总结出该作家的某些创作规律。例如，鲁迅的小说《药》《祝福》，在标题的创作上颇费心思，寄寓了作者对生活独有的认识。首先，说说《药》这个标题。用这个做标题，包含了鲁迅对小说三个方面的考虑：一是这篇文章通过人血馒头这一特殊的"药"，明写华老头寻找治痨病的办法，暗写夏家女儿革命被屠杀的事实，贯穿全文，起到了线索的作用；二是"药"具有概括情节的作用，因为小说先后写的是华老头买药、吃药、谈药和吃药结果的过程，每一个情节都紧紧围绕"药"展开；三是具有揭示主题的作用，鲁迅先生通过这篇小说展示了中国社会的悲剧一面。从以上分析，我们可以领略到鲁迅先生在标题上的深思熟虑。

总而言之，如果能够引导学生深入对上述具体案例进行比较分析，学生对标题在文中的作用理解必能更加深入，并能从小说线索、情节和主题等角度进行归纳概括。

2. 内容构思比较

文章的内容构思是一个呈现着系统性的、有中心及层次的、物化的整体性思维活动，它是在对文章整体进行建构的基础上，升华出所要表达的对生活的独特体验和认识。因此，文章内容构思的成果包括主题意蕴的表达形式。

（1）结构方式比较构思。结构是文章内容的外在表现形式，服务于主题意蕴。如果文章结构不完整或不合理，那么文章思想内容的表达就可能紊乱，也就不能吸引读者。例如，《祝福》所表现的内容是祥林嫂的悲剧命运。因此，在教学中，教师可以先让学生们找出祥林嫂的变化，找出脸色、两颊、衣着的变化，然后引导学生比较这些变化，并进一步探究祥林嫂为何会产生这样的变化，这反映了她怎样的命运。

一般而言，好的文章必有好的结构，好的结构是文章内容合理、清楚表达的前提，也是吸引读者的一种手段。因此，在高中教学阶段，教师应该在文章教学和赏析中对结构分析予以足够的重视，尤其是要多运用比较教学的方式，让学生认识不同结构对文章表达的影响。例如，对于一篇倒叙的文章，教师可以将其改为顺叙，然后让学生比较分析，从而更好地理解作者精心组织的目的和好处，培养学生在文章结构方面的运用能力。

（2）文章思路比较内容。在教学中，教师还可以通过文章前后不同角度的比较分析，促进学生文章主题概括能力的提高。下面以《雷雨》为例进行分析。

比较分析一：鲁妈进入周公馆后，被周朴园认出是当年抛弃的侍萍，说话顿时立变。在此过程中，教师可以引导学生前后对比分析。

分析方式：让学生进行角色朗读，并进入情境感受，然后明确前后说话的态度和语气完全不同。

原因探讨：之所以要在鲁妈面前语带伤感、温和而有礼，是为了表现自己的念旧情，反映的其实是他性格虚伪和心灵的空虚；后来认出旧情人声色俱厉，如临大敌，表现的是他的冷酷无情。而造成这种变化的根本原因是周朴园的资产阶级本性和社会地位使其扭曲了正常的人性。

比较分析二：鲁大海和周萍不同遭遇的比较。

比较异同：相同的是两人都是周朴园的骨肉，不同点是一个被疼爱、一个遭迫害。

原因探讨：资本家的本性使其正常人性被扭曲，周朴园眼中没有亲情，只有金钱，成了一个唯利是图、人格扭曲的反动资本家。正是这种唯利是图、冷酷、傲慢、凶恶的性格，决定了他对两个儿子的态度截然相反。

　　思考提升：周朴园是中国半殖民地半封建社会统治阶级形象的一个缩影和代表，这一形象的所作所为反映的是当时社会统治阶级的罪恶，这也是文章的主旨。

　　按照上述方法对学生进行比较阅读训练，学生的分析归纳能力可以得到提高，判断思维能力可以得到很大的发展，有利于其更好地学好语文，提高各种语文能力。

　　比较法语文教学是使学生整体感知课文内容的有效方法。它是基于不同文学作品之间的内在联系而进行的一种跨越性阅读，让学生学会在相同点中找出不同，在不同中找出共同的联系，让学生学会知识迁移、以旧悟新、以新补旧。通过对文学作品多角度、多侧面地观照和比较，认识文学创作规律，提升审美和分析能力，促进学习能力的提高。

　　比较阅读范围宽广，不仅可以比较中外作品，也可以比较古今作品，还可以比较同一个人或同一篇作品。同时，比较角度应该多样，可以从作品的宏观角度进行比较，如主旨、风格、结构、题材等；也可以从作品的微观角度进行比较，如手法、语言、词句等。此外，在比较方法上要灵活多样，或全篇比较，或语用点的比较；或横比，或纵比；或异中求同，或同中求异，不能过于死板。

二、中学语文教学中比较法的具体应用

　　学生在阅读中通过分析、比较、鉴别，才会有创新。之所以要比较，就是通过相关联的思维来分析作品，以确定事物中的同异关系，并对作品意蕴有更深刻的认识。比较的价值在于更好地培养学生的独立思考能力，逐渐养成良好的思维方式，最终形成优良的探究学习品质。

　　在新课程背景下，学生可以在占有大量比较素材的基础上，主动自觉地运用比较法思维。在课堂上，积极探究的学生一般都具有强烈的参与意识，更善于分析问题、思考问题、比较事物特征，并从中总结出富有创造性的结论。

（一）中学语文现代文阅读教学中比较法的应用

1. 教材中同一作家不同时期的文学作品比较

　　文人从年轻到年老有着不同的阅历、心境，因此他们的创作风格也会随之改变。通过对同一位作家不同时期的作品比较，可以更深入地了解他们的人生经历和心路历程，使学生更全面、更有层次地欣赏经典作品。透过不同时代不同作家的作品，我们可以感触到文学创作的轨迹，从中汲取丰富的文学营养，与作者共同体验人生，更好地把握时代发展的脉搏。

人教版高中语文必修课本中选入同一作家的作品不多，但选修教材中有专门的板块，如《红楼梦选读》《鲁迅作品选读》等。同时，对同一作家的小说采用求同比较或求异比较的方法可以更好地理解作品。

（1）总结出作家写作方法的规律。我们学习曹雪芹的小说时，可以把必修教材入选的《林黛玉进贾府》和选修教材中的《诉肺腑》《宝玉挨打》《香菱学诗》《抄检大观园》等小说放在一起进行求同比较，以此总结曹雪芹小说中描写人物的共同表现手法。

第一，形与神统一。作者根据人物的自身性格与特点，通过文字对性格的描述，透露人物的气质以及独具特色的美。例如，作品中的林黛玉，通过对其性格描绘来体现其孤傲、风流，但瘦弱飘逸的特点。而基于人物气质特点，林妹妹的发式是头发松散、飘洒。同样的发式，如果套在宝姐姐身上，则和人物性格不相称。

第二，缺憾也是美。例如，在《红楼梦》中，曹雪芹大胆地突出人物身上的优缺点，分层次逐一描绘。这样的写法，可谓"鸟鸣山更幽"，更加耐人寻味。例如，林黛玉，读者不会因为她的娇弱而觉得有所缺憾。曹雪芹先生通过突出人物的某些缺陷来体现人物的完美性，这种大胆的艺术尝试使《红楼梦》更加出彩，体现了现实主义文学与唯美主义描述的完美结合。

第三，旁眼观他人。例如，在《红楼梦》中，完全客观的直接描绘很少，曹雪芹更多的是通过小说中的某个人的眼睛去展示另一个人物的性格特点。首先，这种写法让故事情节更加紧凑，避免了由于过多的切换语气，使故事情节容易脱节。其次，更好地把握对美的感受，毕竟一般读者不可能了解曹雪芹，对其审美趋向无法把握。但是，如果借用《红楼梦》中人物的眼睛去描绘，那么只要了解人物本身，就能很好地了解他眼中所呈现的世界。例如，多愁善感的林黛玉，在她的眼中，王熙凤是一个"彩绣辉煌，恍若神妃仙子"的少妇。既然在清高如斯的林黛玉眼中，王熙凤都是一个"神妃仙子"，那么王熙凤也肯定不是一个寻常之人。

（2）总结出作家作品思想的深刻性。学习鲁迅的小说，可以把必修教材的《祝福》《阿Q正传》和读本的《药》进行比较，因为它们发表的时间都比较相近。通过比较，就可以发现这三篇小说有着很多的共同点，都塑造了被侮辱、被愚弄的社会下层的百姓形象。《药》里面的华老栓、《祝福》里的祥林嫂、《阿Q正传》中的阿Q都是悲剧人物，让人同情。这三篇作品都反映了当时中国的社会现状，即凶残狡猾的封建势力与思想愚昧落后的人民。从塑造人物的手法上看，三篇小说都采用了语言描写、肖像描写和动作描写。寻找相同之处，可以使学生从归纳和比较中更好地理解文章的内容，更深地体会作者的思想感情，提高学生的综合归纳能力和逻辑思维能力。

2. 教材中不同作家的文学作品比较

在比较阅读文本的选择中，可以选择一些跟所学的课文体裁、内容、写作方法等有一定联系的作品，如朱自清的《荷塘月色》、季羡林的《清塘荷韵》、郑伯琛的《荷叶脉》等。这样既扩大了学生的阅读面，丰富了学生的课外阅读内容，又提高了学生的文学素养，可谓获益良多。例如，在学习莎士比亚的《罗密欧与朱丽叶（节选）》一文时，可以将同是文艺复兴时期的文学作品进行比较阅读，如薄伽丘的《十日谈》、拉伯雷的《巨人传》、塞万提斯的《堂吉诃德》和但丁的《神曲》，它们都在某种程度上表达了新型资产阶级的人文主义思想，抨击了腐朽、荒淫无度的封建及基督教会，反映了人们对人性解放的要求，表现出对幸福生活的向往。这些作品在其主旨和表达的思想上都有某种共同之处，但彼此都出自不同作者和不同国度，在表现手法、文体和表达方式上存在着很多的差异。

因此，在高中教学的各个过程中，可以适当地把不同作家的作品相互比较，从而凸显出所学文学作品的特点，并达到深刻的效果。下面以现代文阅读教学中的小说为例。

人物教学是小说教学的一个中心环节。如果教师可以通过比较引导学生分析不同篇目的人物形象，那么就能让学生更加深刻地把握人物的形象，并通过人物形象更好地了解不同社会环境下的人物生活与作品主题。人物比较可以是人物与人物之间的比较，还可以是刻画人物方法的比较。

（1）单个人物与人物之间的比较。不同的人物形象在性格和思想方面有相同点，也有不同点。例如，鲁迅《祝福》中的祥林嫂，孙犁《荷花淀》中的水生嫂，她们的生活背景都是农村，中华民族的传统美德深深地影响着两个人，她们勤劳、善良，是典型的贤妻良母。但由于时代不同、环境不同，造成了两个人不同的性格特点。祥林嫂生活在封建社会末期，现代文明的思想还没有进入广大的农村，即使是小城市的鲁镇，也是保守的、封闭的、落后的，生活在这样背景下的祥林嫂是愚昧的、无辜的，只能被现实的黑暗社会所毁灭。而水生嫂则生活在抗日战争时期，这时民众已经开始觉醒，社会也有了一定的进步，特别是当时的根据地，妇女们已经会拿起武器保卫国家，所以水生嫂能从一个贤惠、温柔的农村女子成长为革命战士。

（2）多个人物与人物之间的比较。多个人物放在一起进行比较，找出他们的个性和共性。高中语文课本中塑造了多个女性的形象。例如，农村女性形象：《边城》中的翠翠是清纯、可爱、美丽的乡村女孩，是作者心中美的化身，但她凄美的爱情故事，是一首令人心碎的悲歌。作者通过对翠翠寄托乡恋与旧情，用文字孕育出血肉丰满的乡村女孩形象，同时也通过翠翠这一艺术形象，表现出对"现代文明"的无情批判。在《祝福》中，祥林嫂代表的是旧中国的农村劳动妇女形象，具有中国妇女勤劳、质朴、善良而又顽强的典型特点，同时又是被践踏、受鄙视、遭迫害的旧社会小人物。在旧社会，她无法争得一个做人最起码的权利，最终被封建礼教与封建迷信所吞噬。而在《荷花淀》中，根据地的进步思想无疑是挽救水生嫂的重要因素，使得她既保留了中国妇女的传统美德，又具备进步妇女的特点。还有同为才女的林黛玉、杜十娘和薛宝钗，同是母亲的华大妈、夏四奶奶等，这些都可以进行比较。比较能够引导学生更好地把握同类人物中所体现的不同特征，准确理解人物形象的社会意义，提高学生的文学鉴赏能力。

（3）刻画人物方法的比较。刻画人物形象的方法很多，主要有人物描写、环境描写、场面描写等。人物描写可以分为语言、心理、动作、外貌四个方面，环境描写可以分为自然环境描写和社会环境描写，场面描写可以分为动景、静景描写。从描写的方法来看，可分为实写和虚写、正面描写和侧面描写。

（二）中学语文写作教学中比较法的应用

作文是展示学生语文综合能力的最高表现，也是多数学生最头痛的问题。因此，作文教学更具有复杂性与特殊性。通过运用比较法辅导学生写作，使作文点评变得有趣、活泼，更好地激发了学生的写作兴趣。通过比较，能激发学生的发散性思维，拓展写作思路，开阔写作视野，使用不同角度进行不同方式的写作，从而有效提高学生的写作水平，提高语文素质。

1. 审题上的比较

审题，就是审查题意，研究命题中的含义以及意图。对审题的思维过程，往往是立意。审题立意是学生正式进入写作前的思考过程，这一关决定着整个写作的效果。

（1）同题不同形式的比较。审题上的比较，通常可以使同一题目的作文有多种写作点，也可以使同一题目有多种体裁的写作方法。因此，先要选准读写训练的出发点、联系点。当然，要求较为复杂的也可先分解，即片段训练，再综合成篇习作，这样有利于学生由浅入深地进行写作训练，或者通过课外阅读，根据阅读材料，或改写，或写感想等，这些都可以展开创造性思维，并进行再创造。例如，在命题作文《猜》的习作讲评时，教师可以选择记叙文和议论文两种文体进行比较审题立意的点。如果是记叙文，可以写"猜"的过程或结果；如果是议论文，则可以从不同角度评论，即"猜是一种心理""猜是一种习惯""猜是一种能力"等，还可以从不同感受写猜的欣喜、痛苦等。然后，由学生自己的习作出发，比较不同文体的审题立意侧重点，并进行换体裁再次写作。

（2）相近题不同立意的比较。如果经常比较相近或相关的作文题目，那么就能很好分辨不同题意的特点，认准题意侧重点，掌握各项写作要求。例如，以《我学会了》为题，假如孤立地分析作文题意，那么就容易出现偏差。如果与《我第一次》这个命题相比较来审题，那么就不难理解题意。两个命题都是以第一人称作为叙述方式，但前者更强调的是别人的指导与教诲，重在写学习向往、练习的艰苦以及学会后的喜悦，而后者则着重写第一次的特有感受，这个第一次既可以是成功喜悦，也可以是失败教训。

为了让学生认识比较的重要性，让学生对《转角遇见美》与《烟花灿烂》进行比较。两篇文章的内容都是描写与烟花有关的事，前一篇是写作者看烟花所经历过的迂回曲折过程，作者通过艰难摸索，终于选择了一个最好的角度，欣赏到最美的烟花，从而悟出"人生也是这样，一切快乐、幸福、美好的感觉，完全取决于我们认识事物的合适角度"这样的道理；后一篇写作者春节看烟花的往事，主要描写烟花对节日喜庆气氛的烘托，抒发作者心中的喜悦之情。通过对两篇文章的比较，学生便很容易总结出两篇文章主题的不同之处，即《转角遇见美》是通过平凡的小事，悟出人生的哲理，文章主题深刻，描写角度很有新意；《烟花灿烂》主要是抒发作者的喜悦之情，立意比较普通。经过比较引导，学生们对文章立意就有了深刻理解，也很好认识到"参与生活、感受生活、跳出生活"对写作的意义。

在作文的审题中进行比较法教学，从所写作事物的某一点出发，向四面八方展开联想，多方位地试探，多角度地思考，多层次地求索，可以发展学生的求异思维，促使学生在审题立意时进行多角度、多侧面、多层次的分析，寻求新的构思。因此，审题时应该提醒学生多比较．择优而作，这样才对提高作文质量有益处。

2. 选材上的比较

所谓选材，也就是选取题材，要解决写哪些内容的问题。选材上的比较，就是为了表达同一主题进行多种材料的筛选，或者也可以是同一材料运用多种要求习作。

（1）多种材料的筛选。选材的依据是心中表达的需要，这是建立在长期观察与阅读积累的基础上的。通过相近材料的比较，根据求异或求同的思维途径，在现有材料的基础上，发挥想象、联想，拓展思维的广度和深度，从不同的角度思考，另辟蹊径，立异标新。

（2）同一材料多种要求习作。在构思时将经过挑选的材料进行灵活的排列与组合，再对其内容、风格、结构进行比较。

修改作文是写作中的最后步骤，也是非常重要的一步。所以，在对材料进行比较后，第二次习作的要求可以更改为要求学生把自己作文的原稿与修改稿进行比较，将这些材料用不同的表达方式组合成文。学生在修改稿中，将顺叙改为倒叙，或者是插叙，或是运用由果溯因的手法，对相关事例进行回忆，力求多种布局，然后再比较优劣，这样的文稿修改可以更好地使文章达到一定的深度与广度。另外，在选定材料后还要深入地比较材料，并进行重新组合。这样经过打磨的文章，能有效避免平铺直叙、结构松散、缺少起伏变化的弊病。同时，一材多作有助于学生区别文体特征，也有助于学生养成在比较中认识事物、发展思维的良好习惯。

在高中，语文教学要求多采用各种形式的比较法，这样不仅有利于衔接新旧知识、沟通事物关系，而且可以培养学生的良好学习方法。总而言之，比较法的实施，既能有效调动学生的积极性，开发学生的学习兴趣，又能培养与提高学生发现问题、分析与解决问题的综合能力，有利于帮助学生深入理解与掌握课文，有利于帮助学生找到更好的学习方法，激发他们求同辨异的思维能力，养成综合分析思维的习惯。

第二节　中学语文教学的合作学习法

合作学习有着五种不同的含义：第一，合作学习是将三至五名学生分为一组展开学习；第二，合作学习将学生间的互助协作看作是动力支撑；第三，合作学习是以明确目的为指引进行学习活动；第四，合作学习将整个小组的成绩作为奖罚的参照；第五，合作学习中的学生不仅有各自的分工而且还要互助协作，更看重团队的意义。与其他学习方式比较，合作学习的特征明显，其价值亦有其独到之处。合作学习可以界定为：是以合作学习小组为基本形式，系统利用教学中动态因素之间的互动，促进学生的学习，以总体成绩为评价标准，共同达到教学目标的教学活动。

一、中学语文教学合作学习法的原则

合作学习的课堂管理应运用恰当的教育教学手段，调动学生的主观能动性，优化课堂教学结构，提高课堂教学效益，全面提高学生的综合素质。具体而言，应遵循如下原则。

（一）合作学习法的主体性原则

主体性原则指的是在小组的合作过程当中要尊重学生学习的主体性、能动性以及学习自主性、学习创造性，要让学生在小组学习中积极地、主动地发表自己的意见。教师需要注意的是教学活动当中的学生不只是被管理对象，与此同时，他们还是管理的主体，教师应该充分激发学生的能动性，让他们自主管理小组、管理教学活动，让他们自主解决遇到的问题。

主体性原则的应用主要涉及两方面内容：首先，学生的主体性必须得到充分的尊重，学生必须在课堂活动中发挥自己的作用，课堂活动也必须把学生看作是主体，学生应该拥有独立的人格、独立的决策，要有自己的学生观、价值观；其次，教师应该为学生主体性的体现创造条件，引导学生形成自己的主体性人格，也就是学生主观上愿意进行自主性的选择，打破外在因素的限制。这个过程是从自发到自觉的转变，让学生自觉地参与课堂活动、课堂管理，充分发挥主体性。在这样的情况下学生的求知欲必然会增强，学生会把知识的学习和了解当作一种探索，会获得学习的乐趣，逐渐进入学会和会学的境界。与此同时，学生的合作意识、合作技能也得到了提高，合作学习的模式也能够持续发展下去。

（二）合作学习法的最小干预原则

最小干预原则即当正常课堂行为受到干预时，应该采用最简单的最小值的干预纠正违规行为。如果最小值的干预没有发生作用，可逐步增加干预值，主要目的是既要有效地处理违规行为，又要避免对教学产生不必要的干扰。干预的结果，应该是尽可能使教与学的活动继续进行，使违规行为得到较好的控制。

如果让那些出现了行为问题的学生成为教室里关注的焦点，他们反而会获得成就感。有经验的高中教师都会以不太引人注意的方式来处理学生的行为问题。他们会在自己的讲课中把学生的名字带进去，被叫到名字的学生自然会得到提醒，而其他学生则可能不会觉察出问题。

（三）合作学习法的相互依赖原则

第一，目标上的相互依赖。小组学习的目标是相同的，教师会分配给小组一个或者多个学习目标，学习目标的完成需要小组内部成员的共同努力，这样的学习模式会让小组内学生的学习动机明显增强。之所以会产生这样的效果是因为个人不代表自己，代表的是小组集体的荣誉，会促进学生动机的增强，让学生想要完成教学任务，会让学生尽最大能力来完成小组的共同任务。

第二，资料上的相互依赖。高中语文教师应该分发给小组成员不同的语文资料，小组中的成员不应该拥有所有的资料，这是为了让学生之间加强分享、加强交流，只有通过交流才能获取所有的资料，才能完成任务。

第三，角色上的相互依赖。小组内成员在分担角色时应该让每个人承担不同的角色，角色的分配可以由教师指定，也可以由小组成员自行决定，角色之间要有联系、有互补。承担某一角色的小组成员必须承担角色的责任，每一个人都有自身角色的任务，所以保证了每一个学生参与交流和活动的机会，避免在课堂活动当中有人被遗忘。合作学习直接或间接地提高了学生的责任感、归属感以及自尊感，激发了学生为集体服务的动力，而且小组学习的形式有效地降低了学习焦虑，学生更愿意表达自我，更愿意尝试，更愿意创新，有利于学生创造力的提高。

第四，奖励上的相互依赖。如果小组成员表现优异，那么整个小组都会获得活动奖励，也就是合作小组成员成绩是共享的。

（四）合作学习法的有效指导原则

合作学习模式需要教师把学习的主动权重新交到学生手中，让学生有自主构建学习时间和学习空间的权利，让学生的思维有更多发展的机会，让学生能够进行自主学习。教师的指导作用得到了增强，教师必须发挥出自己作为课堂组织者、引导者的作用，要掌握教学的各个环节，教师和学生之间更像是合作的关系，教师不可以过度干预学生对学习问题的思考，但是又不可以对学生遇到的困难置之不理。

（五）合作学习法的师生合作原则

师生合作指的是在课堂学习过程中，学生和教师对彼此的依赖，两个课堂主体是相互促进、共同发展的关系。师生合作的特征是通过合作谋求共同发展。师生合作的中心是教师和学生之间的交流互动。教师和学生应承担起自己在合作中的责任，形成合力。语文教师是课堂的管理者，不仅要维持课堂的秩序、安排任务，还要推进教学进度；学生是课堂真正的主人，既要管理课堂，也要管理好自己。两个主体对课堂的责任存在关联，没有一个主体是独立的，在主体之间建立合作关系能够让课堂更加完善。

例如，学生对课堂的管理有助于学生提高自我管理水平，也有助于教师提高自己的管

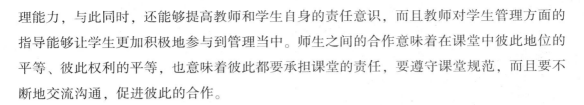

理能力，与此同时，还能够提高教师和学生自身的责任意识，而且教师对学生管理方面的指导能够让学生更加积极地参与到管理当中。师生之间的合作意味着在课堂中彼此地位的平等、彼此权利的平等，也意味着彼此都要承担课堂的责任，要遵守课堂规范，而且要不断地交流沟通，促进彼此的合作。

（六）合作学习法的成功机会均等原则

成功机会均等指的是在小组学习中，高中生通过自身成绩的提高对小组成绩提高做出贡献。这样的学习模式参考的是学生以往的成绩，属于标准参照性，和传统的常模参照性不同，这种模式的优点是优等生、中等生、差等生都能发挥自己的作用，因为小组重视的是每一位成员的贡献，这有利于所有学生的共同发展。现代教育注重的是每一位学生的成长，强调学生应该享有平等的学习权利、成长权利。异质小组的合作学习尊重不同学生的差异，这对于学习困难的学生有非常大的帮助，需要注意的是在建设这样的学习小组时，教师要做好优等生和学困生之间的搭配，要发挥优等生的学习带动作用，帮助学困生学习，激发学困生学习的动力，并且传授学困生学习的方法。除此之外，教师还应该在合作之初设置好基础分数，并且在未来的学习中以学习提高分来评价学生，这将会激发学困生的学习动力，让他们获得学习成就感，从而较好地保护了学生的学习兴趣。

（七）合作学习法的小组激励评价原则

全新的评价理念强调的是学生学习主体地位的体现，评价可以让学生正确认识自己，有针对性地在某些方面提高自己，除此之外评价理念还强调进行形成性评价，这种评价方式能够增强学生的成就感和自信心，还能够培养学生团结合作的精神。合作学习不会过于关注学生个人的成绩，会将团体的成绩作为学生是否获得奖励的依据，对学生进行的相关评价、相关奖励会以小组总体成绩为标准。合作学习模式的存在使得学生个人之间的竞争变成了合作小组的竞争，小组之间激烈的竞争会反过来促进小组内部成员的合作，能够让小组中的每个人都各尽其能，能够最大限度地激发个人的潜力。而且相比于学生个人的努力和奋斗，小组形式的努力能够让学生体验到更多的乐趣，有助于培养学生的合作精神，提高学生合作的积极性。

二、中学语文教学合作学习法的构建

（一）合作学习法的组织构建

合作学习教学策略的组织构建是指语文教师将学生按照一定的层次进行分组，让学生共同应对并完成学习活动，同时把整个小组的成绩作为奖罚的参照的行为，主要有学习小组的构建、学习技能的构建以及学习评价的构建等方面。

1. 合作学习小组的科学构建

合作学习小组要坚持组间同质和组间异质的构建原则。组间同质指的是分在同一小组的学生语文学科的学习大体是同一水平的，差别不算大；组间异质指的是分在同一小组的学生，语文的学习层次有着明显的差别，分为高、中、低三个级别。

2. 合作学习策略的科学构建

合作学习策略的科学构建主要体现在以下方面。

（1）倾听和概括技能。倾听和概括是大脑快速对他人的思想观点进行分析和加工的一个思维过程。倾听和概括技能要求做到凝神静听、快速思考、抓住重点、高度概括。良好的倾听和概括技能使合作伙伴受到尊重，从而促使学习氛围浓厚、合作积极主动。

（2）思维发散技能。合作学习过程中，学生之间之所以必然会发生思维的碰撞，是因为不同学生对同一问题的理解程度、思维方式是不一样的，另外他们掌握的语文知识的程度也是不一样的。正是思维的碰撞才更有利于学生之间的合作学习，有利于语文水平的提升和学生人文素质的加强。

（3）目标评价技能。目标评价技能是指每个小组成员在评价自身和他人合作学习行为时，把目标的实际实现情况作为评价的原则。这一技能的建构有助于学生合作学习的目标精准化，同时可以提升团队的整体实力。

（4）互助协作技能。互助协作技能指的是每一小组的学生都要将合作精神、团队精神、服务精神放在首位，也要有互助意识和大局意识。只有掌握团队互助协作的技能，学生才能够有效完成学习任务。

3. 合作学习评价方式的构建

语文合作学习的评价方式主要包含教师评价、小组综合评价、学生自评和互评相结合、定量和定性评价相结合以及形成性评价和终结性评价相结合等。

（1）教师评价主要是对学生在合作学习过程中体现的语文学习策略、语文知识掌握层级、语文思想情感等的整体性评价。

（2）小组综合评价是以学生在合作学习过程中体现的团队意识、竞争意识和大局意识为重点进行的评价。

（3）学生的自评和互评指的是在语文合作学习小组的学习过程中，学生对自身掌握的语文知识、语文水平、合作学习方式以及情感行为等进行自我点评，还有学生之间进行的互相点评。学生的自我评价和互相评价改变了以往学生只能接受评价的地位，有利于提高学生语文学习的积极性和兴趣。

（4）定性评价与定量评价。语文的人文学科特点主要由定性评价所彰显，而语文的工具性特点主要由定量评价来反映。

（5）形成性评价与终结性评价。形成性评价指的是对语文学习小组在学习过程中所表现的学习态度、学习动机、学习策略、学习成绩等方面的评价，主要是对合作学习小组的学习过程的全方位观察、记录并总结。终结性评价指的是对学习小组取得的成绩实行的最终评价。其根源就是要激发学生学习语文的兴趣，掌握基本的语文学科素养，将中华优秀传统文化传承并发展下去，从而增强民族自尊心和自豪感。

总而言之，语文教师一定要组织学生进行合作小组学习，这一技能的掌握有助于学生更有效地提升语文学科素养。

（二）合作学习法的模式构建

第一，平行合作式。小组成员根据学习目标进行分工，然后每个成员完成自身所分配的学习任务，接着大家交流概括，得出结论。平行合作式模式的实质是：拆分目标→分头完成→汇报交流→概括总结。这是一种平行分工合作学习的模式，是把学习目标拆分再合并的过程。这种模式的优点在于可以使学生对学习内容进行全方位、立体化的解读、欣赏和评价。

第二，接力合作式。合作小组把学习目标按照逻辑顺序排列，完成属于自身的那部分学习任务。接力合作式模式的实质：排列目标→实现目标→合作交流→得出结论。这种合作方式的优点包括：一是训练学生的逻辑思维能力，学会循序渐进、层层深入的学习方法；二是充分发挥学生的长处；三是激励学生的责任感和进取心。

三、中学语文教学合作学习法的技巧

（一）对学生行为给予关注

中学语文教师应该对他期望的课堂行为给予特别的关注，老师的特别关注会引发学生的效仿。例如，部分教师会在课堂中提醒不认真听课的学生，有的时候会点名批评不认真听课的学生，但是教师严厉批评的结果是其他的学生争相模仿说话学生的行为，这是因为他们想引起教师的注意，教师的批评反而引起了和预期目的相反的效果。在学生比较多的合作课堂中，教师应该引导学生，让他们清楚明白地了解教师期待哪些课堂行为、哪些课堂行为是有价值的，如教师应该告诉学生认真倾听别人的表达，按照顺序发言，不要打断其他同学的发言。除此之外，教师还应该对符合他期望的小组给予表扬，例如，如果教师希望讨论的声音小一点儿，那么教师可以对讨论声音大的小组不给予关注，对讨论声音小的小组给予表扬和关注。与此同时，教师要给出表扬的原因，这能够在很大程度上引发别的小组的效仿，进而实现教师想让讨论声音小一点儿的目的。

（二）确定学习目标与任务

合作学习有共同的目标，在共同学习的过程中，教学目标要有一定的情感功能，要追求知识学习、技能学习、情感交流的均衡，学习小组的目标应该由教师制定，在制定好目标后，每一个小组成员都要遵守。合作小组中的成员在完成个人目标后，还要帮助小组内其他同学完成目标，只有这样才能完成他们共同的小组任务。

（三）明确学生的个人责任

小组学习过程中会有能力强的学生特别愿意完成任务，为了避免能力强的学生替代其他同学完成任务，教师可以将学习责任分配到具体个人。

第一，责任承担。小组在有了共同的目标之后，应该将目标分成不同的小目标，每一个人都要承担一个小目标，最终小组目标完成的程度取决于每一个同学完成小目标的质量。

第二，随机提问。指的是从小组成员当中挑选一个随机提问，并且对他的回答做出评价，他的评价代表小组活动的整体评价。因为提问是随机的，所以每一个人都有可能向老师展示活动成果，这就使得成员积极地参与活动，否则会影响小组荣誉，这种集体荣誉感造成的压力能够让成员认真参与活动。

第三，个别测试。在集体讨论的时候，成员之间是可以交流的，可以互相帮助，但是当老师检查学习成果时，学生必须独立完成，并且以学生的个人表现当作小组的成绩。这种测试方式能够让学生失去小组的保护，让他无法逃避学习的责任，而且如果学生积极学习、积极参与，就能获得较好的成绩，能为小组赢得荣誉，这有利于学生积极性的提升。

（四）不随意更换小组成员

合作学习过程中小组的创造力并不取决于个别的小组成员，而是取决于小组成员之间的交流方式、互动方式。一般在合作初期都会出现合作不顺利、不友好的情况，也会有个别成员希望调换合作小组，教师对个别成员的这种要求处理一定要慎重，不要随意地更换小组成员，因为随意地更换小组成员会导致学生无法学习到和他人的沟通技巧，面对问题最好的方式是解决问题。教师应该合理安排小组成员的组成，如对于独来独往的同学，教师可以将他安排在人缘比较好、乐于助人并且非常受欢迎的同学身边，这能够有效地保证学生不被孤立、不被遗忘，能够保证他们进行充分的交流学习。

（五）制定合作学习的规则

合作学习规则能够约束和规范合作小组的学习过程，能够让课堂教学更加规范，也能够让学习效率得到有效的提高。一般而言，学习规则主要涉及五个内容：一是自我管理，始终在自己的座位上，控制好自己的音量，不打断别人，不说废话；二是听人发言，在别人说话时不插话，记住别人的说话要点，给出合适的评价；三是自己发言，发言内容要包括自己的独立思考，要条理清晰、表达清楚；四是互帮互助，既要帮助同学，也要虚心向同学请教；五是说服别人，要保持自己的态度，对别人的看法提出质疑，但是态度要诚恳，要用道理让别人认同。

（六）发挥合作小组长职责

分好小组之后，教师应该选出小组长，小组长的任务是维持小组纪律、分配任务、安排和组织集体讨论、做好任务总结等。在最开始展开合作时，小组长应该选择人缘好的、有能力的、在学生当中有威信的同学，与此同时，教师也应该对小组长展开培训，给予他们一定的管理权力，但是也要避免他们利用权力垄断小组任务，要监督他们，让他们正确使用权力。

（七）正确处理合作的关系

第一，正确处理个人学习和合作学习的关系。小组合作学习的目的是把小组中的不同思想进行优化整合，把个人独立思考的成果转化为全组共有的成果，以群体智慧来探究问题、解决问题。因此，有效合作学习的前提就是个人学习，合作学习应该建立在个人学习的基础上。学生对学习内容获得较为全面的把握后，上课时有备而来，带着问题、带着思考、带着求知的兴趣进入课堂，也才有可能在与他人合作时有话可说、有感而发，才能避免以个别学生的思维代替其他学生的思维。而且每一个学生领悟和探究的视角又各不相同，更易于激发在相互交流时思想的碰撞和思路的拓宽，提升合作学习的效果。当然，也便于教师及时了解学生的疑点、难点，更有针对性地组织教学，促进学生更高层次思维的发展。

第二，正确处理竞争与合作的关系。竞争与合作是对立统一的关系。两者既相互区别，又紧密联系，都是最基本的社会互动形式，永远不能孤立地存在。与合作相比较，在没有引导的情况下，人们更倾向于选择竞争的行为方式。我们需要做的，是针对传统教育造成的恶性竞争的不良环境背景加以引导，使其转化为良性竞争。我们可以在小组内部和小组之间引入竞争的机制。在小组内部提倡竞争，可以充分激发学生的潜力，使学生能够积极参与小组合作学习。值得注意的是，小组内部的良性竞争，并不会影响到小组成员之间的合作，它们都是基于小组合作学习共同目标的实现，竞争只是在小组内部形成一种比赛的氛围，目的是为了实现小组合作效率的提高。而在小组之间引入竞争机制，则有利于促进学生的小组意识，形成集体荣誉感，小组成员彼此之间相互帮助、共同抵抗外界的压力。

第三，正确处理教师和学生的关系。在合作学习过程中，始终坚持一个原则——学生是合作学习的主体。因此，合作学习更加注意学生的心理需要，把教学的重点放在学生的"学"上。就表面而言，教师失去了传统教学中所拥有的"权力"或"权威"，但事实并非如此。教师的作用更加重要、责任更加重大。教师要进行讲授，要引起学生学习的兴趣和动机，要促使每一个学生获得最大限度的发展，还要善于协调各小组的活动，对学生和小组进行认可或奖励，促使学生主动掌握知识、发展能力。

（八）教师督促与介入过程

中学语文教师应该介入合作学习的全过程，并且要督促学生的合作，中学语文教师对合作的介入和管理包含非常多的内容，例如，他要默默观察学生解决问题的过程，如果学生遇到难题可以暂停活动，给学生做出一定的指导和示范；对于表现好的小组要给予表扬引导，其他学生会主动效仿良好行为。教师的介入是为了让学生掌握正确的合作技巧，在学生遇到难题时提供帮助。通常而言，如果出现了以下问题，则教师要参与到学习活动中：第一，如果同学不了解任务，教师一定要介入，对任务进行解释。第二，教师要时刻观察学生的任务完成过程，如果小组顺利地完成活动任务，那么教师要及时地给出表扬和奖励。教师也可以在结束之后介入小组讨论，保证每一位成员都参与小组讨论。如果小组完成任务的进度缓慢，则教师也不要急于介入到小组讨论中，可以先观察一段时间，如果遇到的难题实在无法解决，教师再进入小组指出问题，给出问题解决的思路。需要注意的是教师不能直接给出答案，而是要引导学生寻找答案。第三，教师要维持讨论的纪律，如果某一个小组的声音过大，那么教师要对小组的这一行为及时制止，教师也可以让小组成员位置更加靠近一些，这能够有效地降低他们讨论的声音。

在合作小组开始讨论之前，需要告知学生合作需要的技能，还要训练他们的合作技能，但是在合作开始之后，还是会有同学无法真正地使用合作技能，这时教师需要参与到合作中，帮助学生更好地掌握学习方法，更有效地使用学习技能。如果教师发现小组讨论的内容脱离主题，那么教师应该及时制止并且为小组的讨论指明方向；如果合作学习已经进行了一段时间，那么教师可以询问某一小组的具体进度，了解学习任务的完成情况；如果有小组完成了学习任务，那么教师应该检查任务是否真正完成，如果确实完成了学习任务，那么教师可以让小组成员自由活动，也可以让小组成员自由选择帮助其他的小组完成任务。

（九）选择合作时机与内容

第一，选择最佳合作时机。要根据教学实际需要，把握合作学习的时机，尤其是在教学任务较多或需要突破重点难点的时候，在学生意见产生较大分歧或思维受阻时，都可以组织合作学习。选择最佳合作时机不仅可以调动集体的智慧，每个同学都能参与，掌握相关知识和技能，还让每个学生感受到个人和集体的力量，认识到合作是必需的，充分体会到合作的优势，感受到合作的意义，享受到合作成功的愉悦。

第二，选择最佳合作内容。学习的内容要适合学生交流思想，任务应当具有一定的难度，具有合作学习的价值。学生通过自主学习无法完成或无法较好地完成的内容，可通过合作学习让学生相互帮助、相互讨论、相互交流，从而能够完成或更好地完成。

第三节 中学语文教学的自主学习法

"自主学习是学习者对自身的学习行为负责，自身是学习的主人，学习是自身的事，自身能够学，尽量自身学，不懂、不会的，在教师引导和同学的帮助下思考解决。"① 自主学习是学习者根据自身不同的学习需求，在整个学习过程中自我规划、自我管理、自我调节、自我检测、自我反馈和自我评价的自我构建过程。

一、中学语文教学自主学习法的特点

从学生的现有水平和内在品质角度讲，自主学习具有的特点：①自主学习是建立在学生想学习的基础上；②能够学习是建立在自我意识发展基础上；③知道怎么学习是建立在掌握一定学习策略基础上；④坚持学习是建立在意志努力基础上。

在自主学习的语文课堂中，教师的活动是提供各种语文学习服务和建议，点拨学习中的困惑，帮助、指导学生学习。教师需要研究自身作为教师该做的事。预习复习中规范要求而决不压抑学生的自由发展和个性张扬，对学生的疑惑能适度启发打开思路而决不把答案和结论直接告诉学生。学生自主学习语文要求教师关注的兴奋点发生转变，从关注学习转变到关注思想情感的培养、文化的渗透，从关注眼前的成绩转变到关注学生的生命状态。换言之，教师关注知识的传授的同时还要关注学生的情感、态度、观念、方法和自我管理等内容。

二、中学语文教学自主学习法的内容

（一）设置自主学习的目标任务

第一，创设具有挑战的目标。教学目标是教师进行教学活动的指南，在大多数情况下，教学目标是由国家、学校或教师来确定，学生只能被动地接受这些目标。在这种情况之下，如果教学目标设置不够合理，则会对学生的自主学习造成一定的消极影响。因此，教师在设置学习目标时，应注意以下方面：首先，教师应把提高学生自主学习能力设为最

---

① 詹光平. 高中语文教学探论：基于"问题对话"式研究与实践［M］. 广州：暨南大学出版社，2020：47.

终目标，并在教学中有意识地强化学生自主学习的能力，将其作为教学目标的重要部分；其次，教师应设置明确、具体、适度的教学目标来引导学生进行自主学习。并促进学生对教学目标的认同。

第二，设置适当的学习任务。在自主学习中，学习者对学习的需要主要源于已有的知识经验不足以解决面临的现实问题，为了解决面临的问题，学习者的学习积极性将被激发出来，形成学习的内部动机，这是一种积极、持久、力量强大的动机。在这种动机的激发下，学习者的自主学习行为才可以维持下去，也才可以根据自己的情况和外界变化对学习进行监督和调节。学生对知识的兴趣越强，学习的主动性、自觉性也就越强。因此，教师在组织学生自主学习时，应尽可能与学生民主协商学习任务，应给学生以一定的选择空间，以提高学生的学习兴趣，激发学生学习的内部动机。

（二）创设自主学习的课堂环境

第一，合理安排有助于学生自主学习的座位。课堂物质环境包括温度、光照、座位安排以及学生自主学习所需学习材料、学习设备等。其中座位的安排对学生的自主学习影响较大，这是因为座位的摆放方式会影响到师生之间、同学之间的信息交流、学习互助，并关系到学生的自主学习是否有一个安静的学习环境。教师对学生的座位安排主要有半圆式、分组式、剧院式、矩形式四种方式。四种方式各有其优势，教师可根据学生的特点、教学的方式和班级纪律情况综合考虑决定采用何种座位安排。一般而言，分组式和矩形式更有利于学生的自主学习，自主学习需要同伴之间的合作互动。但是如果课堂纪律较差，采用半圆式或剧场式对学生的自主学习更为有利，因为这两种座位安置方法能够更好地避免学生的学习干扰。

第二，营造良好的课堂心理氛围。教师在上课时创设良好的心理氛围，有着重大的作用。有了这种良好的气氛，学生的学习活动就可进行得特别富有成效，可以发挥他们的最高水平。现代心理学理论和教育理论也证明，学生如果在压抑、被动的氛围中学习，学习的主动性和积极性极易被抑制，其学习效率也较低。因此，教师应努力营造和谐的课堂心理氛围。

三、中学语文教学自主学习法的运用

（一）提升学生的自主学习能力

第一，自主学习主要有预习、复习、使用各种工具书等。预习有三种层次：课前翻阅

课本，看课本并做教材上的思考题，查找资料研究。复习的习惯有助于整理归纳所学知识，形成知识结构。

第二，指导自主学习的学习方法。①锻炼阅读能力。自主学习就是要学会学习，阅读是基础，阅读摄入的信息为思维加工提供必备材料。会阅读是指感知文字或图像的信息后，能通过自身的一系列思维活动从中提取、处理所需要的信息资料。②锻炼思维能力。思维能力是自主学习语文的核心能力，决定学习能力。教师要有意识地引导学生在阅读过程中进行独立思考、分析与判断、演绎与归纳、发散与收敛等思维活动，形成思维能力，完善思维品质。③检索。思维能力是自主学习语文的一个重要手段。在信息时代，学生一定要学会资料检索。教师要有计划地拟定研究课题，使学生通过查找各种资料，形成检索、筛选、整理、分析和判断等能力，学会自助解决学习问题。

第三，提升自主学习语文的能力。学生根据自身的情况制订学习规划。其中，自定学习资源是学生根据自身的学习需求选择、开发和利用学习资料。自选学习方法和手段是学生根据自身的学习效率选择学习方法和手段。自选学习方法和手段能让每个学生的特性得到发挥，学习能力得到加强。自控学习过程是指学生在自主学习过程中产生学习的失败感、焦虑感等多种情绪时，教师要帮助学生形成正确客观的自我认识、评价、监控和管理能力。学生科学合理地调控自身的情绪和心态是自主学习的有力保障。

（二）构建自主学习的教学模式

第一，问题推进式。语文课堂教学是在提出问题、解决问题的过程中推进的。问题推进式的教学结构，设置学习情境→提出问题→解决问题→归纳总结。

第二，启发讨论式。以学生在自主学习的基础上相互研讨为主的教学模式。为学生创造一种发挥各自才能和多向交流的条件。启发讨论式的教学结构是：布置课题、提出要求→学生自学、检索阅读→小组讨论、组间交流→教师评价、课题总结。

第三，实践探究式。语文学科的实践探究式和在教学中把文化价值、作品主题、人物形象特征和艺术手法等设计成问题，让学生充分实施实践、分析、探究活动。这种教学模式的实质是实践→认识→再实践→再认识，强调理论和实践相结合，为激发兴趣、培养学生的辩证思维提供了机会。

第四，品读鉴赏式。语文中许多作品都是文质兼美、意蕴丰富的文化资源，必须通过品读欣赏才能细细品味其中写作手法的巧妙、情节线索的惊心动魄、人物形象的丰满魅力、语言描绘的精妙绝伦等。

综上所述，语文教师在教学中要善于为每个学生提供成功的机会，使其感受成功的快乐，增强继续学习的欲望。语文教师还应重视并善于利用同伴评价的作用。语文教师给学生提供更多互相交流、共同切磋的机会，可使学生更多地体验互相帮助、共同分享的快乐，并能从同伴的评价中验证和修正心目中的自我，使学生对自我的认识和评价更为真实、准确、客观、全面，这将为后续的自主学习奠定坚实的基础。

第四节　中学语文教学的情境式学习法

一、中学语文教学情境式学习的意义

情境教学法是教学过程中，教师引发学生的情感经验、提高学生对教材的理解和掌握能力、有目的地营造具体情境的教学方法。中学语文教学实践活动中积极导入情境教学法是高中语文教学实践贯彻落实立德树人、以人为本教学理念的重要表现，不仅可以提高学生的学习效率，还可以提升学生的道德素养，其应用的重要性体现在以下方面。

第一，优化学生价值观，强化学生的审美鉴赏能力。情境教学法为学生学习不同的语文知识内容营造了特定的情境，一定程度上培养了学生从不同角度看待和分析问题的能力，进而引导学生树立正确的价值观，使学生的审美鉴赏能力和综合素养在潜移默化的过程中得到全面提升。

第二，强化学生的思维能力和理解能力。与传统语文的教学模式不同，情境教学法在高中语文教学实践中的科学应用，以情境营造的形式对学生分析语文内容发挥引导性作用，同时以学生在特定情境中的思维活动为基础推动学生深入思考语文知识点，与此同时，主动探究学习过程中遇到的诸多问题的解决方法。对于学生而言，这种方式既能活跃学生思维，又能提高学生的思考能力、分析能力和解决问题的能力，从而使学生具备了一定的语文学习阅读能力和理解能力。

第三，陶冶学生情操，提升学生的思想境界。情境教学法的本质是对沉浸式教学环境的重构，通过这种环境重构使学生接受传统教学环境中所感受不到的文学感染和情操陶冶，其内在的先进文化可以使学生的心灵得到净化，使学生的思想境界在不断学习探索中得到提升，情感境界得到升华。

第四，锻炼学生的创造思维，提高学生适应社会生活的能力。学校教育的最终目的是让学生具备适应社会生活的能力，而情境教学法融入高中语文教学实践活动，可以为学生营造一种假设的社会环境，从而使学生积极发挥创造性思维，有效锻炼学生适应社会的能力。

二、中学语文教学情景式学习的方法

第一，创设生活化场景。生活化场景是学生所熟悉的生活常态，在高中语文教学实践活动中创造生活化的场景，可以给学生一种心理暗示，即语文课堂不再是教室，而是社会或大自然，学生需要悉心观察生活细节和生活现象，而在教师生活化语言描述以及生活元素等的辅助下，学生对生动形象生活情境的感知也会随之更立体、更具象，其直接性影响就是拓宽了学生眼界。

第二，音乐渲染情境，激活审美体验。提高学生的审美鉴赏能力是学校教学的核心素养要求之一，对于高中语言教学实践活动而言，学生的审美鉴赏能力主要体现在学生分析和理解文本内容的能力，以及以文本理解为基础发现美、感受美、创造美的能力等，其重点在于以有效的教学指导为媒介强化学生的文化理解能力和语言表达能力。因此，情境创设教学方法应用到高中语文教学，要求教师要认真思考，针对不同的教学内容导入不同的音乐渲染情境，使音乐旋律、音乐节奏与文本内容实现完美的融合，进而在学生脑海中塑造更立体和鲜活的形象，只有这样，才能加深学生对故事情节、人物性格特征、情感走向等的理解，才能给予学生良好的审美体验，高效地培养学生的审美能力。

第五章 中学语文教学内容的多元化整合

第一节 中学语文教学与人文精神的整合

一、中学语文教学与人文精神整合的体系

（一）中学语文课程发展与人文精神

语文课程应致力于语文素养的形成与发展，语文素养是学生学好其他课程的基础，也是学生全面发展和终身发展的基础。

第一，在语文教育中注重人文性有助于转变教师观念、提高教师素质。倡导人文性，势必打破"教师中心"，使教师的地位和角色发生转变，由语文课程的灌输者变为组织者、引导者；同时，倡导人文性，能促使教师在关注学生语文知识、语文能力发展的同时更加关心学生的情感态度和价值观的发展，对于教师实行课堂民主，营造宽松和谐、富于人文气息的课堂氛围将起到良好作用；倡导人文性，还有利于教师专业素质的提高，不断提高自身人文素养，注重人文关怀和语文教育的感染熏陶作用。

第二，在语文教育中注重人文性有助于转变学生观。注重人文性，必然认识到学生首先是人，是受人类文化熏陶的人，是生活中的人，是有其独特个性心理特征和情感体验的人。因此，在人文性的语文教育中，学生的独特情感体验将受到尊重，学生的学习方式将受到鼓励，学生将始终被看作是一个大写的"人"。此外，强调人文性，还有助于我们全面认识学生的发展，认识到学生的发展不仅仅表现在语文知识和语文能力方面，更表现在学生的人文素养方面。

第三，在语文教育中注重人文性有助于转变知识观。传统语文课程过于强调工具性，片面强调知识系统性和对知识进行强化巩固，忽视获取知识的过程与方法及以知识为载体的情感态度与价值观的养成。在语文课程中倡导人文性，无疑将有助于纠正片面强调工具

性的偏差，使知识和学生的个人体验、感悟相联系，与学生的身心发展规律相适应。此外，倡导人文性，还有助于打破语文教育中的"知识实用主义"观，强调非实用知识（如古代诗文）的教学，注重发挥其对人的潜移默化的影响，从而有助于学生良好人文素养的养成。

（二）中学语文课堂教学中人文精神的渗透

在中学语文课堂教学中，激发人的最大热情，发挥人的最大潜能，才能挖掘实现人的真正价值。

1. 课堂教学的生活化

作为现代哲学的一个核心概念，"生活世界"代表着一种世界观——生活世界观，体现着一种思维方式——生成性思维，蕴含着一种人的观念——人的生成观念，它的出现对认识论的发展有着重要的意义。近些年来，教育学界也引入了"生活世界"这一概念，这为我们批判当前学校教育特别是课堂教学中存在的问题提供了新的视角。随着基础教育改革尤其是课程改革的不断发展和深入，"课程生活化"的口号也开始出现，它指的是课程内容要联系学生的生活世界。在教育实践中，"课程生活化"要得以实现，还离不开"课堂教学生活化"，即要把课堂教学的过程当作学生日常生活的重要组成部分。

课堂教学生活化是对传统的课堂教学中存在的问题进行反思的结果，是适应新课改的重要措施。课堂教学生活化，首先意味着课堂教学需要关注个体的日常生活。但作为生活的主人，个体需要过上幸福圆满的生活，还需要不断地实现和提升自己的人生价值。所以，课堂教学生活化还意味着课堂教学要去建构个体的可能生活，如力争建构学生真实而生气勃勃的生活，像学生在家庭里、邻里间、在运动场上所经历的那种原生态的生活。并将追求真、善、美的理性生活、道德生活和审美生活融于这种"再现"的生活中去。因为日常生活具有常规性、重复性，因此课堂教育的任务绝不仅仅是日常生活的简单重复，它应是促使学生对日常生活加以适应，并消除日常生活中不良的东西，尽其所能地抵制它们的消极影响，从而保证每个人有机会避免他所在的社会群体的限制，并和更广泛的环境建立充满生气的联系。这样，课堂教学生活化的意蕴也包括努力创造真实的生活，尽力构建完整的生活和大力推动进步的生活。

2. 师生交往的有效性

课堂教学的目的是通过对话与交流，在交往主体——师生之间形成共同理解。师生之间的理解既包括对人际关系的理解，也包括对知识、思想等的意义理解。知识使双方的需

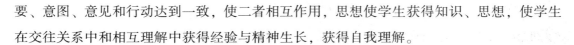

要、意图、意见和行动达到一致，使二者相互作用，思想使学生获得知识、思想，使学生在交往关系中和相互理解中获得经验与精神生长，获得自我理解。

作为一种特殊的交往形态，课堂教学注重交往实效。课堂教学实效性的提高可以从两方面着手。一是要丰富课堂教学交往的类型。在班级上课制难以变革的情况下，教师可以适当地引入小组学习、对组学习、大组讨论、个别指导，甚至还可以让学生执教或是情景表演。灵活多样的课堂教学组织形式能够从时间和空间上保证学生的自主性，打破集体教学的单一性，扩大单位时间内学生自主活动的空间，增加师生及学生之间交往的多维性。二是教师要从启发学生思维、完成教学任务等角度来思考问题，使交往围绕实际内容展开，如讨论安排在智慧上有较大挑战性、个人努力难以解决、有较大歧义的问题，促使师生之间的相互讨论，引发学生更深层次的思考。

3. 学生学习的主动化

在课堂教学中体现人文精神的最重要的一点，就是变"要我学"为"我要学"，即学生学习的主动化。只有做到课堂上学生的"主动参与"，才能促进课堂内在要素即课堂情况、师生关系、生生关系的平衡与和谐发展，才能激发学生的创造力，才能升华学生的生命价值，才能把教育的对象提升到对人、对人类关注的高度，才能在课堂教学中真正体现人文精神的关怀。

主动性是教育的主观原理，教育最大的注意力应该放在培养学生的主动性上，教育的最高目标或最终目的是激发学生的主动性，培养独立性，使人达到自我完善。学习的主动化是学生对学习的一种由衷的喜爱，是一种发自内心的自动、自觉的学习行为和良好的学习习惯，是从"要我学"向"我要学""我会学"的一种学习态度和学习技能的根本性的转变；学生明确学习的意义、价值以及学习过程本身，学习之于他们将不再是一种负担，而是他们成长过程中的一种重要体验，是融入他们生活的重要组成部分。

4. 课程整合的价值化

这里的课程整合不单指语文这门学科与其他学科或知识的小整合，而是课程三大要素即知识、学生和社会的大整合，这种课程整合的价值体现在建设价值、个人价值和社会价值三个方面。

（1）面对科技发展、知识激增的事实，及时吐故纳新是语文教学中必须解决的问题，而通过课程整合的方式可以给语文课堂教学开辟出较大的空间，容纳更多的内容。

（2）有助于激发学习的兴趣和探究的动机。在整合课程中，学生并不是被要求去学习抽象概念，而是通过一个适当的教育环境和探索来钻研、发展他们自己的思维方式。不仅对当时的学习，而且对他们以后有效的和有计划的思维发展都有重要意义。同时有助于形成对世界的整体认识。课程整合可以给学生提供一个完整的世界图景，强调从各个侧面对事物进行整体把握，于是学生在掌握这些课程内容的同时，也更容易形成一种关于外部世界的整体框架以及相关的全面视野。换言之，可以使学生学习和掌握多学科知识的综合概念，培养他们从多学科的角度全面观察、分析、判断事物和解决问题的能力。

（3）有助于增进学校与社会的联系，有助于解决社会问题。既然"人文精神"是整个人类文化所体现的根本精神，是整个人类文化生活的内在心灵，那么，课程整合所解决的就不仅是个体、个别、单一的问题，它可以解决社会进程中出现的诸多世界性的、人类性的、共性的问题。因为一个特定的问题不可能完全属于单一传统的科学范畴，它很可能覆盖和跨越一些学科，甚至可能扩展出科学的领域。

总而言之，通过课堂教学理念的变革，既实现了对真、善、美等崇高价值理想的追求，又实现了对人的内在自由意识、全面发展和人自身完善的一种关注，更是对以强调人间化、生活化、尊重人的尊严、生命尊严、生活尊严为基本内涵的"人文精神"的最好诠释。

二、中学语文教学中人文精神的实施策略

（一）转变教师思想观念

1. 提升语文教师自身的人文修养

教师作为学校教育的关键和主导，决定了其在构建人文精神中的独特作用。因此，要加强学生人文精神的培养，就必须提高教师的人文素质，造就一支具有深厚人文素质的教师队伍，这就要求教师必须为人师表，重视自身的思想修养、道德情操、人格魅力、精神风貌、治学态度、心理素质，注重人际和谐以及个人在人际关系中的义务和权利等。然后，知情意一体地全身心投入教学活动，使学生既掌握书本中正确的理论，又体察到生活中真实的人生，在言传身教、耳濡目染中获得心灵的净化、情感的陶冶，从而提高理想境界，创造有价值的人生。

（1）教师应该有人文主义的修养与精神。作为从事教师职业的人，不管其家庭出身、性格与爱好如何，都应该高度重视自己的修养与风度。他的谈吐、举止都应该是一种有教养的体现，同时也在教养着他的学生。因此，合格的教师首先要有良好的职业道德和心理品质；其次要有过硬的教学基本功并熟悉教材，敢于挑战，勇于创新；而最重要的是他拥

有了民主思想、人文情怀和对生命的热爱。真正具有人文精神的教师，他的每一堂课，都充满着人文精神的教育。因为在这样的课堂上，教师以思想点思想、以自由呼唤自由、以平等造就平等、以宽容培养宽容，教师的美好人格得以体现，学生在潜移默化中获得人文精神的养分。伸展到生活里，这类教师首先要是个好人，然后才能是个好教师，他们在学校里讲师徒、出校门讲公德、进家门讲美德，以身作则，用自己的人格修养影响教育学生。

（2）教师应该有由衷的关爱情怀。教师的爱，应该是一种由衷的、发自心灵深处的、指向终极的关爱，这是一种情怀，一种非常高的境界，这种关爱，是建立在"人"之上的，是对"人"的尊重、对"人"的珍视、对"人"的终极关怀。

（3）教师应该尊重学生的自由天性与独立人格。人文精神还意味着发掘诱导学生精神世界中本身潜藏着的自由精神。就其本性而言，所有人都具有自由的天性，包括探索、思想、想象、创造的天性。新的教学模式就是要注意充分尊重学生的个性，尊重每一个人的"与众不同"，让学生看见、理解和感觉到自己身上的人类自豪感的火花，从而成为一个精神上坚强的人。学生是想象的天才，在开放自由的气氛里，他们能够发现许许多多观察事物的新角度；能够在知识的殿堂徜徉的同时，又能拥有超越前人的激情。正确认识学生、尊重学生的自由天性和独立人格是实现教育教学人文性关怀的先决条件。

（4）教师应该具有广博而丰腴的文化底蕴。教师的文化底蕴，一是要"渊博"。传统上我们更注重"渊"，仅有"渊"是不够的，更应强调"博"，要成为"杂家"，对人类文化的各个领域、各个层面都要有所涉猎。二是要"丰腴"。要广泛猎取，并消化吸收。因此，教师除了广泛涉猎，更要"整合"，自成一家。要形成自己对生命、对生活、对历史、对社会的独特理解、感悟、态度和信念。教师的知识只有博大精深、灵慧丰厚，其教学才能随意婉转、行云流水、深入浅出，而且每每能上出一种韵味、一种境界、一种气氛。

（5）教师应该具有和谐而优雅的审美品位。教师应该有品位和格调意识，他的交往、兴趣、关注的话题、审美标准等，都应该达到教养阶层的基本标准。他可以宽容低格调、低品位的商业性文化，但他更应该有着对真理、正义、美与崇高的纯真与伟大的爱的向往。而且，教师的审美品位，应该是和谐而又优雅的。和谐，让学生感受到恬静和陶醉；优雅，让学生崇敬、向往。这种审美应成为一种意象、一种氛围、一种力量、一种磁场，体现于教师的仪表、言谈、举止，体现于教学内容的呈现、教学手段的选用、教学程序的设计上。以美激智、以美发辞、以美冶情、以美育德、以美立人。通过富有美感的教育过程，实现对学生情感智慧的滋养和润泽。

（6）教师应该有积极而多彩的生活情趣。教师的生活情趣，应该是积极而又多彩的。表现在四个方面：一是富有童心，充满对新鲜事物的强烈好奇心；二是开朗乐观，幽默风趣，充满生活的机智；三是丰富而多姿多彩，充满动感和蓬勃朝气；四是昂扬而奋发进取，充满对理想生活的执着追求。这是教师永葆青春活力的秘诀，是一种以前未被重视的、新的而又有效的课程资源。

2. 建立平等对话的师生关系

（1）从教育的对象来看，语文教育的对象是具有个人尊严和特殊个性的人，它的核心是唤醒，它的最终目的不是传授已有的东西，而是要把人的生命感、价值感唤醒，而这种"唤醒"注定了人文精神的教育是不能"灌输"也不能"训练"的。因此，作为语文教师，应尊重学生的精神自由，帮助学生建立起一个精神的故乡、一个心灵的家园。在对待学生的态度方面，就要求语文教师尊重学生。因为学生是主体的人，有他自己的独立人格，有他自己的主体意识，要相信他。

（2）从教学过程主体上看，教师与学生都是教学过程的主体，都是具有独立人格价值的人，两者在人格上完全平等，为了共同的教学目标而进行对话，这种"人"与"人"之间的平等、理解、双向的关系就是平等对话的师生关系。在对话中，师生互动，相互影响、相互补充，从而获得精神的沟通和经验的共享。对话昭示着语文教学不是教师教、学生学的机械相加，而是师生对语文的解读和阐释，使各种不同的思想在交往对话中相遇。经过激烈的冲突、互渗的理解、彼此的包容，使之释放出蕴含其中的人文精神。这体现了新课程标准中指出的"语文教学应在师生平等对话的过程中进行"的要求。

3. 学会指导学生掌握学习方法

在中学语文课堂教学中渗透人文精神恰当的教学方法固然重要，但教师还必须转变自己的思想观念，不能只顾自己的"教"而不管学生的"学"，要有能力去指导学生掌握科学有效的学习方法。为了达到全面提高学生的语文素养这个语文教学的根本目的，积极倡导自主、合作、探究的学习方式，这种学习方式是达到语文教学目的的基本教学策略。在实施这一基本教学策略时，必须体现以下"五性"。

（1）自主性。学生是学习和发展的主体。语文学习是学生的个性化行为。根据建构主义的理论，学生学习语文的过程是主动建构知识的过程，而不是被动接受外界的刺激。学生以自己已有的知识和经验为基础，对新的知识信息进行加工、理解，由此建构起新知识的意义，同时原有的知识经验又因为新知识经验的进入而发生调整和改变。因此，语文学习的过程不是对新信息的直接吸收和积累，而是新旧知识之间的相互作用。在这种作用中，包括主体对客体的选择、分析批判和创造。为了充分发挥学生学习语文的自主性，教师要做到以下两点。一是要营造良好的有利于学生自主学习的氛围，保护好每个学生学习的积极性，使每个学生的学习兴趣和主动意识得到长久的保持，做到乐意学，主动地学，学有所得，越学越爱学；二是要积极探求有利于学生主动学习的方式。以"练习"为例，可以让学生根据学习能力的差异自定练习的目标、自由选择练习的难易和题量；可以让学生根据学习兴趣的不同自由选择练习的内容和形式。

（2）合作性。现代社会被人们描绘成为一个地球村，是一个紧密相关的世界。从当今社会的发展来看，要完成重要的事业，需要团队精神和合作意识，合作精神和合作能力是现代人才必须具备的基本素养。高中语文课程在培养学生的合作精神和合作能力方面有着独特的优势。在语文教学中，通过学生之间、师生之间的合作学习，不仅可以相互取长补短，促进师生知识的丰富和能力的提高，而且可以培养学生的合作精神和合作能力，为促进学生的可持续发展提供原动力。

（3）探究性。探究是实现有效学习的重要方式。探究性学习就是在教学过程中创设一种科学研究的情境和途径，让学生通过主动探索、发现和体验，学会对大量信息的收集、分析和判断，提高学生的思考力和创造力。探究性学习在内容上、形式上、空间上、时间上都具有开放性。语文教学中的探究性学习要紧紧抓住语文课程的特点，突出语言的运用，以培养学生听说读写的综合能力。为了提高探究性学习的实效，首先，要让学生拥有自主探究的空间。教师要引导学生走出课堂，走向社会，关注自然、社会和生活，让学生围绕自己感兴趣的问题，在教师的指导下，进行社会调查，收集、分析、筛选信息，在真实的任务情境中进行学习实践活动，解决问题。其次，要让学生拥有探究的自主权。在学习时间的安排、主题的确定、研究角度的选择、方法的运用、结果表达的方式等方面，都应让学生自主选择。

（4）全程性。自主、合作、探究的学习方式是针对学习的全过程而言的，从学习资源的开发、实施到学习结果的评价都必须体现这种学习方式，它不仅仅是指通常所说的直接的学习阶段和过程。首先，从学习资源的开发来看，教师具有开发语文资源的自主权，教学内容必须吸纳学生的经验，学生同样具有开发语文资源的自主权。其次，从学习资源的实施过程和方法来看，学生与课程文本之间应该是一种积极的互动关系，而不是被动接受别人已经编定的课本。教师应充分考虑学生的兴趣爱好和探究性，并根据学生的反映及时调整既定的教案。在教学方法的选用上，应根据教学目标和教学内容以及学生的心智水平，克服单一的教学方法，使教学方法呈现多样化的格局。此外，从学习结果的评价来看，应做到形成性评价与总结性评价、相对评价与绝对评价、客观性评价与主观性评价、教师评价与学生自我评价的有机结合。在评价内容上要考虑到语文课程综合性的特点，强化教学评价的激励功能和发展功能。

（5）综合性。语文综合性学习是全面提高学生语文素养，特别是培养学生创新精神和实践能力的重要途径。这种学习方式已打破了教师讲、学生听的接受模式，打破了课堂教学的时空模式，把学生带到各种情境和时空中，在活动中学习，在交流讨论中学习，在交往中学习。从学习专题的提出到学习过程的安排、学习方法的确定、学习结果的展示，学生有更大的自主性，有更为广阔的创造性实践的空间。语文综合性学习，看重的主要不是学习结果，而是学生自主、合作、探究的学习过程。学生通过一次次的语文综合性学习，不仅可以提高他们发现问题和解决问题的能力以及搜集信息和处理信息的能力，而且可以增强语文课程与学生、学生与社会生活之间的亲和力，使语文课程成为学生沟通社会的桥梁，使学生由"自然人"逐步演变成"社会人"。

4. 挖掘具有人文内涵的教学内容

语文教材，特别是新课标下编定的新教材中，编排的是一些具有丰富的人文内涵的现当代名篇佳作、古代经典之作，强调的是以学生为主体的探究、发现、感悟。教师在授课时，要充分利用新教材的优点，突出学生在学习时的主体地位，突出人文精神，让师生共处于一种根源于语文人文精神的人伦情怀、人生体验、人性感受之中，充分激活本来凝固的语言，充分施展个性，使情感交融。

（二）确定课堂教学实践策略

语文课程丰富的人文内涵对人们精神领域的影响是深广的。语文课本的文章蕴含着丰富多彩的文化内容，富于人文精神。它们不仅是文章的范本，也是立身的范本。立足课堂，进一步把人文精神贯穿在教学的始终，方能使课堂散发人性之美。

1. 确立具有人文关怀的语文教学目标

人发展的最高境界是精神上的自由和解放，人格上的完善与独立，而所有教学活动都应服务于这一最高目的。语文教学的意义不仅仅在于教给孩子某种知识和技能，更重要的是，它要通过一篇篇凝聚着作家灵感、激情和思想，代表人类创造的精神财富的文字，潜移默化地影响一个人的情感、情趣和情操，使他们逐步形成良好的个性和健全的人格，促进德、智、体、美和谐发展。在教学目标的定位上，语文教学不能仅仅关注传授多少知识，而应该着眼于发现、发展学生的潜能，着力于学生的个性的张扬，使语文教学成为学生构建精神生活、满足需要的过程。因此，语文教学要确定充满人文关怀，重视人文精神培养的教学目标，才能实现人的全面发展。具体地说，语文教学的德育目标要关注人的主体性的发展、人格的完善、精神生活的和谐；在智育目标上，要关注智力与非智力因素的协调发展、情感陶冶与生命体验；在美育目标上，要尊重个体的审美经验、审美感受，激励个体的审美想象、审美创造以及倡导对人生的审美观照、对人格的审美塑造。

2. 创设宽松的课堂气氛及鼓励学生勇于发表观点

在语文教学中，要特别注意课堂教学氛围，因为课堂教学氛围是在课堂教学情境的作用下，在学生"心理安全"与"心理自由"两个重要条件下，反映了对情境的反应和投入学习的程度。同时课堂教学氛围作为学生集体的一种面貌和情绪倾向，与学生的主体地位的体现和学生主体地位的发挥密不可分。因此，在语文课堂中，教师要引导学生积极思考，敢于发表不同见解，形成独立的"人"。教师要允许学生出错，允许学生改正，允许学生保留不同意见。引导学生勇敢地展现真我风采，充分张扬个性。

另外，要营造良好的民主和谐的语文教学氛围，教师应做到以下两个方面：一是树立民主作风。尊重学生，虚心听取学生意见，用民主方式讨论问题，教学气氛和谐、积极、平等、友好，有利于良好的语文课堂氛围的形成。二是转换角色。在当今信息时代，要求学生学会学习，教师就得充分做好协调人的角色。教师应当成为引导学生寻求知识、吸取知识、积累探求的"向导"和"组织者"，成为理解学生观念、想法和情感特征的"知音"。

3. 以"情感"为纽带，让课堂展现人文色彩

让课堂洋溢浓郁的人文色彩，可以关注以下四个方面策略。

（1）教师要保持良好的情绪状态感染学生。教师上课时应设法调节自己的情绪状态，排除其他因素的干扰，使自己处于快乐、饱满、振奋的良好情绪状态之中。在课上，教师需要平静时能如湖面无风、激动时能风驰电掣、兴奋时便气满声高、气愤时便沉声怒气、紧张时便气短声促、平淡时便气缓声平，始终以最佳的状态感染学生。

（2）教师要用自己的高尚情操陶冶学生。我们要实施情感教学，必须遵循的一个基本原则就是要以身作则，用自己的高尚情操陶冶学生，用自己的情感催生学生的情感。具体而言，教师教学时不仅要和学生一起不断学习、共享进步、共同克服困难与挫折，还要和学生一起共同体会、欣赏文学作品中的美，感受语文课堂教学中渗透的人文精神。语文教学不单是提供知识点，更多的是以开发学生的身心潜能，促进学生的个性发展为目的。作为教师，就必须创设一个独特的情感氛围，对文章中的情感要有独特的态度。把学生引入

作品的思想感情中，让学生直接感知文学作品中的"情思"，从而有所感悟、有所启迪。

（3）教师要善于情感性地处理教学内容。中学语文课程中有不少知识点隐藏着丰富的情感，我们若能加以开发、利用，对培养学生的情感可能有出奇制胜之效。

（4）教师要关注"以交促情"的策略。教学活动是师生之间的一种特殊交往活动。在这种交往活动中，师生间可能形成多种多样的关系。然而无论何种关系，教师和学生都会有情感因素的参与。因此，我们在教学中探寻和实施"以交促情"的策略，对培养学生的情感应是一种重要的补充。教师要用爱心滋润学生的情感世界，只要做到把爱心放在第一位，并把爱心作为实施情感教学的重要策略，那么教师无论是表扬还是批评学生，无论是课内还是课外，教师和学生的交往都将有利于学生的情感发展。

4. 活化教学环节，在学习中渗透人文精神

在课堂上，注意活化语文教学的各个环节，挖掘文本的人文精神内涵，点燃学生头脑的火把，放飞他们的思维，使他们感受人文精神的魅力，体验到创造的快乐和幸福。针对语文学科教学的特殊性，要注意以下几方面。

（1）重视诵读。语言学科培育情感，要充分利用文章中的精彩片段，让学生充分地感受，全身心地诵读，激活语言，让语言所抒发的感情溢出纸面，从而引起学生心灵的震撼和情感共鸣。对于中学生而言，他们正处于记忆力最佳的时期，例如，一阕《满江红》的诵读，可以催发学生的报国之心；一首《正气歌》可以激发学生的浩然之气，永葆中华民族的崇高气节……学生在琅琅的读书声中释放活力，舒展灵性，发挥想象，在潜移默化中提高了思想认识，陶冶道德情操培养审美情趣。教师在学生中大力提倡诵读诗词之风，不失为培养人文精神的一条途径。

（2）注意体验式教学。体验是伴随着积极心理活动、寻求未知的实践过程，是获取直接知识、形成学习能力、唤起创造潜能的基本途径。体验是一种实践内化的过程。具有人文精神的语文教学内容，是不能通过灌输强加给学生的，而要通过学生亲身体验内化为健康的心理品格和良好行为习惯。语文教学应以学生获得学习体验的快乐，激发求知兴趣，发展良好情商为目标。在教学方法上，应该根据学生心理和生理特点组织活动开展教学，在教学中教师应把更多的时间留给学生，让学生在独特的体验中学习，获得个性化的感知和感悟。在教学活动中教师假设合作式的情境，倡导小组合作的学习方式，提供互相交流、相互协作、共同参与的机会，让学生成为学习的主人，真正在实践中学会学习、学会合作、学会分享；在交往体验中提高合作意识，增强团队精神，充分体现以人为本的人文精神。启发式教学、提问式教学、暗示法教学、讨论法教学等都是注重学生体验的教学

方法。

（3）调整课堂教学内容的呈现方式。在继续发挥传统的教学媒体（黑板、粉笔、挂图、模型等）和传统的电子教学媒体（录音机、幻灯机、放映机等）积极作用的同时，要大力推进现代信息技术在课堂教学的普遍应用。

借助现代化的教育技术手段（多媒体）可以使教学呈现方式起到重大的变化，增加学生的新鲜感，激发学生的学习兴趣，开阔学生的视野，丰富教学内容，为学生感知和理解难度较大的知识提供了有利的条件。不仅如此，它也突破了传统教学手段在时间、空间上的限制，可以缩短教学时数，为学生参与课堂活动增加了机会。中学语文教师必须努力学习和掌握现代教育技术，充分发挥其优势，让学生直观、生动、愉悦、高效地掌握知识技能，取得优质高效的教学效果。

（4）以创新精神为本，尽情展示人文之美。人本主义心理学认为：创造是每个人身上所潜在的心理倾向，这种心理倾向时刻要扩张、发展、成熟，而且一旦有机会就会主动展示。以创新精神为本，要具有创新意识，即个体从事创新活动的主观愿望和态度。常表现为总想用新的思路、新的方法去解决问题和探索。允许学生按照自己的理解、用自己的思路去思考和回答问题，使学生在学习中充分发挥自己的个性并努力使每一个学生的个性都得到健全发展。在一定的意义上，创新教学就是全面发展学生的良好个性品质的教学。

在创新教学中，人文品格的培养是必不可少的。缺乏独立的人格和主体性，缺乏社会责任和正确的价值观，是不可能形成真正的创新精神和创新能力的。还应把学生培养成一个具有与其所受教育层次相称的、具有文化积淀和文化教养的人；培养成一个在生理与心理、智力与非智力、情感与意志诸方面协调发展、具有较高综合素质的人。因此，教师要引导学生去发现和体会实践中那些散发着魅力的人文素材，用心感悟那些高尚、高雅的情感，注意从平常教学中体验到不平常的人文精神，从而使他们的性格得到陶冶，形成健全的人格。

（三）构建科学与人性化的语文教学评价体系

传统的语文课程评价中教师是单一的评价主体，师生之间的关系是评价和被评价的关系，在评价过程中，教师的主要任务是纠错。语文课程评价一方面要尊重学生的主体地位，指导学生开展自我评价和促进反思；另一方面要鼓励同伴、家长等参与到评价之中，使评价成为学校、教师、学生、同伴、家长等多个主体共同积极参与的交互活动。这种评价强调了建构主义评价的一个主张，即必须应对和反思学习的内容、方法和关注程度的多样性和丰富性，这就要求我们在评价的主体上，要从单一主体走向多元主体，这里的"多元主体"，既包括教师的评价和学生的自我评价，也包括学生之间的相互评价和家长的评价。

多元主体的评价，不仅可以确保语文课程评价的客观、公正，提高评价的实效性，更重要的是真正确立了学生在语文学习过程中的评价主体地位，为他们的持续发展和终身发展提供了可靠的保证。在这一体系中，学生的评价目标非常重要，在处理这方面的事情时，要把握以下原则。

（1）重视学生的自我评价。为了促进学生的发展，应该认识到评价的主要功能是帮助学生明确发展的前进方向，形成学生发展的能力，帮助学生认识自我，建立自信心。发挥评价的教育功能，促进学生在原有水平上不断提高。

（2）重视学生的全面评价。对学生的评价不仅关注其学业成绩，而且要重视其情感、态度和价值观；不仅关注学生智力因素的评价，同时也重视其非智力因素的评价；不仅重视学习结果，而且更重视学习的过程及其在学习过程中的表现。

（3）评价方式的多样化。采用不同的方式对学生的各个方面进行评价，通过学生的活动来评价其合作学习、探究学习、分析问题和解决问题的能力，来评价思想情感、态度和价值观的发展状态，重视考查学生的创新能力和实践能力。

（四）注重非正式课堂教学中的人文精神渗透

人文精神与中学语文的整合还有一个重要的环境，即非正式的课堂语文学习，它包括语文课堂学习之外的一切听说读写活动，凡学校生活、家庭生活、社会生活中的一切语言实践活动，都是整合的领地。

1. 校内相关的语文活动

在校内，除了语文课堂上的学习外，还有其他许多方面的语文学习活动可以和人文精神的整合结合起来，诸如语文竞赛、办报、组织语文社团、举办展览、各种集会、各种文娱活动及语文游戏等，还有其他学科中的语文因素，这些都为这种整合创造了条件。

校内、班级内的各种集会较多，像诗歌朗诵会、读书报告会、学习心得交流会、习作欣赏会、演讲会、讨论会、故事会、主题班会等，都为人文精神的整合提供了有利条件。

课本中的有些课文是节选的，如《林黛玉进贾府》《边城》《窦娥冤》《雷雨》等，这些课文内涵丰富、意义深刻，仅靠课堂上学习，很难理解透彻。教师在指导学生学习这样的课文时，往往可以结合课堂学习组织有关著作的读书报告会。为了开好报告会，鼓励学生们认真阅读原著，阅读有关原著的评论文章，这样，也就厘清了课文节选部分在原著中的地位与作用，对课文有了更深刻透彻的理解。既推动了课内学习，又扩大了阅读面，无形中就把名著中所体现的人文精神整合到了学生的心灵深处。

各种形式的语文竞赛活动，对扩大学生的知识面、培养语文能力、提高语文学习兴趣、提升人文精神素养都是很有帮助的。例如，作文比赛、书法比赛、朗读比赛、演讲比赛、查字典比赛、听说读写比赛等。另外，在其他各科课程的学习中存在着大量的语文因素，都可在其中得到相应的锻炼与熏陶。

2. 拓展学生的阅读面

人类优秀的文化和文明精神，大都积淀在优秀作品之中，学生通过大量的阅读和感悟，可以吸收前人创造的文明结晶，从而提高自己的语文素养，提升人文素养。通过多种途径与方式，及时地、经常地向中学生推荐经典的、优秀的视听材料，让中学生有更多的机会接触多民族、多国家的多元文化，开阔视野，并在比较、撞击中逐步培养独立思考和判断的能力，培养愿意、乐意接受多元的优秀的文化熏陶的习惯和自觉鉴别精选视听材料的能力，这对于净化中学生的听、读信息源，丰富中学生的理想世界、现实世界具有重要意义。多与经典的、优秀的视听信息零距离接触，本质上就是打破时空界限，与仁人志士、智者哲人、语言大师进行精神的对话、心灵的沟通。通过潜移默化的影响，可以使中学生在树立理想和确立人生的起点就站在人文精神的制高点，这对中学生的终身学习与长远发展的影响是极为深远的。

3. 校园语文环境的开发

校园语文环境包括了一所学校所传递的价值取向、道德规范、行为模式、人际关系、校风传统等文化意识，是校园文化的深层内核。良好的精神氛围必是借助于一定的物质实体或活动载体来营造和传播。因此，营造浓厚精神和文化氛围可以通过形式多样的文化学术活动来创设。例如，在学术方面，可针对学生存在的焦点话题或当前时事热点，举办形式多样、内容丰富的学术讲座。邀请校内外专家、学者做专题讲座，组织学生进行座谈讨论，以此丰富学校的学术文化活动，引导中学生走出课本，打开视野，开阔胸襟，从而营造出浓郁的文化氛围来。

4. 注重社会资源的开发与利用

中学语文教师要将学生从有限的重点篇章的束缚中解放出来，鼓励学生投身到各种有益的语文实践活动中去：写论文、演戏剧、搞调查、做讲座等，同时利用电视广播等新闻媒体，不断吸收传统文化精髓，使学生不但巩固了语文知识，锻炼了语文能力，并且内化了人文精神，引导学生关注现实、思考人生。

第二节　中学语文教学与心理教学的整合

新课程的改革在教育教学中不断开展，对于学生的素质教育显得尤为关注。心理健康的教育在教育教学中尤为重要。但是在当前教学中，心理教学的教育资源非常有限，而且发挥得也不够充分，进而对学生的心理健康教育造成一些影响。

一、中学语文教学与心理教学整合的重要性

语文是一门重点的学科，它在所有学科中起着非常重要的作用。语文教学是具有研究性、科学性的一种教学理念，它影响着学生对知识的了解和学习。在语文学科中，有效地将心理教学融入其中，并对学生进行心理教育，能进一步提升学生的学习思维和学习能力。因此，在新时期里，心理教学是每一个语文教师必备的一项专业。

第一，有利于提高学生的身心健康。心理健康教育是指作为教学者而言，利用心理学、社会学等方面对教育者进行教学。通过多方面的教育教学，更好地培养出良好的心理素质，从而使整体的教育教学水平和学生的素质都得到有效提高。从心理教学上来看，能够影响一个人心理的原因有很多种。所以，不能单纯地靠建造咨询室来解决，要通过在学科之间相互融合的方式进行解决，这样的整合方法，能够在日常教学中潜移默化地帮助和解决学生的心理问题，从而进一步提高学生的心理素质。而从当前的教学状况来看，心理教师比较少，对于心理教育的展开是不容乐观的。因此，必须将心理教育整合到语文教育中，不然学生的心理健康得不到保障。

第二，有利于语文教学的发展。在教育教学中，教学者是一个传道、授业、解惑的角色。所以在教育教学中，不仅要让学生学到知识，更重要的是让学生具有一个良好的健康的心理。"所以在教学过程中要多多开展一些与心理活动有关的教学，这样才能使学生的心理更加健康。"①

在中学语文教学过程中，传授知识和技能的同时，还要去培养学生自身的心理素质能力。其实中学语文教学就是学生心理的组织过程，提高学生的心理素质的培养，进而可以

---

① 林双叶：《浅论中学语文教学与心理教学的整合》，载《新课程（中学）》2016年第6期，第61页。

带动学生学习的积极性、主动性和创造性，让学生懂得去思考、去探索、去学习、去创造等。利用这种方式，既可以提高整体的教学质量，又能提高学生自身良好的心理素质和品德，更能进一步促进学生学习知识，更注重学生本身的心理需求，从人性化的角度去教育和理解学生。所以，语文教学与心理健康教育的相互整合，更有效地改变了师生关系，进一步提升了学习能力。

二、中学语文教学与心理教学整合的具体方法

第一，确立教学目标，将心理教育融入其中。在教学过程中，要明确教学目标，目标确立，才能进行下一步的工作。而教学目标的好坏，直接影响着教育教学质量本身。所以，在确立教学目标时，不仅要将本学科的知识融入进去，更要将心理教育融入其中。在以往的教学中，只注重教学知识本身，而忽略学生的情绪和情感等心理活动。因此，在中学语文教学之初，教学目标的确立更要注重学生的内心，将学生放在首位，进一步增强学生心理素质和独特的个性。例如，在学习朱自清的《背影》时，将教学目标设计为：学习文章的朴实情感；从父亲"背影"表现出作者对父辈的爱，培养学生的阅读感悟能力；带领学生体会对家人的感情，让学生懂得同父母相处、珍惜亲情等。通过这种教学目标的确立，把心理教学融入其中，在课堂上根据教育目标进行教学，从而更好地完成教学任务。

第二，丰富教学形式，将心理教育融入其中。在中学语文教学中，许多教材都包含着相关心理教学的内容。因此，在语文教学过程中，可以充分利用现有的教材资料进行心理教学。在传授知识的同时，不断地引导学生，并潜意识地教授心理方面的内容。例如，在学习《丑小鸭》这一课的时候，可以让学生采取角色代入的方法，感受丑小鸭心理情况，是经过怎样不断努力最终变成天鹅的，进而让学生明白只要努力总有一天能变成"天鹅"，同时表现了丑小鸭对美好事物的向往和追求。

总而言之，中学语文教学与心理教学的相互整合，能够更好地提高学生的学习能力，进而加强学生的心理素质。在二者的相互整合下，也对今后教育教学提供更多的帮助。

第三节　中学语文教学与媒体语言的整合

中学生正处在成长的阶段，正通过各种各样的途径了解社会的准则和社会道德。作为语文教师，我们需要通过合理的引导使其树立正确的人生观和价值观。"中学生在形成正

确的思想观念之前，大部分对社会的了解是通过媒体。因此，帮助中学生正确对待媒体语言是语文教学的责任所在。"①

一、中学语文教学中正视媒体语言对学生的影响

媒体是信息传播过程中在传播方和接受方两者间的中介物质。媒体主要职能有沟通交流、宣传传播、引导教育、榜样示范、审美娱乐。媒体对于语言文字的运用手法、传播过程以及影响结果形成了媒体语言。媒体语言包含报刊、广播、电视以及网络语言。

伴随着网络时代的到来，移动通信设备无处不在，新媒体大火。媒体语言融入人们的生活之中，产生的影响与日俱增。随之而来的问题亟待我们合理解决。中学生，作为一个特殊的群体，往往接受新事物比较快，但其人生观、价值观尚未成形。如何在这个媒体语言无处不在的时代引导中学生树立正确的人生观、价值观是我们面临的一个亟待解决的问题。在中学生思想形成的大环境——学校，如何在学科教学尤其是语文教学中合理利用媒体语言，是需要教师充分运用智慧的。

因此，要规避媒体语言对中学生人生观、价值观产生的消极因素，我们应充分利用媒体语言促进课堂教学的生动化形象化、引导中学生树立正确的思想观念，这对于当代的教育发展与改革有着重要意义。因此，在语文教学中要正视媒体语言对学生的渗透与影响，使学生的语言应用规范、积极健康。

二、中学语文教学与媒体语言的有机整合

第一，分析媒体语言在中学生语文学习中的积极影响和消极作用，从而进行有机整合。媒体语言拓展了中学生在语文学习中的思考、感知、探索世界的深度和广度。传统与新兴媒体、传播与接受者、国家与社群，丰富了中学生的精神和内心世界。媒体语言中的不良倾向和各种低俗暴力等信息的快速传播，对中学生的语文学习产生了不小的误导。在这方面，除了语文教师的努力，我们还应该积极做好学生家长的工作，多方努力，双管齐下，使中学生的学习生活健康、向上。

第二，掌握媒体语言在语文学习中影响中学生思想观念的途径与方式，从而进行有机整合。媒体语言依靠中学生、学校、家庭和社会来传播。正是社会上的元素共同作用，媒体语言才发挥作用。所以我们应从源头加以控制，做好对中学生的合理引导，即在语文教

---

① 谢志强：《中学语文教学与媒体语言的有效整合》，载《语文学刊》2015 年第 10 期，第 159 页。

学过程中适时引导并干涉中学生对"过激"媒体语言的过分模仿、过分依赖。

第三，了解中学生受到不同媒体语言的不同影响，从而进行有机整合。各种媒体内容大相径庭，不同媒体语言对中学生思想观念发挥的功能是不同的。因此，对中学生的语文学习，尤其是媒体语言的影响，作为语文教师应通过对各媒体的影响主次，具体分析，有的放矢，合理引导。

第四节　中学语文教学与现代教育技术的整合

一、中学语文教学与现代教育技术整合的目标

第一，使现代教育技术成为语文教师进行语文教学改革的有力手段。

第二，应用现代教育技术培养学生成为主动性强、具有探究精神和创新意识的学习者。

第三，"应用现代教育技术培养学生具有广阔的视野、宽广的胸怀，让学生有机会利用网络认识世界，利用网上资源探索并获得广阔的知识基础，通过网络加强学校与外界的联系"。[①]

第四，利用现代教育技术培养学生具有有效、迅速地处理信息的能力。

第五，利用现代教育技术培养学生具有终身学习的态度和能力。

第六，利用现代教育技术建立起卓越的教学管理与评价体系。

第七，通过现代教育技术的应用，把学校变成充满活力和创意的学习场所。

二、中学语文教学与现代教育技术整合的原则

（一）价值性原则

从哲学角度来看，技术是人作用于自然的工具、手段及其装置，它体现了人的某种意志和需要。每一种技术的出现都是源于解决某个特定的问题或服务于人类某个特殊的目的。因此，技术具有两个特征：工具性和价值性。工具性是指技术功能，技术功能是造福

---

①　彭祥生：《论现代教育技术与中学语文教学的整合》，湖南师范大学 2005 年版，第 19 页。

人类还是为害众生，取决于人出于怎样的目的来发明和应用它。而价值性则要求对技术的善恶价值进行判断，看它是否体现了人的意志和需要。

价值性原则，是指在语文教育中运用现代教育技术时，要看技术是否有利于语文教育，是否体现了语文教育教学的需要。

（二）人文性原则

语文属于人文科学的范畴，它与数学、物理、化学、生物等自然科学的学科不同。自然科学的学科是由反映人们对客观世界认识成果的原理、公式、定理、法则等组成的知识体系。这些学科的教学一般是先讲清原理、公式，再按照公式做练习来巩固，练习的答案往往是固定的。语文则不同，它讲究对人们的精神领域施加深广的影响，它的前提是语文材料的丰富性和多义性以及人们对语文材料理解的多元性。语文教学必须重视语文熏陶感染作用，通过优秀的语言文字作品的浸染，移入性情，提升人格。另外，语文教学必须尊重学生的独特体验，鼓励个性化学习。

语文课就是语文课，要突出语文学科的人文特点，不要把现代教育技术介入的语文课变成影视或美术欣赏课，更不要变成现代教育技术的展示课。因此，运用现代技术进行语文教学，无论技术发挥到何种程度，人的精神和人的价值不能被忽略，同时要留给学生与作品、作者对话，理解领会作品的空间。

（三）实效性原则

讲求实效可以表现在媒体选择、课件制作、课件使用等环节，具体如下。

第一，不同的媒体有不同的功能，如声音媒体有利于培养听、说、朗读的能力，有利于培养语感；图像动画媒体有利于培养观察能力，丰富感性经验；老师的语言有利于培养学生概括能力和写字能力，彰显课堂的人文性。各有所长，各有所短，没有绝对好的媒体，也没有绝对坏的媒体。所以，我们选用媒体的时候，要讲究实效。不是所有教学内容都一定要使用现代教育媒体手段来实现的，粉笔与黑板等传统教学手段依然是很好的媒体手段。

第二，课件制作必须以教学设计为依托，如果没有对教材进行研究，做好教学设计，就不要动手做课件。另外，辅助课堂教学用的课件应该简洁美观、操作方便。提倡用现存的课件以节省时间，将工作的重点放在教学设计上。

（四）　整合性原则

整合性原则是在运用效果上的要求。语文老师应自觉将现代技术运用于语文学习（含学生的学习）、语文教研、语文课堂教学等方方面面，并且用起来就如同用书本、纸、笔、黑板和粉笔一样自然、流畅，力求取得自然融合的良好状态。

由此可见，中学语文教学与现代教育技术整合将促进语文教育中各种教学资源、各个教学要素和教学环节整理、组合，相互融合，并产生聚集效应，从而促进传统教学方式的根本变革，即促进以教师为中心的教学结构与教学模式的变革，达到培养学生创新精神与实践能力的目标。

第六章 中学语文教学内容的整合与运用研究

第一节 中学语文教学与信息技术的整合

一、中学语文教学与信息技术整合的模式

传统语文教学以教材中收录的有限的文字资料为范文，偏重词汇、语法等系统知识的传授，而忽略了对学生应用能力和创造能力的培养。现代信息技术语文教学以广阔的网络资源为背景，更重视知识的积累、感悟和熏陶，重视语文创造性思维和语感的培养，重视学生的实践活动，让学生在教学过程中主动学习和探究。所以，"中学语文教学与信息技术整合的基本模式应是：教学内容问题化、教学过程探究化、教学活动网络化、教学结果创新化"①。

（一）教学内容问题化模式

教学内容问题化，就是将网络上收集到的与课程相关的文字资料、图片资料等转化成教学内容和问题的有机"链接"，以引导学生凭借自身的努力，通过思考、探究、合作等方式激起问题意识并从中求解。

教师在备课时要把教学内容活化成一系列引导学生积极探索的问题。提出问题要难易适中，这样才能最大限度调动学生的积极性。提出的问题必须以达到教学大纲规定的教学目标为目的，必须符合学生的生活体验、知识积累、思维习惯和认知结构。语文教师不但要善于提炼问题，还要引导学生在充分预习的基础上，多角度、多侧面地发现问题、形成

---

① 王毅丹：《中学语文教学与信息技术整合研究》，西南大学 2009 年版，第 13 页。

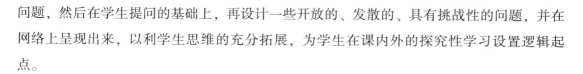

问题，然后在学生提问的基础上，再设计一些开放的、发散的、具有挑战性的问题，并在网络上呈现出来，以利学生思维的充分拓展，为学生在课内外的探究性学习设置逻辑起点。

（二）教学过程探究化模式

探究型学习是以问题的研究与解决为核心，通过设计问题解决方案、收集和分析资料、调查研究得出结论的过程。当问题呈现后，让学生通过信息技术主动去收集相关资料获得基本知识，然后在课堂教学中围绕相关问题进行自我探究或集体讨论，从而获得事实性知识，培养其分析和批判、解决具体情境中新问题的能力。在活动中，教师始终以平等的姿态参与和引导学生讨论，使教学过程由传统的传承型转变为探究型。探究型学习不仅是获取知识的方式和渠道，更重要的是在知识探寻的过程中孕育一种问题意识，亲自寻找并实践解决问题的途径，促进学习方式的变革。

教师在指导学生进行探究型学习时，要注意两个问题。①方法选择多样化。在研究性教学中，教师要正确理解大纲的意图，科学合理地组织教学内容，所设置的教学内容要富有研究性、富有探索性，并根据不同的教学内容、教学对象选择不同的教学方法，重在引导学生针对某个主题展开研究，让学生从研究和探讨中获得收益。教学内容的出示可以采用明确要求、提供资料、展现他人研究设想与方法等形式，实施课堂教学内容的大开放。②问题结论多元化。对于教学中的师生问答交流方式，斯滕伯格在《思维教学》有这样的描述：一是以讲课为基础的问答策略，教师只是简单地把教材内容呈现给学生，师生之间几乎不存在互动；二是以事实为基础的问答策略，教师向学生提出大量的问题，其目的是为了引出事实；三是以思维为基础的问答策略，教师提出问题刺激学生的思维，没有唯一的答案。

信息化语文课堂教学应该是以思维为基础的教学，所有教学问题的结论应该是开放的、多元的。学习者不再是直面结论，而是直面问题、情景和事实。教师必须以一种开放的胸襟对待学生和学习过程，鼓励多条路径、多种结论。为此，教师在备课时要把所有问题可能出现的正确或错误结论加以预测，而不能仅把教材知识作为唯一答案，要尽可能多设计一些预案，以求变式施教、一题多解。

（三）教学活动网络化模式

在教学活动中，改变过去教学内容主要来自教科书的单一状况，培养学生从网络资源中获取素材以及改造、加工、重组素材的能力，养成学生通过多种渠道获取信息资源的能力和习惯。

（四）教学结果创新化模式

教学模式改革的目的在于培养学生的创新精神。利用现代化的网络教学环境和新型探究式学习手段可以真正确立学生的主体地位，充分发挥学生的自主性、探究性和合作性，有利于学生创新意识、创新思维和创新人格的培养。

结果创新化教学模式以培养学生自主学习能力，突出学生主体地位，发挥学生创新精神为目的，强调让学生带着问题去阅读教材，收集、整理资料，思考、讨论并解决问题，是目前中学语文信息化教学中最行之有效的教学方式方法。当然，信息技术与语文教学整合的模式不是固定不变的，应根据语文教学内容和信息技术的发展动态适时调整、灵活掌握。

二、中学语文教学与信息技术整合的实施

（一）中学语文教学与信息技术整合的先期准备

1. 教师准备

（1）要以先进的教育思想、教学理论做指导。信息技术与学科整合的过程不仅仅是现代信息技术手段的运用过程，它将会使教育、教学领域产生深刻的变革。这时必须以先进的教学理论做指导，否则会事倍功半甚至劳而无功。可以用作指导的先进教学理论有很多，如建构主义学习理论。建构主认学习理论是在20世纪90年代初，随着多媒体和网络通信技术的日渐普及而逐渐发展起来的。建构主义学习理论强调"以学生为中心"，认为学习是学生主动建构的过程，让学生自主建构知识意义。这一理论对于多年来统治我国各级各类学校课堂的传统教学结构与教学模式产生了极大的冲击。建构主义学习理论和信息技术与学科整合的目的相吻合。

（2）加强培训与学习。首先，教师要进行现代教育观念的培训，要转变观念，变"我传授知识"为"学生自主建构知识"，重视学生对所学知识的意义建构，使学生成为学习的主体，教师是学生学习的指导者、帮助者、组织者，让学生自己选择。其次，教师要进行信息化教育条件下如何进行教学设计的培训。教师在树立了新的教育观念的前提下，还应学会使用信息技术工具，学会在自己的教学设计中体现现代教育思想，充分合理

地利用教育资源，分析学习者的特征，根据学生的学习需要，制定出教学策略，实现教学过程的优化。对教师的培训，可采取整合培训的方式。

所谓整合培训是指将技术操作与现代教育思想指导下的语文学科教学密切结合，在学习使用信息技术进行教学的过程中提高对技术的掌握，把技术水平的提高与教学技能的提高、教学思想的提高结合，而不是单纯地培训技术，这将提高学习者的课程学习效率。整合培训要求参训教师选择一个目前在教的或将来要教的学科单元作为课程的一部分，利用计算机及互联网技术，整合各个模块，最终制作出一个有效利用技术并与国家课程标准相符合的完整的单元计划。所以，整合培训实际上是一种基于任务和项目的学习，即任务驱动式的学习。

2. 学生准备

成功的语文课离不开学生的积极配合，师生双方互动才能达到预期的目标，要实现信息技术与中学语文教学的有效整合，要求学生具备下列条件。

（1）学生必须热爱学习、热爱语文，先对语文学科怀着浓厚的兴趣和情感，愿意积极主动地参与到课堂教学的双边活动中去，只有这样才能通过老师的教学活动进行有效的整合学习。

（2）学生应具备最基本的电脑操作技能。各级学校应大力普及信息技术教育，使学生掌握一些常用软件的使用方法，如文字的录入与输出、表格的制作与处理、电子邮件的收发、信息的搜集与筛选等。在信息技术课程中，信息技术作为一门专门学科开设，主要讲授信息技术、基本技能和技术工具的使用，然而，信息技术课程不应仅仅拘泥于学习信息技术本身，要注重培养学习者利用信息技术分析、解决问题的习惯和能力。为此，在讲授过程中，要始终贯彻与其他课程整合的理念，把信息技术作为一种工具，整合到实际任务中进行学习。教师在设计任务时要灵活创新，这些任务可以是其他学科知识，也可以是一些社会问题，在完成学科教学目标的前提下，对于相同的知识内容要根据不同的学习环境、学习特点设计不同情景任务进行教学。只有这样，才能有效实现信息技术与语文教学的整合。

3. 信息技术准备

信息技术教育与传统教育的最大区别是大量现代教育媒体的介入，使得教学的方式和手段发生根本变化。若要进行信息化教育，必须有现代教育媒体，诸如计算机、网络等。缺少这些技术条件，开展信息技术教育只能是一句空话。必须充实信息技术设施，方便师生在学习活动中使用，让信息技术成为课堂活动的整体组成部分，就像教室里的粉笔、黑板一样成为教师与学生日常学习、工作的基本工具。

（二）中学语文教学与信息技术整合的具体方式

1. 构建数字化语文学习环境

信息技术可以提供更多的语文学习资源，突破教师和书本是知识主要来源的限制，用各种相关的资源丰富封闭的、孤立的课堂教学，极大扩充教学知识量。构建数字化的语文学习环境，主要是指学校领导者要有高瞻远瞩的眼光，尽可能地因地制宜构建多媒体计算机、教室网络、校园网、局域网和因特网的数字化学习环境。语文教师还可以不断丰富这个学习环境，提供更多的学习资源，如软件工具、课件开发平台、多媒体课件以及从因特网上获取的信息。

2. 网上语文教研分析

（1）网上语文教研是对传统语文教研的补充和发展。语文教研是每一位语文教师教学生涯中非常重要的本职工作，主要内容有集体备课、听课评课、听讲座、专题研讨、论文写作等。语文教学研究对于培训新老教师、提升教学质量、总结教改成果具有重要作用。

传统的教学研究组织形式有语文备课活动、教研组活动和各级教研室组织的语文教研活动。传统的形式延续到今天，证明它具有强大的生命力，但其局限性也显而易见。语文备课组、教研组是一个学校教研活动的基本单位，参与人员比较固定；而各级教研室组织的语文教研活动通常是一个地区的语文教师集中到某个地点听专家讲座，或听示范课，这种活动水平一般较高，对参与者启发也比较大，但参与者众，专家或示范者寡，互动困难，且成本高、机会少。

（2）网上语文教研资源的获取。进行语文教研，离不开大量的参考资料，而网络提供了丰富的信息资源。网上语文教研资源大约有以下几方面。

第一，语文教研活动信息。即各地展开的语文教研活动的消息，其价值在于激发各地语文教师的参与意识，为他们提供学习、考察的线索，帮助他们及时掌握各地语文教研动向。

第二，课文参考资料。包括课文分析资料、作者介绍、文学流派介绍、练习测试及参考答案、补充资料等。

第三，课件素材与语文课件。网上有现成的课件和课件素材供有需要的人士下载，其中课件可以直接拿来在课堂中使用，或者稍做修改，使之更适合自己教学，而课件素材则是制作课件不可缺少的材料。

第四，优秀教案和课堂教学实录视频。可作为教师备课时参考。

第五，教学经验总结。对某些教学问题的处理，每个人的做法不尽相同，交流各自的经验，可以取长补短。

第六，网上图书、期刊、报纸、论文等专业数据库。自 1994 年以来，国内绝大多数中文期刊、报纸、大型学术会议论文以及优秀毕业论文均已数字化。

第七，语文教育 BBS（论坛）。供行内和外行人士发表有关语文教育的观点或意见，是专家、教师、学生以及其他人士互动的空间。

3. 制作多媒体语文课件

制作多媒体语文课件旨在突破教学中的重点、难点、繁点，再现教学过程情景，激发学生自主学习的积极性，使学生更好地理解、掌握所学知识，实现教学目标。课件制作前主要应解决好课件在教学内容上和教学过程中的设计问题。教学内容的设计应给出课件中每帧画面上所呈现的教学内容；教学过程的设计还应该给出课件制作好后期在教学过程中的使用和控制情况。

课件的制作过程是一个关键的阶段，也是耗时耗力的阶段，其制作的优劣直接影响到课件的质量和使用效果。这就要求制作者不仅要具有本学科较深厚的专业知识，而且还要求掌握计算机网络平台的使用技能和所用制作软件工具的使用技巧。

课件制作基本完成后到正式用于教学前，还应对制作的教学课件进行全面的功能及其效果测试，对不理想的地方进行编辑制作修改。当课件测试完成后，如达到了设计要求或经过修改以后达到的设计要求，即可在教学过程中进行试教，通过试教，可对课件的教学内容、教学质量和软件功能进行综合评价，对不满意之处进一步修正，对于满意的课件可以放入学校资源库进行储存。

在制作课件前，教师还应先对所要制作课件的知识内容有着较深刻的理解，并制订好总体预案，明确设计目的，找好所需要素材，选择好所需制作软件工具并能够熟练使用。制作课件时，最好用模块化程序设计方法进行设计制作，以便于制作的课件能够灵活地进行装配和移植，方便课件的流通使用。

4. 课外研究性学习

语文学习的外延等于生活的全部。语文的学习是得法于课内、得益于课外，语文课外学习是语文学习的重要组成部分。信息技术作为学习工具，学生作为积极主动的学习者，以类似科学研究的方式，在信息技术的帮助下，获取信息、交流信息，并最终以电脑作品的形式完成研究任务。

研究型课程中的整合任务，一般不是教材中的内容，而是课后的延伸，课题的设置要考虑学生的认知能力和年龄特点，在整个研究过程中，从研究方案的形成、方案的实施，到最后任务的完成都由学生自主完成，而教师仅对学生选题、收集和分析资料的方法进行一般性指导。

第二节　多媒体与中学语文古诗词教学的整合

随着学校信息化设备的不断完善，老师在课堂中运用多媒体和古诗词的整合教学就显得极其重要，这样可以便于学生更好地理解诗词，也可以激发起他们的学习兴趣。

我国拥有种类丰富的古诗词，每一首经典诗词都表达了诗人强烈的情感。从古诗词中描写的人物环境都能明显感觉到当时诗人所处的社会背景以及诗人的生活状态。所以品味古诗词，不仅仅是对诗人抒发心情的感受，也是对社会历史的感受。诗词的创作都是当时真实的社会背景，反映出当时的人物现状。在对诗词的内涵表达讲解中，老师要教导学生结合诗词的写作背景进行深层分析，老师可以使用多媒体设备先归纳出当时的创作背景，在教学中将相关资料分享给学生们，便于学生们充分感受。通过分析诗人的人物现状和当时社会背景的深度，学生可以逐渐形成独立的感受，如此进行诗词的学习时，就可以对诗词含义理解得更加清晰透彻，也更容易理解诗人当时所处环境的所情所感。"在学会先感受内涵后再进行学习会明显提高诗词的学习效率，也会使学生在欣赏诗词中将自己融入到当时诗人所处的环境。"①

一、配合多媒体音乐，增强学生朗读能力

为了使古诗词教学课堂顺利进行和更好地学习古诗词，就应让每位学生掌握诗词的朗读能力。对于中学生而言掌握正确的朗诵并带入自己的情感不是一件容易的事，这时多媒体设备就是教师们的手中利剑。此外，我们需要提前搜集相关课程的教学音频，课堂中使用多媒体进行播放，然后让学生们来进行聆听和模仿，这样有利于学生来领悟诗词所表达的中心思想，通过音频来将自己置身于诗词之中。

古诗词抒发的都是内化情感，诗人把心情和感受都赋在诗词当中。通过诗词朗诵的方

---

①　李玉林：《多媒体与中学语文古诗词教学的有效整合》，载《中国多媒体与网络教学学报（下旬刊）》2020年第3期，第207页。

式，可以强烈地感受到诗人抒发的各种情感。任何形式的诗词通过好的朗诵都能将人置身其中。例如，在学习《望月怀远》的时候，教师就可以使用 PPT 展现给同学们，然后加上配音。这首诗是作者在远离家乡抬头望月时所写，充分表达对故乡的思念之情，所以在朗诵这首诗歌的时候一定要充分带入自己的情感，让学生充满遐想，回味无穷。除了使用多媒体进行朗诵教学外，还可以在学习和欣赏古诗词的时候加上合适的背景音乐，教导学生如何绘声绘色地朗诵，使学生也融入诗人所表达的意境中，来更好感受作者抒发的思想感情。

总而言之，中学阶段学生的古诗词文化基础不够，对于中心思想的表达也不容易充分感受，所以需要借助多媒体音频进行辅助教学，帮助同学们朗诵古诗词时带入自己的情绪，也让学生对诗词表达的情感有大致的了解，有助于中学生更好地学习古诗词文化。

二、运用多媒体加入图片，加强学生理解能力

意境是诗人将审美体验、艺术情趣、审美理想和思想感情融入当时社会的生活画面，用语言表达的一种艺术境界。对艺术的感知和理解离不开学生丰富的想象力，多媒体教学的应用只是为了丰富学生的想象力，促进学生想象力和联想的发挥。大部分古诗词都是诗人借景来抒发自己的情感，所以诗词中总会出现一些美好的画面，达到诗画结合的表达效果。而感受诗词的文字所描绘出的画面也许需要学生自己来想象，在心中感受诗人所表达的画面。教师在使用多媒体教学时，提前搜集类似场景的图片，来帮助学生更好地勾勒出场景画面。

例如，用多媒体教学《天净沙·秋思》这首作品的时候，老师就可以给学生展示一些诗词中所描绘画面的图片，加上悲伤的背景音乐，让学生通过诗中画面来感受诗词中悲伤且凄凉的情感。

三、使用多媒体播放视频，体验诗词之美

在古诗词中造句显得极其重要，如王安石所写的《泊船瓜洲》中"春风又绿江南岸，明月何时照我还"，"绿"字的使用化静为动，不仅描绘出春天的景象，又十分具有感染力。学生在进行古诗词学习中，需要对里面词、字、句逐一进行分析。教师可利用多媒体技术，再结合影视片段、画面等形式，将诗词的情景再次复现，让学生体会到作者使用字、词的寓意何在，在整篇诗词中起到怎样的作用。

例如，在杜甫的作品《春望》中，"感时花溅泪，恨别鸟惊心"一句，使用"恨别"

"花溅泪"等词汇将读者带到了比较深沉的情感中，"烽火连三月，家书抵万金"中的"抵"字，写出了当时的战争环境。在诗词中，每个字都是作者情感的表达，看似不是很合理，其实使诗词意蕴更具有味道。在对古诗词进行理解阅读时，教师使用多媒体播放相应片段的视频时，还原当时的场景，有助于学生更精确地把握住诗人表达的中心思想，也更利于学生提高学习古诗词的兴趣。

四、运用多媒体教学，进行重难点解读

中学生很难理解古诗词的知识内容，教师需要用简单易懂的语言来解释和分析，这时多媒体的重要性就体现了出来，播放相应诗词的教学视频和场景画面的结合，有助于学生感受和理解古诗词的社会环境和中心思想。例如，在《逢雪宿芙蓉山》的教学中，学生除了要理解诗作者、阐释诗的意义外，还要感受诗的真实内涵，引导学生积极探索诗中的世界。对于中学生而言，这首诗应该是"言简意赅，含而不露，情在景中，事在景中，情非直抒，事不明写"，这样会很难理解。对于这首诗的教学，教师可以借助多媒体播放相关视频，让学生了解自己看到的和想要的，这首诗描绘了一幅以旅客暮夜投宿、山家风雪人归为素材的寒山夜宿图。视频内容可以是漫天大雪中黄昏来临时，行人在山路上住宿的出行情况，还有黄昏的景色、夜晚的风雪声。通过山村情景、农家生活、风等音频，给学生视觉和听觉上的刺激，让学生直观地感受到作者是如何用简单的文字写出寒山夜宿的风景。"我在悲凉寂寞的生活中遇到一位好心人带给我一点光，间接地反映了我对希望的渴望，尽管生活并不容易。"

五、运用多媒体技术，理解古诗词教学内容

首先，多媒体的使用扩大了课堂的信息容量，实现了知识的传递和扩展，使教师能够提高对知识的整理、提炼和加工的能力，使课堂教学更加丰富和有组织，这对学生学习古诗词很有帮助。例如，在教材中学习古诗词时，可以通过多媒体查阅其他类似的诗歌，一起讨论，然后总结这类诗歌的学习方法。其次，多媒体教学也提高了课堂教学质量和知识传播速度，改变了传统的知识灌输教学方法，使学生更积极地参与到学习过程中来。例如，在学习《天净沙·冬》时，可以先给学生们一张这样的画：一个冬夜，大门轻轻地响着，一轮新月挂在空中，雪水在山前缓缓流淌，小屋外面有一道竹子做的篱笆，整个村子安宁和谐。另外，我们可以学习这首歌，让学生有更深的体会。在多媒体技术下，古诗词教学增加了师生互动，使学生在学习中更好地把握内容，积极地表达情感。多媒体技术，

包括图片、视频、声音等内容，不仅可以使教学内容更加丰富有趣，还可以给学生更多的课外知识讲解和学习，使学生更好地理解古诗词。

综上所述，在教育改革的影响下，教师们更应当强化中学生们的古诗词教学。正确使用多媒体结合教学的方式，不但可以增强学生的学习兴趣，而且有利于提高学生的综合素质。教师还应保证多媒体技术应用的合理性，辅助教学的发展，提高中学生的学习积极性。教师应当重视古诗词的鉴赏与教学，通过多媒体的优势，展示诗歌在创作过程中所要表达的真实情感，完美地呈现古诗词独特的艺术魅力，让学生体验古诗词独特的魅力、语言美和意境美，从而不断提高中学生的语文素质。

第三节　中学语文教学中分层模式的整合运用

语文是中学学习的重要组成部分，在课堂当中只有采取有效的教学模式，才能够增加学生对语文学习的兴趣，同时提升课堂效率与课堂质量。随着教育改革的不断落实与发展，传统教学模式已经无法适应学生的学习。所以，在如今新课程标准背景下，将分层教学法应用在中学语文课堂教学中。分层教学法的实施能够对每个学生进行全面了解与分析，然后针对不同学生做有针对性的教学工作，保证每一位学生能够在课堂中得到更好发展。

分层模式教学主要是指将班级内的学生分为不同层次，然后针对不同学生展开具有针对性的教学活动。这样可以满足不同学生对学习的需求，提高学生的学习能力与综合素养。分层教学模式的主要特点是，将各个教学环节进行细化，同时与各个学生之间进行协调与有效衔接，最大限度保障教学内容、教学模式以及教学内容等符合不同层次学生学习。"在中学语文教学活动中，对各个教学工作与教学环节区别对待，保证学生能够在课堂中寻找到符合自身学习的教学目标，从而提高学生学习能力。"①

一、中学语文教学中分层模式整合运用的作用

第一，增加学生学习兴趣。不同学生的学习能力、学习方法等存在不同，所以，在中学语文课堂中，对语文知识的理解也存在不同。部分学生对语文学习很感兴趣，那么通常

---

① 汪晓华：《初中语文教学中分层模式的整合运用研究》，载《新课程（中学）》2019 年第 5 期，第 133 期。

情况下这一部分学生的语文基础较好。而还有一部分学生对语文学习不感兴趣，那么这部分学生的语文能力也许相对较差。将分层模式教学应用在中学语文教学中，采用因材施教原则，学生能够及时完成老师布置的任务，寻找到语文学习的乐趣与成就感，增加对语文学习的兴趣，提高教学效率与教学质量。

第二，实现学生个性化发展。分层模式教学应用在中学语文教学中，主要是实施差异性教学，能够保证学生的个性化发展。分层模式教学能够满足不同学生对学习的需求，是一种较为人性化的教学模式。符合学生发展规律与时代潮流，能够体现以学生为本、与时俱进的思想理念，能够为学生未来更好地学习与发展奠定基础。

二、中学语文教学中分层模式整合运用的措施

（一）分层教学目标分析

教学目标对中学语文课堂教学而言具有重要意义，在课堂中明确教学目标，可以保证整堂课的内容围绕主题展开，避免脱离主题的问题产生，学生可以通过课堂，及时明确本节课的重点内容与难点内容。将分层模式教学应用在中学语文教学中，首先需要对教学目标进行分层，根据不同学生学习能力以及学习状态等，制定符合学生学习与完成的教学目标。通过教学目标的制定，能够保证学习能力较差的学生，从中获得成就感，增强学生对语文学习的兴趣。而学习能力较强的学生能够不断进行自我突破，提高学习能力与语文素养。

例如，以《沁园春·雪》为例，在进行教学目标分层时，可以为学习能力较差的学生制定"熟读并有感情地朗读课文；了解文中的重点词语；明确文章内涵"的目标。而针对学习能力较强的学生，可以在此基础上让学生背诵课文。针对学习能力较弱的学生，制定较为容易完成的教学目标，学生能够通过自身努力完成目标，从而增强自信心。学习能力较强的学生通过背诵，可以加深对文章内容的理解，能够为学生未来语文的学习或者写作提供帮助。

（二）分层课堂提问方式

在中学语文课堂教学中，老师与学生之间需要积极进行交流与互动。这样老师才能够及时了解学生知识掌握情况，然后对教学进度以及教学模式等进行相应调整，保证学生能够一同进步。在课堂教学中，为了解学生知识内容掌握情况，老师经常采用提问的方式。

对传统问题提问的时候，老师随机提问，无论是较难的问题还是简单的问题，都会采取随机提问的方式。学习能力相对较弱的学生被提问较为困难的问题，学生无法及时回答，可能会对学生的心理造成一定伤害。所以，将分层模式教学应用在中学语文课堂中时，需要对提问内容进行分层。

例如，以《桃花源记》为例，在课堂中老师可以向学习能力相对较强的学生提问"作者基本介绍；文章主要表达的思想内容"等内容。而针对学习能力相对较弱的学生可以提问"朗读课文；文章中重点的词语有哪些"等内容。通过分层的提问方式，可以掌握不同层次学生的学习情况，有助于教学质量与教学效率的提升。

综上所述，将分层模式教学应用在中学语文教学中，不仅可以增加学生的学习兴趣，还能够促进学生更快进步与发展。所以，中学语文教师需要肩负起自身责任，在课堂中采取不同分层方式，保证每一位学生的学习能力都能得到提升。

第四节 中学语文教学中影视资源的整合与运用

一、中学语文教学中影视资源整合与运用的可行性

（一）中学语文教学中影视资源整合与运用的适切性

1. 影视与文学具有的共同属性

电影与文学作为艺术之树上的两朵奇葩，都具有各自独特的美学形态与魅力。影视文学首先是文学，它是文学的一种样式。即电影和文学都通过各自的媒介去表现生活、反映生活。在视觉艺术占主流的今天，改编电影使文学原著在大众中形成广泛的影响。文学不仅能够通过电影进入受众的视野，文学的内容和创作技巧也会受到电影的影响。文学可以从优秀电影中寻找切合大众心理和情感的创作题材，也可以将电影的蒙太奇和长镜头的拍摄手法运用到文学鉴赏和创作中。"电影和文学在追求自身的完善与发展的同时，应该是相辅相成的共生关系"①，这为影视资源整合运用于中学语文教学提供了可行性依据。

2. 影视资源具备语文教学的现实性

---

① 陈茜：《影视资源在中学语文教学中的整合与运用》，河南师范大学 2012 年版，第 11 页。

影视资源整合运用于中学语文的靶向作用，中学语文教学是大有裨益的，这是因为影视资源同时具备语文教学的现实观照。语文教育具有现实性，学生在语文学习时不但学习基本的字词篇章，更需要从语文课堂中认识古老中华文明的博大精深、地域风情，领略外域的绮丽风光、万千世界的多姿多彩，体会社会生活的人情冷暖、世间百态。与身边的生活接轨。让学生建立求真务实却不乏浪漫情怀的价值观和人生观。培养学生的审美能力，提高学生自身修养。语文教学必须观照现实生活，符合人文科学的学科特点，才能滋养出能言、敏听、擅写、勤思，符合新时代创新要求的学生。

影视资源整合运用于中学语文教学，极大地吻合了语文教学对现实观照的要求。电影、电视对人间百态和日常生活的捕捉和刻画极大地补充了传统语文教学纯文本的线性教学的不足，让学生身临其境地意识到语文存在于我们生活的角角落落，和自己的生活息息相关。影视资源对现实生活的观照，比单纯的文本直观、可视。当我们将教学内容从抽象的概念化的文字转变成形象而生动的物质形象时，学生们得到的现实感增强，语文学习的印象和记忆加深。因此，影视资源与语文教学在现实中的契合让两者的整合运用水到渠成。

3. 影视资源具备语文教学的多样性

影视资源丰富而具有多样性。对于语文教学的教学设计有着很大的启示和实用价值。语文教学过程要取得良好的教学效果就必须最大限度地抓住学生的注意力，引发学生的学习语文、探究问题的兴趣。然而，兴趣的激发是需要条件的，没有客观物质手段的刺激，想让正值青春年少、活泼好动的中学生在一堂课中保持较高的注意力是有难度的。传统的语文教学，以教师为主体，以应试为目的。而影视资源形式的多样性和对人脑全方位的感官刺激，能有效抓住学生长效注意力。声、光、图的结合让学生在轻松愉悦的心情之下，不知不觉地完成了语文学习，达到了学习目的，增长了见识，同时开阔了视野。

影视资源的多样性体现在传导内容时的互联和立体性，对线性文字的传递是极大的补充，同时也是十分有效的诠释，能在较短的时间之内承载大量的知识和信息。人类的情绪记忆远比机械记忆容易而且持久，多样性的影视资源能够通过多样性的传递手段让学生引起情感的起伏和共鸣，这种多样性的教学方式显然比教师个人单一的讲述或灌输更具实际效果。

4. 影视资源适应语文教学的综合性

影视资源的丰富性表现在其内容的涉猎范围相当广泛，在影视资源中，上至天文地理、风土人情，下至经济政治等，这与语文学科的综合性和交叉性是一致的。同时，也让整合运用了影视资源的语文课堂得到了无限延伸，让学生能够在有限的时间和空间条件下最大限度地丰富他们的认识和体验。他们不仅可以清醒地以第三方的角度来客观公正地评价身边的人和事，而且可以在丰富的影视资源中领略自己无法实际体验的自然风光、风土人情、人间百态，从而获得间接的经验。最大限度解决中学生因人生阅历不足而出现的与社会现实脱节、理解问题简单片面狭隘的问题。

影视资源的丰富性不仅体现在其数量的庞大和资源的众多，还表现在其内容的不确定性、多义性和可挖掘性。这一点与语文这一学科的学科特点不谋而合。电影电视的剧本有相当一部分是由文学剧本改编的。剧本是文学艺术品，是编剧或作家在其对现实生活的细微体察和深刻认识后的反刍和感受，而成为电影或电视作品后，就实现了二次创作和二次加工。因此，电影电视源于生活，而又高于生活。

（二）中学语文教学中影视资源整合与运用的客观条件

影视资源整合运用于中学语文教学具有良好的物质基础和技术支持，要想获得影视多媒体资源，只要上网进入门户网站或者购买光盘就能轻易实现。时至今日，在全国各大城市的课堂教室内，基本都配备有多媒体的教学系统，教师只要将影视资源转移到课室的多媒体电脑中或者直接在上面搜索下载就能将大量的影视资源呈现在学生的语文学习课堂上。

另外，与语文教学相关的影视资源较为丰富，主要有以下几方面。

第一，与教材内容相关的影视资源。影视和语文相辅相成，电影和电视的出现给人们带来了许多经典隽永的影视作品，给人以启迪和振奋，让人产生审美愉悦。而与中学语文教学相关的影视作品不计其数，为教师在语文课堂上整合运用影视资源提供了软件上的保证。此外，与中学语文文本相关的影视资源有《西厢记》《红楼梦》《水浒传》《雷雨》《茶馆》《祝福》《阿Q正传》《孔乙己》《老人与海》《哈姆雷特》等。高中语文课本中名著篇目有不少已搬上银（荧）幕，如《祝福》《药》《杜十娘怒沉百宝箱》《窦娥冤》《边城》《雷雨》《茶馆》《罗密欧与朱丽叶》《守财奴》《林黛玉进贾府》（《红楼梦》）、《林教头风雪山神庙》（《水浒传》）、《骆驼祥子》《阿Q正传》等，丰富的教学相关资源给影视资源与语文教学的整合提供了软件条件。

第二，与课外名著阅读相关的影视资源。语文的学习是外延和内涵的统一，所以中学生在学习语文的时候不能只拘泥于课本，还应该进行广泛的课外阅读。课外阅读能让中学生开阔眼界、丰富阅历，提高语文应用能力。许多由中外名著改编的影视剧，虽然不在课本的教材内容范围，但也应纳入学生课外"阅读"范畴，观看由名著改编的影视剧能激发学生阅读名著文本的兴趣，也能辅助学生加深对原著的理解。根据中外名著改编的影视剧有《芙蓉镇》《骆驼祥子》《西厢记》《倾城之恋》《大卫·科波菲尔》《双城记》《傲慢与偏见》《堂吉诃德》《战争与和平》等。

第三，与教学背景知识相关的影视资源。影视资源丰富而多元，它以自己极具魅力的方式向人们呈现社会和自然、历史和今天、人类生活的方方面面。而语文课堂的开展需要大量相关的背景知识和社会知识。与课文背景知识相关的影视资源无疑为影视资源与中学语文教学的整合运用注入了活力。与课文背景知识相关的影视资源有：提高学生修养、塑造学生人格、富有时代气息的《感动中国》《新闻联播》《对话》《新闻周刊》等；可以让学生忆古抚今、增加历史知识和文化素养的《故宫》《圆明园》《人间正道是沧桑》等；可以让学生拓展文学知识、积淀文化底蕴的《百家讲坛》《唐之韵》等。

二、中学语文教学中影视资源整合与运用的具体实施

（一）中学语文教学中影视资源整合与运用的实施途径

1. 应用影视资源，架设教学情境

运用情境教学，学生有强烈的参与感和现实感，情感上容易受到感染，继而被语文课堂内容吸引，从而加深对文本作品的理解。创设情境有许多方式，如让学生创造小品剧，教师进行角色扮演等。但是运用影视资源恐怕是在时间和教学流程上最容易把握控制、便捷有效的一种，这是由影视资源具有的先天优势所决定的。影视资源集文学、戏剧、音乐、美术、舞蹈、建筑等诸多学科于一体，能够全方位、多层面地为课堂教学架设教学情境和背景。

例如，高中课程标准实验教科书语文必修1《教师教学用书》在《别了，不列颠尼亚》和《奥斯维辛没有什么新闻》这两篇课文的教学建议中也建议利用影视资源来创设情境："教学时可以播放有关的视频资料，设定好情境，引导学生进入课文。前文可找香港回归的纪录片，后文可找一些反映纳粹的影片，如《辛德勒的名单》等。"在讲授《最后一课》时，通过对教学情境的设置，让学生感受到远在万里之外的阿尔萨斯省的一个小学生小弗郎士在普法战争时期最后一堂法语课中的见闻和感受，真实地反映了法国沦陷区——阿尔萨斯、洛林的人民惨遭外敌统治的悲愤和对祖国的热爱，以及争取祖国解放和统一的坚定意志，集中地表现了法国人民的爱国主义精神，展现了韩麦尔先生与小弗朗士强烈的爱国精神以及崇高的品质。也学习了运用巧妙的叙述视觉表现作品的主题。作品的主

题十分严肃，但对这一主题的表现却选用了一个巧妙的角度。作品原来还有一个副标题是"阿尔萨斯省的一个小孩子的自述"，作者选择一个淘气调皮的男孩作为主人公，通过他带着些无知而稚气的口吻以及他他心理的变化，间接地写阿尔萨斯地区人民的悲痛和对侵略者无声的抗议，表现出他们对祖国的深情。小主人公在这堂课里受到了前所未有的教育，读者也受到了感动。小说精心运用了大量生动的人物、场景、细节、心理描写。这些通过教学情境的设置可以很好地让学生受到感染，得到情感的升华，从而更好地理解课文内容。

2. 运用影视资源，鉴赏和学习影视语言

课文的文本信息中含有影视语言，印象刻板严肃的教材文本中还有可品鉴的影视语言，这对于学生而言是一个崭新的学习方向和阅读点，这样的学习方向会让学生十分意外而兴致勃勃，从而能让学生潜心阅读，仔细品鉴，达到深刻阅读的目的，加深对文本的认识和理解。例如，《包身工》一文，其作者夏衍一生著作等身，涉猎的领域广泛，在影视、戏剧、杂感、电影评论、报告文学写作等方面都取得过较大的成绩。因此，在《包身工》一文中他会采用电影语言是可以理解的。"课文研讨"中分析："作者把散乱的、不完整的材料，像剪接电影一样，高度集中地组织在包身工一天的时间里。"又如，《夏衍报告文学漫议》一文中："他（夏衍）运用了小说、散文乃至戏剧、电影的一些富有表现力的艺术手法，使其具有了文学的形象性、生动性和强烈的艺术感染力。"在人物刻画和场景的描写上，他善于选择富有特色的典型的生活片段和细节，做特写镜头式的具体描绘，增强了作品的可视性和可感性。

由此可见，这些课文文本中富含影视语言，当学生带着一种创作影视剧本的心态去品鉴和琢磨这些语言的时候，不但兴致盎然，而且能引发丰富的想象和联想，浮现电影镜头般的画面。在这个时候再将文本的影视语言用现有或者加工后的影视资源加以对照播放，让学生体会影视语言的魅力和美感，以及书面文字和口头语言在演绎影视语言时的异同会使学生对文本的理解和语言的把握更上一个层次，且感受深刻。这样的精读文本、品鉴语言对学生的阅读学习和写作学习都大有裨益。

3. 通过鉴赏影视作品，强化审美感受

语文具有重要的审美教育功能，中学语文课程应关注学生情感的发展，让学生受到美的熏陶，培养自觉的审美意识和高尚的审美情趣，培养审美感知和审美创造的能力。影视作品的欣赏本身就是一项审美活动，影视资源整合运用于语文教学能使学生在欣赏的过程中发现美、感受美、认识美，从而达到审美的目的。

影视作品具有其独特的审美特征，因其具有现实性和直观性。影视作品中的主人公经常会成为青少年的偶像，而引发青少年对他们的进一步审美活动。例如，《放牛班的春天》让学生懂得爱能改变这个世界的面貌，音乐和美能让人的心灵充实，能让一切变得美好。通过影视资源的鉴赏，学生可提高人文素养，修缮自身人格，加强审美能力，深化对自身、他人以及社会的认识，引发对自身所处关系的思考。又如，学习《滕王阁序》一课，可以一边播放配乐朗诵，一边让学生观看展示滕王阁壮丽景色的资料。这样，声情并茂的诵读、引人入胜的录像，就从听觉、视觉上引起了学生的审美兴奋和审美愉悦。然后要求学生高声朗诵课文，体会骈体文的特点，并尽力记住一些自己认为美的句子，由此把学生的审美活动从感性引向理性，使他们能获得更深层次的审美享受。此时，学生受到了文学的熏陶、美的熏陶，对课文进行鉴赏的渴望便会油然而生，这时再对课文进行讲授，效果自然比一般的处理要好很多。

（二）中学语文教学中影视资源整合与运用的具体模式

语文教学的载体是课堂。语文的课堂教学是一个有机整体，包含教学目标、教学过程、教学主体、教学受体等要素。影视资源整合于中学语文教学能够加大教学的密度和信息容量，缩短教师对教学内容教授、学生对知识反刍、教师再对学生掌握情况进行检验的周期，极大提高课堂效率。就影视资源整合运用与中学语文教学而言，以课堂学习为对象，按影视资源进入课堂教学的时间节点划分，可分为影视资源在课前预习中的铺垫、影视资源在课堂教学过程中的渲染、影视资源在课后复习中的巩固、影视资源在专题系统学习中的介入四个模式。

1. 影视资源在课前预习中的铺垫

影视资源在课前预习中的铺垫是指在课前将与课文文本相关的影视资源先让学生自行观看或由教师统一播放，这种方式的作用可以让学生俯瞰全局，为接下来的课堂学习预热。例如，中学语文课本中的很多名家名篇以及名著，相当一部分都是原著节选，故事缺失或者不完整，这样的学习容易让学生对原著的内容了解不全，对作者的写作意图把握不准，进而流于仅仅是对节选课文语言或者写作技巧等肢解片面地学习。课前让学生对这些课文相关的影视资源进行学习和观看，则可以避免学生在整体把握、背景了解、人物性格认识等问题上的一叶障目。学生在课前观看这部分影视资源后相当于将一部完整的作品了然于胸，有了大体的轮廓和概念，在课堂学习时再结合重点段落和章节的渲染，那么就能事半功倍，达到良好的教学效果。

2. 影视资源在课堂教学过程中的渲染

影视资源在课堂教学过程中的渲染指的是在经过课前的准备预热和铺垫后，对于课文的重点章节或者较晦涩难懂的部分结合影视资源的展示与教师传授，让教师的教学与影视资源的介入和学生的参与相融合，实现课堂目标，达到最佳课堂教学效果。

影视资源在课堂教学过程中的渲染将影视资源的介入和教师的教授与学生的学习三者变成了一个水乳交融、无法剥离的有机整体。丰富了教师传授课堂内容的渠道，扩大了课堂信息容量，润滑和活跃了课堂氛围，加深了学生对文本内容的感知和理解，明显提升了教学效果。

3. 影视资源在课后复习中的巩固

学生在完成课堂学习内容后，需要对课文内容和知识点进行反刍消化、巩固和拓展，如果这个时候能够结合课堂上的学习内容呈现相应的影视资源，就能让学生的记忆和理解达到一个比较长效的水平。例如，让学生课后观看《祝福》《阿 Q 正传》《子夜》等影视作品，帮助学生巩固对课堂内容的掌握和理解。有些课文不宜在课前或者课堂中进行影视资源介入，例如诗词，因为影视资源的具象性让学生容易先入为主地陷入影视作品设定的形象和窠臼之中，导致学生在学习课文时的想象力和发散空间受到影响。这就需要在课堂教学完成后，再辅以影视资源的巩固和记忆。所以教师在选取影视资源的介入时，一定要注意运用的时间节点和阶段。

4. 影视资源在专题系统学习中的介入

影视资源在专题系统学习中的介入指的是在进行专题学习中，以影视资源的介入为主线指导学生进行语文学习。通常具体实施时以影视资源的播放为主，教师的点拨和指点穿插其中，学生以对影视资源的观看和感受为主。例如，在诗歌专项复习中，学生在已经完成了若干单元的诗歌学习后，对每一首诗词的大意解析、字词鉴赏已经有了一定的识记和掌握。为了让学生能够将诗歌的发展脉络、风格体裁以及每种诗歌类型的创作背景和年代划分有一个更加提纲挈领的梳理，可以让学生观看系列教学片《唐之韵》，让学生对唐代诗歌的滥觞、发展、蓬勃和式微等有一个直观的认识和感受。长期在这样的影视资源营造的氛围中浸泡，学生对唐诗自然日久生情，长此以往，整个人都会变得诗意盎然。当学生在日常生活或者其他机缘中触景生情时，自然而然会运用诗歌直抒胸臆。既奠定了诗歌鉴赏的基础，又能够对诗歌的发展有一个宏观上的把握，还能从情感上对诗歌学习心生喜悦，甚至有助于学生在写作中妙笔生花，恰到好处地化用诗词，提高写作能力和写作水平。

参考文献

［1］蔡春. 语文教学刍议［J］. 中国教育学刊，2009（10）：62-65.

［2］陈丹妮. 中学语文教学中的微型写作教学研究［D］. 漳州：闽南师范大学，2016：15.

［3］陈茜. 影视资源在中学语文教学中的整合与运用［D］. 新乡：河南师范大学，2012：11.

［4］代静. 中学语文教学内容与课程体系改革［J］. 科教文汇（中旬刊），2008（10）：103.

［5］杜丙新，汪向征. 初中语文写作价值取向研究［J］. 现代中小学教育，2015，31（1）：36-40.

［6］张寿山. 如何提高初中语文阅读教学的有效性［J］. 教育导刊（上半月），2010（7）：79-81.

［7］冯海英. 中学语文教学内容确定的依据［J］. 教学与管理，2019（13）：44.

［8］高玲. 普通高中语文教师课堂教学决策研究［D］. 西安：陕西师范大学，2017：29-78.

［9］黄乃佳. 中学语文高效课堂教学模式结构优化机制的探究［J］. 教学与管理（理论版），2014（6）：117-119.

［10］江翠. 中学语文教学课堂提问的有效性研究［J］. 文理导航·教育研究与实践，2013（12）：3.

［11］李记喜. 浅谈如何提高中学语文写作教学的有效性［J］. 现代妇女（理论版），2013（2）：107.

［12］李玉林. 多媒体与中学语文古诗词教学的有效整合［J］. 中国多媒体与网络教学学报（下旬刊），2020（3）：207.

［13］林双叶. 浅论中学语文教学与心理教学的整合［J］. 新课程（中学），2016（6）：61.

［14］刘建礼. 系统思维视角下的高中语文主题单元教学研究［J］. 语文教学通讯·D刊

（学术刊），2022（4）：17.

［15］罗雅文. 中学语文教育中口语教学的现状与建议［J］. 教学与管理（理论版），2015（8）：83-85.

［16］莫先武. 语文教学内容的专业开发与选择［J］. 语文建设，2021（6）：19-23.

［17］彭江陵. 浅谈中学语文教学［J］. 吉首大学学报（社会科学版），2014（z1）：235-236.

［18］彭祥生. 论现代教育技术与中学语文教学的整合［D］. 长沙：湖南师范大学，2005：19.

［19］沙凤林. 网络多媒体教室条件下中学语文整合课的教学张力［J］. 中国电化教育，2012（2）：101-104.

［20］史彦辉. 中学语文阅读教学的有效性研究［J］. 学周刊 B 版，2014（12）：159-159.

［21］宋学婷. 高中语文教学内容的整合运用研究［M］. 长春：吉林人民出版社，2019.

［22］汪晓华. 初中语文教学中分层模式的整合运用研究［J］. 新课程（中学），2019（5）：133.

［23］王超群，韦冬余. 初中写作教学的问题及其对策——基于语文核心素养理论的分析［J］. 教育探索，2016（3）：60-62.

［24］王毅丹. 中学语文教学与信息技术整合研究［D］. 重庆：西南大学，2009：13.

［25］吴方军. 语文教学与情商培养［J］. 中学语文教学参考，2022（9）：38-39.

［26］吴伟娥. 浅谈初中语文课堂组织教学的有效性［J］. 当代教育论坛，2010（21）：64.

［27］谢志强. 中学语文教学与媒体语言的有效整合［J］. 语文学刊，2015（10）：159.

［28］杨秀琴，白强. 中学语文教学"返璞归真"实践路径论析［J］. 教学与管理（理论版），2021（11）：78-81.

［29］袁菊. 中学语文教学科研的质效提升试论［J］. 教育理论与实践，2015，35（20）：44-46.

［30］袁迎春. 默会知识与语文教学［J］. 教育探索，2011（4）：37-38.

［31］詹光平. 高中语文教学探论：基于"问题对话"式研究与实践［M］. 广州：暨南大学出版社，2020.

［32］张斗和. 教师如何进行教学论文写作——以中学语文为例［J］. 中小学教师培训，2013（7）：33-35.

［33］张桂侠. 语文教学与提升思维的敏捷性［J］. 中学语文教学参考，2021（24）：23-24.